KB027561

현대미술 키워드 2

Keywords of Contemporary Art

현대미술 키워드 2
Keywords of Contemporary Art
진휘연·양은희

2024년 2월 7일 초판 1쇄 발행

지은이 진휘연 양은희
발행인 조동욱
편집인 조기수
펴낸곳 헥사곤 Hexagon Publishing Co.
등　록 제 2018-000011호 (2010. 7. 13)
주　소 경기도 성남시 분당구 성남대로 51, 270
전　화 070-7743-8000
팩　스 0303-3444-0089
이메일 joy@hexagonbook.com
웹사이트 www.hexagonbook.com

ⓒ 양은희 진휘연 2024 Printed in Seoul, KOREA

ISBN 979-11-92756-34-9 94600
ISBN 979-11-89688-92-9 (세트)

이 책의 전부 혹은 일부를 재사용하려면 저자와 출판회사 헥사곤 양측의 동의를 받아야 합니다.

현대미술 키워드 2

Keywords of Contemporary Art

진휘연·양은희

HEXAGON

새로움의 충동,
친절한 현대미술 안내서

현대미술은 미술사 안에서만 이해할 수 있다. 현대미술은 감각적 아름다움 뿐 아니라 지적인 분야로서 발전하기를 선택했기 때문이다. 텍스트와 자료를 요구하고, 문맥과 배경을 알아야만 이해할 수 있는 현내비술은 소수의 사람들에게만 관심의 대상으로 전환되고 있다. 그런데 돌아보면, 미술이 단순히 감상의 대상, 즉 감각이나 감성의 충족에 머물러 있던 시기는 그리 길지 않다. 미술이 탄생할 때부터 그것은 사회적, 정치적, 종교적, 주술적, 의례적 역할을 수행했고, 그 위에 아름다움, 표현의 놀라움, 새로움, 장인정신 등을 더해왔다. 그래서 미술은 복합적이고 복잡할 수밖에 없다. 참고사항이 많은 것이 비단 오늘날 미술만의 문제가 아니라면, 우리는 고민을 조금 덜 수 있다.

미술의 이해는 시각의 훈련과도 불가분의 관계다. 시각문화는 예술의 향유와 매우 밀접한 거리를 유지하며 발달해왔다. 특히 현대에 이르러선 상호간의 긴밀도가 높아서, 영화, 광고, 디자인, 건축, 만화, 상품, 게임과 같은 디지털이미지 등, 여러 시각 분야의 제작, 수용과 영향을 주고받는다. 변화하는 대상을 통해 훈련된 시각은 철지난, 낡은 듯 보이는 표현에 쉽게 지루해하고 비판적이다.

이런 환경 안에 놓인 시각예술 종사자들은 빠르고 불규칙하게 변하는 미술의 중요한 요소들을 폭넓게 그리고 일목요연하게 정리해 줄 텍스트를 필요로 한다. 나와 양은희 선생은 현대미술을 설명하기 위해 핵심이라고 생각하는 10개의 키워드를 선택해서 각각의 개념들을 미술이론의 틀 안에서 상세하게 정리하였다. 각 키워드에 속한 3-4명의 작가들은 모두 포스트 모더니즘 이후 21세기까지 진행되어온 동시대 미술을 이해하는데 가장 중요한 역할을 하고 있는 대표적 작가들이다. 이들의 작품은 다른 이들에게 많은 영향을 미쳤을 뿐 아니라, 중요성에 대한 평가를 요구한다. 현대미술의 역동성을 보여주고, 쉽고도 빠르게 읽을 수 있도록 작품 이미지를 QR 코드로 텍스트 하단에 넣었다. 그들의 치열하고도 진지한 도전, 기발한 발상을 더 많이, 더 깊게 이해하려는 의도에서 출발한 이 책은 미술에 관심을 가지고 있는 모든 사람들을 포함하여, 순수미술, 디자인, 건축, 영화, 광고, 사진 등을 공부하는 학생들과 이론 전공자들에게 긍정적인 도움을 준다고 자부할 수 있다.

훌륭한 작가의 작품을 감상하는 것은 즐겁다. 텍스트를 읽으면서 작가들이 문제를 제기하고 해결점을 찾아가는 과정을 통해 사고의 깊이와 표현의 신선함을 배울 수 있으리라 본다. 다만 작가들이 몇 가지 범주에 겹쳐져 있거나 경계가 애매한 키워드들도 있다. 중복되거나 모호한 성격은 다음 연구로의 출발이 된다고 이해할 수 있기를 바란다.

다양한 작가만큼 오랜 시간 집중했던 원고가 완성되어서 매우 기쁘다. 공동기획 한 양은희 선생과 절반씩 작가와 개념들을 나눠서 집필했고, 짧지 않은 기간 동안 꾸준히 서로 소통하면서 더 나은 책이 되도록 노력을 아끼지 않았다. 이 모든 일들을 돌아볼 때, 파트너로 열정을 아끼지 않았던 양 선생님께 감사의 인사를 전한다. 또한 QR 코드를 통한 이미지 열람과 함께 멋진 디자인으로 출판해주신 핵사곤에도 심심한 감사를 전한다. 오늘날 미술의 전후맥락과 주요한 화두가 더욱 활발하게 논의되는 공간과 시간을 기대하며 이 책의 독자들에게도 감사드린다. (진휘연)

현대미술 이해의 지평을 넓혀라

2014년 봄 미술계에 종종 회자되던 TV 프로그램이 있었다. '아트스타 코리아(Art Star Korea)'이다. 시청률은 낮았지만 대학에서 미술학도들을 가르쳐온 나로서는 보지 않을 수 없는 프로그램이었다. 공모를 통해 선정한 일군의 젊은 예술가들에게 매회 미션을 주고 나온 결과물을 평가한 후 한명씩 탈락시키는 일종의 서바이벌 게임이었기 때문이다. 매회 아는 평론가와 큐레이터들이 심사를 했고, 젊은 작가들이 긴장 속에서 하나씩 사라져갔다. 괴로운 시간에 대한 보답인 듯, 마지막 3인이 남았을 때 서울시립미술관에서 전시를 열었고, 최종 승자는 1억원의 상금과 국내외 창작 레지던시 참가기회를 제공받았다.

몇 달에 걸친 진행과정을 보면서 과연 예술이 뭐길래 젊은이들을 저렇게 힘들게 참여할까라는 생각을 지울 수 없었다. 그 프로그램에 나오게 된 계기도 그렇고, 살아남아야 우승에 다가가는 과정도 그렇고, '예술이 힘든 노동이 되었다'라는 생각을 떨칠 수가 없었다.

당시 가르치던 한 대학원 수업에서 이 프로그램에 대해 학생들과 토론을 한 적이 있었다. 학생들은 개념적인 설치, 퍼포먼스 작업이 심사위원의 주목을 받는 것과 미술계의 경쟁구도를 축약한 프로그램을 보고 다소 소외감을 느끼는 것 같았다. 주류 미술계에서 인정받는 미술에 대한 소외감을 줄여줄 수는 없을까라는 생각이 들었다.

이 책은 기본적으로 미술에 관심 있는 젊은 예술가, 미술을 공부하는 사람들을 위한 현대미술 소개서이다. 그리고 현대미술에 매력을 느끼는 일반인들도 접근하기 쉬운 책이다. 팝 아트, 포스트모더니즘 미술 등 시대별로 설명하던 과거의 책과 달리 이 책은 20세기 후반 미술을 중심으로 현대미술이 얼마나 확장적인지, 포식적이면서도 개념적으로 변화하고 있는지 설명하기 위해 주요 키워드와 개념을 중심으로 각각의 개념에 몇 명의 작가 사례를 넣어 이해하기 쉽게 만들었다.

원래 22개의 키워드들을 가지고 『22개 키워드로 보는 현대미술』(2017)을 e-book으로 출판했었다. 이미지의 저작권을 해결하지 못해 관련이미지로 연결되는 링크를 삽입하는 e-book으로 먼저 선보인바 있다. 그러나 링크를 클릭하거나 제목을 검색엔진에서 검색하며 이미지를 볼 수밖에 없는 한계 때문에 고민이 많았다. 그럼에도 불구하고 2013년 가을 진휘연 교수에게 현대미술에 대한 책을 같이 만들어보자는 말을 하다가 시작된 책이 세상에 나오게 되었고 지금까지 충실하게 교재의 역할을 해 왔다.

이번에 일부 작가를 교체하고 수정한 종이책을 내놓게 되었다. 22개 중에서 주요한 10개의 개념을 골라 편집했다. 이전과 마찬가지로 이미지는 없으나 QR 코드를 삽입하여 접근성을 높였다. 두 명이 글을 쓰면 각각의 문체, 접근 방식, 관점이 다를 수밖에 없다. 그래서 누구의 글인지 밝힐 필요가 있어 각각의 제목 옆에 J, Y로 표시를 해 두었다. J는 진휘연, Y는 양은희의 글이다.

마지막으로 이 책을 읽은 젊은 예술가, 일반 독자들이 광폭의 예술과 그 창작자들의 이야기를 통해 새로운 사고의 지평을 접할 수 있기를 바란다. 물론 훌륭한 예술가이나 이 목록에 포함되지 않는 경우도 많을 것이다. 그런 예술가들을 찾아 분석과 이해를 도모하는 일은 이 책을 읽고 난 후 독자들이 직접 시도해 볼 몫이다. 그러나 필자가 가장 바라는 일은 이 책을 읽은 젊은 예술가들이 창작의 폭과 깊이 그리고 세상에 던지는 반향에 대해 자신감을 얻는 것이다. 자신의 삶과 창작에 대해 통찰력을 갖게 되는데 이 책이 조금이라도 도움이 되면 좋겠다. (양은희)

차례

일러두기

이 책은 웹 상에 퍼져있는 방대한 자료와 독자들을 잇기 위해 QR 코드를 사용하고 있습니다. 저자가 소개하고자 하는 웹 상의 자료로 접속할 수 있는 주소(URL)를 QR 코드로 변환하여 도판 대신 수록했습니다. 본문 중 두꺼운 글씨체로 표기된 작품은 하단 QR코드를 통해 이미지를 볼 수 있습니다.

지면에 인쇄되어 있는 QR 코드를 스마트폰이나 태블릿 PC의 카메라로 스캔하고 링크를 작동시키면 해당 웹 페이지로 연결됩니다.
QR 코드 오른쪽에는 QR 코드와 동일한 웹 페이지의 주소 및 웹 사이트명이 표기되어있습니다. 필요한 경우 해당 웹 사이트 주소를 직접 입력하거나 스캔해서 저자가 의도한 웹 사이트로 연결하고 추가 자료를 열람할 수 있도록 했습니다.

QR 코드를 활용 한 것은 지면의 한계를 극복하고 더 다양한 이미지와 관련 자료를 독자가 직접 열람할 수 있도록 고안 된 방법입니다. 하지만 웹 환경의 특성상 웹 페이지의 주소(URL)는 다양한 이유로 쉽게 변경될 수 있으므로 이 책에 수록된 QR 코드가 더 이상 작동하지 않을 수 있습니다.
QR 코드가 작동하지 않는 경우 아래에 있는 QR 코드를 스캔하여 출판사 웹 페이지로 접속하시면 수정된 대체 링크를 확인하실 수 있습니다.

이 책은 두 저자가 키워드를 나누어 쓴 글을 구분하기 위해, 글 머리에 J(진휘연), Y(양은희)를 표시하여 저자를 구분했습니다.

Hexagon Publishing Co.,
https://www.hexagonbook.com/keywordofca2_qr/
(File Source:출판회사 헥사곤)

1.

노마디즘
Nomadism

노마디즘 Nomadism Y

유라시아 대륙을 누비던 유목민. 중국에 비단을 사러 왔던 로마인. 방랑하던 시인 김삿갓. 버스를 몰고 다니며 마음이 내키는 장소에서 그 지역의 재료로 그림을 그리는 작가. 삶의 터전을 찾기 위해서이건 무역을 위해서이건 오랫동안 인간의 이동은 필연적인 것이었다. 그리고 운송 수단이 발달하고 기술과 정보가 확산되면서 인간의 이동은 고립된 문화를 변화시켰다.

미술이 과학, 문학 등 타분야와 구별된 독자적인 영역을 확보하기 시작한 근대 이후 예술가는 자신만의 세계를 표현할 수 있는 자유를 획득했고 종종 이동과 여행을 통해 예술의 영감을 얻기도 했다. 스페인 출신의 작가 피카소는 파리에서 아프리카 미술을 보고 입체파의 토대를 세웠고 한국 출신의 작가 백남준은 일본, 독일, 미국에서 테크놀로지의 발전을 접하면서 비디오 아트라는 새로운 영역을 개척했다. 많은 예술가에게 이동과 여행은 익숙한 집을 떠나서 낯선 곳에서 이국적인 것과 새로운 것을 보면서 사고의 지평을 확장할 수 있는 계기가 되곤 한다.

20세기 현대미술에서 '노마디즘'적 사고는 운송 수단과 통신기술의 발달, 그리고 국제교류라는 개념이 국가 차원을 넘어 개인적 차원으로 확장되면서 등장했다고 할 수 있다. 마샬 맥루한(Marshall McLuhan)이 1950년대 정보통신 수단의 발달로 세계의 거리가 좁혀지는 현상을 보고 '글로벌 빌리지(지구촌)'이라는 용어를 사용하기 시작한 것도 비슷한 맥락이다. 인간과 인간 사이 소통의 기회가 빈번해지자 국가간 거리를 극복할 수 있다는 희망을 보았고 더 나아가 하나의 지구촌을 상상하기 시작한 것이다. 특히 제트 엔진을 단 비행기가 상용화되면서 인간의 이동과 여행은 이전보다 빠르고 다변화된다. 짧은 시간 내에 먼 지역으로의 이동이 가능해졌고 한 장소에 집을 두는 정주의 개념이 옅어지기 시작한다. 일부는 마치 유목민처럼 여러 장소를 돌아다니며 창작을 하겠다는 꿈을 갖는다.

이러한 혜택을 누릴 수 있는 사람은 고국, 고향, 집을 떠나 자신의 정체성에 대한 생각과 집이라는 개념에 대해 재고하게 된다. 유목민(nomad)처럼 돌아다니며 사는 삶의 패턴을 통해 익숙한 것으로부터 스스로 거리를 두고, 익숙한 것과 연결된 자아를 넘어 낯선 것과의 새로운 관계와 새로운 정체성을 찾는 이들도 등장한다.

질 들뢰즈(Gilles Deleuze)와 펠릭스 가타리(Félix Guattari)의 〈천개의 고원(A Thousand Plateaus)〉(1980)은 노마디즘의 확산에 기여한 책이다. 두 저자는 이 책에서 식물의 뿌리결절인 '리좀(rhizome)'을 언급하면서 "나무나 뿌리와 달리 리좀은 한 지점에서 다른 지점을 연결하며, 그 특성은 동일한 성격의 특성으로 연계되지 않는다. 리좀은 기호의 매우 상이한 영역, 심지어 무기호 상태까지도 가동시킨다."고 말한 바 있다. 여기서 리좀은 식물의 성장을 보여주는 지점으로 어디론가 뿌리를 계속 뻗어나갈 수 있는 동력을 응축하고 있기에 지속적으로 움직이며 낯선 것들을 접하고 소화하는 '노마드(nomad)'적 성향과 닮았다고 볼 수 있다.

이후 노마드는 한 영역에 머무르지 않고 타지역, 타분야로 이동하는 사람들, 예를 들어 예술과 철학 등 차이의 문화를 수용하는 분야의 실천가들을 일컫는 용어가 되었다. 따라서 들뢰즈가 노마드에 대해 설명하면서 "노마드는 반드시 이동하는 사람만은 아니다...노마드는 같은 장소에 머무르면서 약호로부터 자유로워지기 위해 유목화를 시작하는 사람이다."(1980)라고 말한 것처럼 노마드의 필요조건은 차이를 수용하는 사고와 태도의 유연함과 유동성이라고 할 수 있다.

집을 떠나 유목민처럼 돌아다니는 '노마드적(nomadic)' 예술가는 오래전부터 있었다. 19세기에도 20세기에도 예술가는 파리, 뉴욕 등 문화의 중심지나 그 밖의 이국적인 지역으로 이주하거나 여행하는 경우가 많았다. 특히 1960년대에 온 카와라, 백남준, 엘리오 오이티시카(Hélio Oiticica)와 같은 작가들은 거주하던 집을 떠나 다른 지역을 돌아다니며 창작을 하거나 전시를 하기 시작했다.

이때 '노마드적'이라는 단어에는 자발적으로 이동을 택했다는 의미도 있지만 정치적 경제적 이유 등 불가피한 이유로 이동을 선택할 수밖에 없었던 결과 나타나는 행위도 포함된다. 과거 소련이나 동독을 탈출한 작가, 레바논이나 이란을 탈출한 작가 등 난민, 디아스포라의 삶을 사는 사람들도 포함할 수 있다.

그러나 이러한 작가들을 '노마드'라는 용어로 부르기 시작한 것은 들뢰즈와 가타리의 노마디즘이 확산되고 특히 소련이 붕괴하고 서독과 동독으로 분리되었던 독일이 통일되면서 서서히 냉전체제가 사라진 1990년대 이후라고 할 수 있다. 국경을 건너기 힘들었던 과거와 달리 1990년대 들어 예술가의 이동과 여행의 기회가 용이하고 빈번해졌으며 그러한 경험은 자연스럽게 그들의 작업에 반영되곤 했다. 특히 과거에 유행처럼 예술가들이 뉴욕, 파리 등 문화의 첨단 도시로 이주하던 것과 달리 글로벌 시대의 이주와 여행은 문화의 중심지뿐만 아니라 남미의 고원, 아프리카의 소도시, 북유럽의 마을 등 다양하면서도 소외된 곳으로 확산되었다. 뿐만 아니라 전 세계에 등장하기 시작한 '창작 레지던시'와 비엔날레는 지금도 노마드적 작가의 확산에 기여하고 있다. 여러 나라와 도시에서 온 예술가들이 정해진 기간 동안 같은 공간에서 예술가 공동체를 만들고 일종의 연대 의식을 갖게 되는 것이다. 일부는 세계 전역에 있는 레지던시 프로그램을 돌아다니며 활동하기도 하는데 이러한 노마드 예술가의 삶은 국경의 폐쇄성과 문화적 차이를 뛰어넘는 코스모폴리탄적 모델이 되고 있다. 또한 수백 개에 달하는 비엔날레는 참여한 작가들의 임시 정착지로 기능하며 정보를 교환하고 다음 활동 계획을 위한 교두보가 되기도 한다.

이동을 통해 정체성을 만들어가는 노마드 작가는 사고의 측면에서 다문화적이며 작업의 구현 측면에서도 장르에 구애받지 않는다. 그들은 필연적으로 이주와 이동을 통해 습득한 현대문화의 주체이며 그 결과물인 예술은 혼종적일 수밖에 없다. 예컨대 한국적인 것이나 케냐적인 것 등 국가와 문화의 고유성을 고집하기보다는 보잉

사의 비행기를 타고 영국제 찻잔으로 동남아시아의 차를 마시며 칠레산 와인에 미국산 스테이크를 먹는 현대문화의 혼종적 단면을 그대로 반영하게 된다.

온 카와라 On Kawara (1933-2014)
: 시간의 기록을 통한 삶의 성찰

뉴욕 소호의 거리를 걷던 한 예술가는 문득 발걸음을 멈추고 하늘을 보았다. 그리고 건물에서 툭 튀어나와 걸린 간판 하나와 그 뒤로 펼쳐진 푸른 하늘이 눈에 들어왔다. 글자와 푸른 색 바탕에서 영감을 얻은 온 카와라의 대표적인 **〈날짜 회화(Today)〉** 시리즈는 그렇게 태어났다.

카와라는 살아있는 동안 거의 매일 그림을 그렸다. 그가 그리는 대상은 그날의 날짜. 만약 그날의 날짜가 1970년 1월 10일이라면 캔버스에 연필로 'Jan. 10. 1970'라고 그리고 바탕을 짙은 단색으로 칠한 후 글자는 흰색으로 칠했다. 그가 뉴욕에 있는 날은 영어로, 파리에 있는 날은 프랑스어로 날짜를 표기했다.

이뿐만이 아니다. 그날 신문을 보고 흥미롭게 읽은 기사를 오려 스크랩한 후 〈나는 읽었다(I Read)〉시리즈를 만들었다. 저녁에는 그날 만났던 사람들의 이름을 타자로 쳐서 모은 〈나는 만났다(I Met)〉시리즈와 그날 갔던 곳을 복사한 지도에 붉은 볼펜으로 그리는 〈나는 갔다(I Went)〉 시리즈를 만들기도 했다. 그 외에도 자신의 살아온 시간을 표시한 달력이 있고 퍼포먼스를 통해 숫자와 시간을 작업에 담기도 했다.

Today
http://www.davidzwirner.com/artists/on-kawara/survey/

카와라는 장소와 언어, 그리고 시간에 대해 남다른 성찰을 하는 작가이다. 카와라의 하루는 그냥 살아가는 하루이기도 했지만 그가 사는 과정과 시간을 캔버스와 종이에 표시하는 기록의 하루이기도 했다. 따라서 삶과 예술은 그에게 분리된 것이 아니라 불가분의 관계로 마치 동전의 앞뒤 면처럼 서로 분리될 수 없는 것이었다. 그리고 이 과정을 자신이 살던 뉴욕의 로프트에서만 진행한 것이 아니라 여행을 좋아했던 그답게 여행을 할 때도 그대로 반복했다. 단지 다른 것이 있다면 그가 담아내는 시간을 표현하는 언어가 그 지역의 언어로 바뀔 뿐이다. 그렇게 그의 〈날짜 회화〉에 담긴 날짜에는 그가 어디에 있었는지 그리고 그 장소에서 어떤 언어를 사용하고 있는지를 그대로 보여준다.

그가 시간에 몰두할 수 있었던 이유는 아마도 단순한 아르바이트조차 하지 않고 오로지 자신의 경험을 예술에만 연결시켰던 폐쇄성 덕분이었다. 평생 예술가로서의 삶 이외의 것에 무관심했던 그는 작품에 대해 말하거나 인터뷰를 하는 것도 좋아하지 않았다. 그래서 그가 선택한 날짜는 단순하면서도 그가 보여주거나 말해주지 않은 많은 것을 담은 것처럼 보일 수밖에 없었다.

그는 일본 나고야 인근 출신으로 1950년대 도쿄에서 초현실주의적 회화와 드로잉을 선보이면서 '신동'이라는 말을 들을 정도로 화단의 주목을 받던 젊은 작가였다. 그러나 일본의 폐쇄적인 문화에 답답함을 느꼈고 일본 밖에서 새로운 자극을 받고자 1959년 일본을 떠나 멕시코로 갔다. 그의 부친이 일하고 있던 멕시코에서 디에고 리베라 등의 벽화를 접했고 이후 뉴욕, 파리, 스페인 등 여러 곳을 돌아다니며 예술의 필연성에 대해 고민하곤 했다. 그가 마침내 자리를 잡은 곳은 바로 뉴욕이었다. 1964년 당시 뉴욕에서 활동하던 조셉 코수드 등과 교류하며 자연스럽게 그의 〈날짜 회화〉는 개념미술로 분류되었고 지금까지도 1960년대 후반 뉴욕에서 형성된 개념미술의 주요 작가로 언급된다.

그러나 그의 〈날짜 회화〉 시리즈는 단순히 언어를 사용한다는 의미에서 개념미술에 머무르지 않았다. 그는 1968년부터 다시 여행길에 오른다. 이후 1979년 뉴욕에 작업실을 얻을 때까지 뉴욕은 그의 임시 거주지였고, 일본은 그의 고향이었다. 그러나 고향은 그에게 태어난 곳 이상이 아니었다. 그리고 여행길에서 계속 〈날짜 회화〉와 더불어 〈I Read〉 등 여러 시리즈를 이어가며 시간과 시간 속에서의 자신의 흔적을 기록하곤 했다.

길 위의 삶을 살면서 그 삶에서 불멸의 시간을 포착하기는 하지만 그의 개념적 회화는 추상적으로 변한 시간이 아니라 그가 머물렀던 구체적인 공간을 반영한다. 바로 이때 그 지역의 언어를 꼭 필요로 한다. 여행자로서 떠돌면서도 그 지역의 언어를 통해 자신의 임시적 정주를 표현하고 그러한 과정을 계속 반복하면서 부유하는 정체성을 그대로 반영하는 것이다. 이렇게 지역마다 다른 언어를 사용하며 작업한 이유는 자신이 하나의 언어를 고집하는 특정 국가의 작가가 아니라 어떤 지역에서도 자신이 존재할 수 있는 유연성을 부각하기 위해서 였다.

카와라는 정작 일본에 갔을 때 일본어를 사용하지 않았다. 1966년 〈날짜 회화〉를 시작하기 이전 자신을 지배하던 '일본 작가'라는 틀을 버리고 세계를 포용하고 세계시민으로서 살아가는 '일본 출신 작가'의 길을 택한 것이다. 그래서 그는 일본에서 그린 〈날짜 회화〉에 일본어 대신에 에스페란토어를 사용한다. 에스페란토어는 19세기 국제어로 만들어진 언어이다. 영어처럼 한 나라의 언어가 세계를 지배하는 것을 피하고자 만들어졌으나 지금은 일부 지식인이 사용하는 소수 언어가 되었다. 카와라가 굳이 고향 일본에서 에스페란토어를 사용한 것은 일본어를 자동적으로 제1언어로 삼는 일본인이라는 호칭과 굴레에서 벗어나려고 했기 때문이다.

일본에서 멕시코로 다시 프랑스와 미국으로 이어진 그의 방랑과 여행은 단지 노마드적 삶을 가져다준 것이 아니라 그 지역의 문화와 언어를 존중하고 최대한 경계와 경계 사이에 존재하는 노마드의 모습을 실현하는 구체적인 방법이었다. 그래서인지 그는 1966년 이후의 작업을 '일본 작가'를 전시하는 전시에 초대받을 때 단호하게 거부하곤 했다. 〈날짜 회화〉는 일본미술의 맥락에서 이해되서는 안된다는 것이 취지였다. 결국 그는 자신에게 부여되었던 일본인이라는 정체성을 스스로 버리고 국가적, 지리적, 문화적 경계를 넘나드는 '세계시민'으로서의 삶을 선택한 선구자이며, 뉴욕이라는 대도시 중심의 미술 제도를 벗어나 여러 도시를 돌아다니는 노마드 작가의 대표적인 사례라고 할 수 있다.

알리기에로 보에티 Alighiero Boetti (1940~1994)
: 닫힌 국경을 넘나드는 세계시민, 제3세계 여성들과 권력의 지형 변화를 꿈꾸다 J

알리기에로 보에티는 이태리 아방가르드인 아르테 포베라(Arte Povera)에서 출발했던 개념미술 작가로 1960년대부터 다양한 물질을 사용하고 예술과 일상과의 경계를 파괴하는 작업을 했다. 그는 1971년 무작정 떠난 아프카니스탄으로의 여행 이후 세계지도와 문자를 자수로 제작하면서 우리가 살고 있는 시대와 사회의 고정된 경계들에 대해 질문했다. 아프카니스탄의 여성 자수 전문가들에게 작품의 용역을 주는 방식도 획기적이었고 인류의 오래되고 일상적인 노동, 바느질을 통해 지도와 문자들을 표현하는 방식도 놀라웠다. 그는 왜 〈지도(Mappa)〉 연작을 만들었을까? 아시아, 남미, 아프리카 등을 자주 여행했던 보에티는 정치, 군사, 지리, 문화, 언어, 인종의 경계들을 넘나들면서 이들이 유지되고 발전할 수 있는 상황에 대해 의문을 가졌다. 이슬람 지역의 장인들과 협업하여 16세기 유럽에서 기본 틀이 잡힌 메르카토르(Mercator)의[1] 세계지도를 한 땀씩 수 놓으면서 중심과 지방, 주체와 타자 간 관계에 대한 긴장을 담은 후기식민주의

1 네덜란드 16세기 지리학자인 제라두스 메르카토르(Gerardus Mercator)의 디자인에 따라 지구의, 천구가 제작되었는데, 북반구가 남반구보다 우세하고 중심에 놓인 지도로 우리가 사용하는 세계지도의 모본이다.

(Postcolonialism) 이론을 선도했다. 또한 개념미술의 역사 안에서 지리, 국가, 상징, 권력 등을 소환하며 정치를 주제로 복권시켰다. 무엇보다 제3세계 지역에 머물거나 여행했던 무소유의 삶이 작품들과 궤를 같이해서 더욱 큰 영감을 준다.

변호사 부친과 바이올리니스트 모친에게서 태어난 보에티는 튜린(Turin) 대학교에서 경영학을 공부한 후 20세에 판각(engraving) 연구를 위해 파리로 유학을 떠났다. 1962년 거기서 부인인 안나마리 사우조(Annemarie Sauzeau)를 만나 결혼하고 2명의 자녀(마태오 Matteo/ 아가타 Agata)를 두었다.

1967년 튜린에서 루치아노 파브로, 마리오 메르츠, 줄리오 파올리니, 미켈란젤로 피스톨레토 등의 아르테 포베라 작가들과 교류하면서 이 사조에 합류한다.[2] 비평가인 제르마노 첼란트(Germano Celant)가 배우, 관객, 공간을 연극의 최소한, 그러나 가장 중요한 요소로 규정한 그로토프스키(Jerzy Grotowsky)의 용어 '포베라(povera)'를 차용하여 이 미술 운동의 이름을 지었는데, 아르테 포베라 역시 불필요한 예술 외적 요소들을 배제한 최소한의 구성물로 이루어진 본질적이고 가난한 미술을 의미했다.

보에티는 이 시기에 산업적이거나 일상적인 재료를 실험했는데 조각의 전통을 동시대의 비-미술적인 소재들로 대체했다. 나무, 철, 석고, 매조나이트, 알루미늄, 파이버글래스(석면), 합판, 플라스틱, 유리, 고무, 플렉시글라스, 폴리에스틸렌, 코르크, 전선, 섬유 등 범위가 넓었다. "난 건축재료 파는 가게에서…훌륭한 물건들을 봐서 무척 즐거웠다.…아직도 아르테 포베라의 가장 좋았던 순간들은 철물점에서의 시간들이었다."라는 고백처럼 그는 실용적인 산업적 소재에 큰 매력을 느꼈다.

초기 작품 중 하나인 〈1년마다 켜지는 램프(Lampada Annuale)〉(1966)에서 보에티는 우연을 주제로 삼았다. 거울이 달린 나무

---

2 1967년 튜린에서 첫 전시 《Arte Povera Plus Azimuth》를 열면서 아르테 포베라가 활발해진다. 튜린 스페론 화랑(Galleria Sperone, Turin, Italy)(1967).

상자 안, 큰 전구는 매해 한 번씩 11초간 불이 켜진다. 다만 그 때가 언제일지 알 수 없어서 관객이 목격할 확률은 거의 없다. 그는 비결정성, 무질서, 혼돈 등 이성적 판단 너머의 세계를 주제로 탐구했다.

이 당시 자신의 지인이나 유명 인사에게 편지를 띠우는 메일아트(Mail art)로 〈우편서류 Dossier Postale〉(1969-70)를 시도했는데 작가 (뒤샹Duchamp, 파올리니Giulio Paolini, 나우만Bruce Nauman), 비평가(리파드Lucy Lippard, 슈바르츠Arturo Schwarz), 딜러(피셔Konrad Fischer, 카스텔리Leo Castelli), 소장가(판자Giuseppe Panza) 등 26명에게 엉터리 주소로 편지를 보내고 자신에게 돌아오면 그 편지를 좀 더 큰 봉투에 넣어 또 다른 맞지 않은 주소로 보내는 행위를 몇 번 반복했다. 그가 좋아하는 사람에게 보낸 편지는 여러 곳을 방문하고 돌아온 마지막 봉투와 편지를 정리하여 기록함으로써 시간과 공간을 포함한 가상의 여행을 공유한 불가능해 보이는 관계가 형성된다. 아직 부재한 관계가 이미 역사를 갖게 되는 흥미로운 프로젝트이다.

보에티의 초기 작품들은 일상과 예술의 구분을 거부하는 뒤샹(Duchamp)적 태도와 어떤 것도, 무엇이든 미술의 소재가 될 수 있다고 믿었던 탈-미술의 플럭서스(Fluxus)와 연결되어있다. 그는 이 시기 '쌍둥이 화', 또는 대구의 변증법을 공표했다. 그는 자신의 이름과 성 사이에 e를 더하여 알리기에로 와(e) 보에티로 활동했다. 마치 두 자아 간 교류 또는 대결을 가상하고 자신이 둘 인 것처럼 이중성을 상정함으로써 상상력을 확장하였다. **〈자신의 이중자화상(I Gemelli)〉(1968)**

1971년 그는 개인전에서 작품을 모두 판매했다. 돈을 손에 쥐자 바로 공항으로 갔고 20분 후 출발하는 비행기에 무작정 올라서 아프카

I Gemelli
https://www.archivioalighieroboetti.it/scheda/gemelli/

니스탄 카불에 도착했다. 카불에서의 첫 체류는 몇 달이었지만 그는 가족을 데리고 그해 가을 카불로 돌아와서, 더 원 호텔(호텔이자 예술가 공동체)을 열었다.

작가는 이후 체류 기간은 매번 달랐지만 이곳을 자주 방문했고, 과테말라, 이디오피아, 수단, 일본, 파키스탄 등을 여행했는데, 비서구 문화 특히 중앙아시아와 남아시아에 열광했다. 1979년 이후 소련의 아프카니스탄 침공으로 출입이 막혔을 때에도 매년 몇 번씩 그곳을 다녀갔다. 이곳에서 그의 대표작인 〈지도(Mappe)〉, 〈사각단어(Arazzi)〉, 〈모든 것(Tutto)〉 등이 제작되었다. **〈Tutto〉(1994 캔바스에 자수, 프랑크푸르트 현대미술관)**

1971년 제작된 첫 번째 자수 〈지도〉는 지리학적, 정치적 상황을 암시하는 세계지도로 1967년 제3차 중동 전쟁 (또는 "6일 전쟁"이라 불리는 이스라엘과 주변의 이슬람 국가 연합 간 전쟁) 이후 그 지역의 신문 기사들을 통해 정보를 수집한 작가가 부인에게 지도를 자수로 표현해달라고 요청하면서 탄생했다.

거대한 크기의 자수 지도(1971-94)는 그의 아프카니스탄 2차 방문(1971) 때 시작되어 보에티 전 생애를 걸쳐 제작되었다. 작가는 1971년 카불의 자수학교를 방문하고 그곳에서 자수의 아름다움에 크게 감동해서 이곳의 여학생들에게 작업을 의뢰했다. 지도는 정확성이 요구되는 세심한 작업으로 1-2년씩 또는 민감한 상황에서는 더 긴 시간이 제작에 투여되기도 했는데 20여 년간 약 150개에 이르는 다른 크기의 지도가 탄생했다. 지도는 아주 가끔 다른 상징을 쓰기도 했지만 주로 각 국가의 국기로 영토를 표시했고 서구의 타피스트리 형식(벽에 거는 천 가리개)을 띠었다. **〈지도(Mappa)〉(1978)**

Tutto
https://collection.mmk.art/en/nc/werkdetail-seite/?werk=1997%2F247

Mappa
https://en.wikipedia.org/wiki/Alighiero_Boetti#/media/File:BoettiMappa.jpg

지도는 제작 당시 세계의 정치지형을 반영하는데 예를 들어 구소련의 붕괴와 베를린 장벽이 허물어진 사건 등 분열되고 사라진 나라들의 당시 모습이 반영된다. 이 연작에는 약 500여 명의 아프카니스탄과 파키스탄 장인들이 참여했는데, 어떤 것은 바다가 핑크 색으로 또는 검은색으로 표시되기도 했다. 이는 작가가 장인들에게 원하는 색의 실을 선택하도록 자유를 주었기 때문이다. 보에티는 이 무명의 아프카니스탄 자수 장인들의 예술적 선택을 허용함으로써 공동의 작가성이 발휘되도록 했다.

이 작품에 국가와 지도라는 정치와 역사 철학적 담론을 앞세우기 이전에 유럽 남성 예술가와 제3세계 여성 장인들 간의 상호성과 가장 개념적인 미술과 가장 구체적이고 물질에 기초한 작업 과정의 대조, 상징적이면서도 강력한 권력과 바느질이라는 사소한 일상성이 충돌하는 다중적 이중구조를 눈여겨 보아야한다.

소련의 아프칸 침공 이후에 이곳의 입국이 금지되자 작가는 대리인을 통해 자수 작업이 계속 되도록 최선을 다했다. 펜으로 린넨에 나라들의 윤곽선을 그리고 텍스트를 더한 천을 아프칸에 보냈는데, 이것도 제대로 진행되지 못하자 파키스탄의 페샤와르(Peschawar)에 피신한 아프칸 여성들을 통해 작품을 생산하게 되었다. 1982년엔 이마저 중단되면서 이후엔 겨우 몇 작품만 제작했다. 후기의 대표작으로는 **〈세계지도(Mappa del Mondo)〉(1989)**가 있다.

〈지도〉는 세계 정치 경제적 지형에 대한 관심과 여러 경계를 넘나들며 살았던 보에티의 여행에서 오는 경험에서 촉발된 작품이라고 할 수 있다. 지도는 정체성과 경계를 강조하지만 관계를 드러내고, 영원할 것 같은 국가가 쪼개지거나 사라지는 경우를 통해 그것의 영속성에 대해 의문을 갖게 한다. 세계를 묘사하는 방법과 권력의 균열과 변

Mappa del Mondo

https://www.moma.org/collection/works/80620 (뉴욕 모마)

화에 대한 통찰이기도 하며 무명의 아프칸 여성들의 개인적 해석과 취향을 담아내기도 한다는 점에서 진정한 융합의 결과이다.

〈아라지(Arazzi)〉는 수직, 수평선이 교차하는 그리드 위에 화려한 색실로 시구절이나 경구들 또는 작가가 원하는 글을 수놓은 작품이다. **〈오늘은 1988년 8월 19일(Today, the Nineteenth Day of the Eighth Month of the Year of One ThousandNine100Eighty-Eight〉(1989 National Gallery of Art, Washington)** 등이 있다.

볼펜으로 그리는 드로잉(Biro drawing)도 꾸준히 제작했는데(1972-1980) 친구나 지인들을 초대해서 글자나 도안을 메꾸도록 하는 방식에서 타자를 작업의 주체로 삼고, 용역을 선택하는 일관된 그의 작업 형태를 보인다.

보에티는 1969년 《태도가 형태가 될 때》 전시에 초대되었고 1978년 바젤 미술관(Kunsthalle), 1992년 독일을 순회한 회고전, 사후에는 로마 국립현대미술관(1996)을 비롯 세계 유수의 미술관에서 개인전이 열렸다. 그는 카셀 도큐멘타 (1972, 1982)와 베니스 비엔날레(1978, 1980, 1986, 1990, 1995)에 다수 참여했고 2001년 베니스의 이태리 관이 모두 그의 작품에 헌정되기도 했다. 1990년 베니스 비엔날레 심사위원 특별상을 수상하는 등, 그의 작업은 아르테 포베라에 대한 조명과 함께 세계적인 관심을 받았다.

마드리드의 레이나 소피아 미술관, 런던 테이트 모던, 뉴욕의 모마에서 공동 기획한 《알리기에로 보에티: 게임 플랜 Alighiero Boetti: Game Plan》(2012)전이 순회 전시되면서 보에티 개인에 대한 평가가 심도 깊게 진행되었고 이후 뉴욕 구겐하임 미술관(2015)에서의 회고전, 2016년 토르나부오니 아트 런던(Tornabuoni Art London)에

Today, the Nineteenth Day of the Eighth Month of the Year of One ThousandNine100Eighty-Eight

https://en.wikipedia.org/wiki/Alighiero_Boetti#/media/File:Today_the_Nineteenth_Day,_1988,_Alighiero_Boetti_at_NGA_2022.jpg

서의 전시도 주목을 받았다.

보에티는 천성적으로 가난한 노마드였다. 그에게 세계지도는 정체성, 문화적 재현, 전 지구화, 반자본주의 등의 주제와 연결된다. 물리적, 사회-문화-언어적 경계를 왕래하고 넘나드는 노마드에게 국가, 대륙, 지리, 지역 같은 고정된 개념들은 말랑하고 부드러우며 문화적 경계 또한 고정되거나 영원하지 않은 가변적 존재임을 이해할 수 있었다. 자수를 선택한 점도 재현의 오래된 관습에 반하는 것이자 서구중심적 표현 매체에 반기를 든 것이다. 보에티의 목표는 모든 것을 버리는 자유, 권력을 내려놓는 겸손함이었다. 우리가 사는 지역, 세계에 대해 성찰하도록 만드는 보에티의 작업은 그의 삶과 완벽하게 겹쳐져서 의미가 더해지고, 시간이 갈수록 색이 바래지는 〈지도〉의 개념과도 잘 부합한다.

산티아고 시에라 Santiago Sierra (1966-)
: 금기와 부조리의 양면 사이에서 Y

산티아고 시에라는 스페인 출신 작가로 유럽과 멕시코에서 교육을 받았으며, 이후 주요 전시를 통해 사회 참여적 작업과 논란의 여지가 많은 작업으로 유명해졌다. 그동안 활동한 지역도 아프가니스탄에서 스웨덴까지 많은 곳을 아우르는 데 그의 홈페이지에는 자신이 작업했던 지역의 명칭이 빼곡히 적혀있다.

그가 지속적으로 다루는 주제는 세계화 시대의 자본주의가 인간에게 어떤 영향을 미치고 있는가이다. 글로벌 미술계의 혜택을 받은 '글로벌 노마드' 작가로서의 삶을 살아가면서도 그러한 혜택을 제공하는 현시대에 대한 각성을 외면하지 않는다. 종종 그의 작업이 논란을 일으키는 것은 동시대 문제에 다가가는 그의 자세가 사뭇 자유롭기 때문이기도 하다.

그는 자유롭게 세상을 돌아다닐 수 있는 시대에 기꺼이 그 자유를 누리지만 이 자유를 자신의 개인적 자유로 축소하지 않고 사회의 부조리, 왜곡된 계급사회, 제도비판에 투영한다. 한편으로 자신에게 주어진 '글로벌 작가'의 위상을 받아들이고 국제 전시의 초대에 기꺼이 응하면서도 작업을 선보일 지역의 역사, 기억, 사회적 불평등을 조사하고 반영하여 이를 작업에 반영한다.

런던에서는 4명의 여성에게 헤로인 주사를 맞을 정도의 비용을 주고 그들의 몸에 문신을 하게 한 프로젝트 〈4명에게 문신한 선 160cm(160cm Line Tattooed on Four People)〉(2000)을 진행했다. 주요 미술기관에서 근무하는 근로자들을 연봉서열에 따라 줄을 세우는 퍼포먼스를 제안하는 등 때로 사회가 금기시하는 문제를 다루기도 한다. 2002년에는 창녀, 노동자에게 돈을 주고 그들의 성기와 성 행위를 노동으로 받아내어 작업에 반영하기도 했다. 이런 작업은 불평등, 남용, 소외의 현실을 드러내기 때문에 종종 논란을 일으키기도 한다. 그러나 가장 큰 논란은 돈을 받고 진행하는 자신의 작업을 위해 저임금 노동자를 이용하여 노동력을 착취한다는 것이다.

금기를 다룬 그의 작업 중에는 〈245㎥〉(2006)이 있다. 독일의 한 유대인 교회에 독가스를 집어넣고 관객에게 방독면을 쓴 후 그 안에 들어가 홀로코스트와 유사한 경험을 하도록 한 것이었다. 독일이 2차세계대전 중에 독가스로 유대인을 살해했던 악몽의 기억을 소환한 이 작업은 예술이 과연 인류 학살의 경험을 환기시킬 자격이 있는지에 대한 논란을 초래하였다. 그래서 결국 비난의 화살을 견디지 못하고 일정보다 일찍 전시를 종료하기도 했다.

2001 베니스 비엔날레에서 진행된 한 프로젝트에서 시에라는 베니스에 머무는 133명의 불법 이민자에게 돈을 주고 머리를 금발로 물들이도록 했다. 비엔날레 전시장에서 진행된 이 퍼포먼스는 글로벌 시

133 Persons Paid To Have Their Hair Dyed Blond
http://www.santiago-sierra.com/200103_1024.php

대의 자본과 노동 시장에서 인력이 어떻게 활용되는지 아프게 보여주었다. 아프리카, 남미, 동남아시아 출신의 저임금 노동자가 돈이 되는 일이라면 무엇이든지 하고자 전 세계를 떠돌아다니는 시대적 상황을 이용한 것이다. 그는 이 퍼포먼스에 참여한 노동자에게 직접 돈을 주는 과정도 작업과정의 일부로 포함시킨다. 그러나 이러한 태도는 글로벌 자본주의 시대의 불평등을 노출하는데 그치는 것이 아니라 돈을 받고 검은 머리를 금발로 염색하겠다는 노동자의 열악한 상황과 불평등을 이용한다는 이유로 비판을 받기도 한다.

2002년 런던의 갤러리에서 진행한 〈금속으로 폐쇄된 공간(Space Closed By Corrugated Metal)〉은 전시장 입구를 거대한 금속 철판으로 막은 작업으로 전시 오프닝 날 찾아온 관객의 분노를 산 바 있다. 사실 이 작업은 같은 해 1월에 아르헨티나에서 금융위기가 찾아오자 성난 고객이 돈을 인출하기 위해 찾아오는 것을 막고자 은행이 출입문에 설치했던 금속철판을 보고 영감을 받은 것이다. 시에라는 당시 사람들이 은행문을 두들기는 소리를 녹음해서 7000장의 CD로 만들어 전 세계의 갤러리로 보낸 바 있다.

시에라의 의식있는 '글로벌 노마드' 작가로서의 여정은 2009년에 새로운 전환점을 맞는다. 당시 시에라는 세계의 여러 도시에서 1년에 12개의 프로젝트를 진행할 만큼 성공한 작가였다. 아무리 성공한 예술가의 삶이라고 하지만 비행기로 다니면서 한 개인이 한 달에 1개씩 새로운 작업을 한다는 것은 힘든 일이었다. 특히 그의 작업은 작업할 도시의 맥락을 연구하고 고민하는 시간이 많이 필요한 작업이어서 자신의 작업을 원하는 요청을 다 소화하면서도 시간과 에너지를 줄일 수 있는 아이디어가 절실하게 된다.

그 결과 나온 작업이 〈아니오, 글로벌 투어(No, Global Tour)〉이

No, Global Tour
http://www.santiago-sierra.com/20091gb_1024.php

다. 자본주의 경제의 부조리와 노동력이 착취되는 현실을 드러내던 과거의 그의 작업 패턴을 축약하여 만든 프로젝트이다. 이 작업은 자신의 메시지를 간결하게 보여줄 수 있는 영어 단어 'NO'를 고른 후 이것을 거대한 크기의 입체로 제작하여 트럭에 싣고 세계를 돌아다니게 하는 것이다. 5'10"x13'12" 피트 크기의 검은 글자 형상은 무게만 1톤이 넘는다. 이 형상은 트럭에 실려 이탈리아의 루카에서 전시된 후 베를린, 밀라노, 토론토, 디트로이트, 브뤼셀 등 전 세계의 도시로 가서 전시되었다. 목표 도시에 도착해서 트럭으로 그 도시를 돌아다니다가 특정 장소에 정박하여 전시되곤 하였다. 작가는 그 트럭에 탑승하지 않아도 되는 것이다.

이 작업의 여정은 영화로 제작되어 국제영화제에서 선을 보이기도 하였는데 마치 단어 'NO'가 주인공이 되어 공장, 도시, 길거리, 광장 등 전 세계의 도시를 배경으로 촬영되는데 고단스럽지만 생계를 위해 일거리를 찾아 떠나는 이주노동자의 대변인처럼 끝없는 여정을 보여준다. 그는 한 인터뷰에서 'NO'는 "현실, 혼란, 미래 앞에서 동의하지 않을 수 있는 권리를 분명하게 표방하는 것"이라고 설명한 바 있다.

> *"착취는 모든 곳에 있다. 특히 런던처럼 제국의 토대 위에 설립된 도시에도 있다. 우리가 마시는 물과 커피에도 있다."*
> *(시에라, 2007년 인터뷰)*

> *"수사학은 예술의 무기이다."(시에라, 2007년 인터뷰)*

엑시트 투어 Exit Tour (2006)
: 아프리카 작가들의 연대와 우정 Y

2006년 세네갈에서 열린 다카 비엔날레(Dak'Art 또는 Dakar Biennale로 불린다)는 10년여의 역사를 딛고 아프리카 현대미술 축제로서 위상을 다지고 있었고 이 해는 '아프리카: 동의, 환영, 오해(Africa: Agreements, Allusions, and Misunderstandings)'라는 제목 하에 개최되었다. 세네갈은 아프리카에서도 가장 서쪽에 위치하여 '아프리카의 관문'이라고 불리는 국가로 한때 프랑스의 식민지였다가 1960년 독립한 국가이다. 비록 경제적으로 그다지 풍요롭지 못하나 국가의 문화적 위상을 높이고자 애쓰던 중 비엔날레를 출범시켰는데 1990년대 초에 문학과 미술을 포괄하는 축제로 시작된 후 현대미술로 방향을 좁혔고 2006년은 미술 축제로 개최된 지 10여 년이 되던 차였다. 그래서 2006년 비엔날레는 특별히 예술감독을 두고 국제적인 행사로 부각시키고 있었다.

아프리카 현대미술을 보여준다는 행사에 세네갈 주변의 타 국가 작가들도 관심을 두게 된다. 그러던 중 6명의 카메룬 작가(Alioum Moussa, Goddy Leye, LucFosther Diop, Jusine Gaga, Achille Komguem, Ginette Daleu)와 1명의 스위스 작가(Dunja Herzog)가 이 비엔날레에 초대를 받게 된다. 그들은 카메룬의 두알라(Douala)에 가까운 한 마을에서 고디 레이가 설립한 '아트 베이커리(Art Bakery)'라는 문화공간에서 레지던시에 참여중이었다. 그러나 다카 비엔날레 측에서 초대장 외에는 변변한 비용 지원이 없었기에 작가들은 두알라에서 세네갈의 다카까지 육로를 통해 공공교통을 이용하여 움직이기로 결심한다. 이 비엔날레의 명성을 알고 있었으나 본 적이 없던 작가들은 의기투합하여 꼭 비엔날레에 함께 참여하기로 결심하고 현장으로 이동하는 전 과정을 프로젝트로 남기기로 한다. 열악한 아프리카 대륙의 현실을 그대로 보여주고 그 속에서 고군분투하는 예술가의 모습을 보여주려는 의도였다. 3월 27일 출발한 그들은 2개월에 걸친 긴 여정에 오르는데 인접국 나이지리아를 시작으로 베냉, 가나 등 6개국을 거쳐 마침내 5월 13일 다카 비엔날레에 도착하게 된다.

출발하기 전에 이 여정을 'Exit Tour(탈출 여행)'라고 명명하는데 마치 어린아이처럼 자신들이 참여하던 레지던스를 떠나 새로운 여정을 시작한다는 의미에서 붙인 것이다. 이후 인터넷에 블로그와 홈페이지를 열어 자신들이 거쳐가는 마을과 만난 사람들 그리고 이동 과정과 활동한 것을 기록하고 홍보하곤 했다. 그러나 공적 지원을 받지 않고 각자가 준비한 저예산으로 공공교통을 이용해야 했기에 기록과 홍보도 모두 작가들의 몫이었다. 참가자 중 고디 레이가 매일 활동을 기록하여 온라인 블로그에 올리는 일을 맡았다. 식사부터 프로젝트 진행까지 모든 것이 힘들었으나 무엇보다 지구상에서 가장 가난한 대륙 아프리카에서 버스를 타고 흙먼지가 날리는 거친 도로를 통해 비엔날레로 가는 2달간의 여정은 쉽지 않은 일이었다.

이와 유사한 프로젝트로 2004년부터 2008년까지 중국에서 진행된 '대장정 프로젝트(Long March Project)'가 있다. 서구의 영향권에서 중국 현대미술의 향방이 결정되던 2000년대 초반 문화적 정체성에 대한 고민을 풀어내기 위해 일군의 중국작가와 큐레이터들이 진행한 프로젝트였다. 오래 전 마오쩌둥과 홍군이 고난의 행군을 했던 중국의 서북부 지역을 버스와 차로 순회하며 토론, 전시, 장소특정적 설치, 퍼포먼스, 리서치 등을 진행했는데 사회주의 혁명의 정신 속에서 중국의 정체성을 찾으려는 의도도 다분했다. 그럼에도 불구하고 이 여행 프로젝트는 현대미술의 전지구화로 인해 지역 미술의 정체성이 위협받던 시기에 스스로 지역성을 탐구한 공공미술 프로젝트로 주목을 받은 바 있다.

'탈출 여행'에 참가한 아프리카 작가들도 이와 유사하게 식민지 시대 이후 변해가는 서아프리카의 현재에 집중하고 예술을 매개로 상호 공통의 장을 찾으며 연대를 모색한다. 그들은 중간 기착지에서 동료 작가를 방문하고 토론을 열기도 하고 여러 종류의 만남과 교류를 통해 지역을 초월한 예술가로서의 동병상련을 공유하기도 했다. 이런 접촉의 기회는 서로 미래 계획을 의논하는 네트워킹의 장이 되곤 했다. 출발부터 설정한 계획에 따라 진행될 때도 있고 우연에 의해서 결정될 때도 있었다. 작가들의 일상과 거쳐 가는 지역의 일상이 교차되고 예술을 통해 서로의 삶에 개입하는 과정을 모두 포용한 것이다.

작가들이 이동하며 만난 사람들과의 대화나 작업실 방문과 워크숍 참여 그리고 공공장소에서 우연히 만난 관객들과의 접촉을 모두 기록했고 마지막으로 다카 비엔날레에 참여한 공식 활동까지 모두 아우르는 행사였다. 기존에 알고 있던 작가들을 만나기도 했으나 새롭게 소개받은 인물들과 어울리며 다양한 방식의 접촉과 만남을 이어갔다. 코토노우(Cotonou)의 스코아 베토(Scoa Gbeto)에서 머문 숙소에서 베닌(Benin) 출신 작가와 워크숍과 대담회를 개최했으며 그 워크숍의 결과를 전시하여 숙소 체류자 등 인근 관객의 참여를 이끌기도 했다.

도시 공간에 개입하고 장소와 상황을 활용한 퍼포먼스를 종종 벌이기도 했다. 라고스(Lagos)에서는 5명의 참여 작가가 서로 손을 잡고 번잡한 길을 따라 1킬로미터 넘게 행진하며 도시의 일상에 개입한 〈함께 살기/함께 걷기(Vivre ensemble/Walking Together)〉를 진행했다. 로메(Lomé)에서 진행된 퍼포먼스 워크숍에서는 참여 작가가 워크숍 장소에서 외부로 이동하며 2시간 동안 길바닥을 닦는 행위를 펼치기도 했다. 또 다른 작가는 머리에 테이블을 인 채 길거리를 1시간 동안 돌아다니며 관객의 시선을 모으기도 했다. 이외에도 A4용지에 프로젝트의 로고와 웹사이트 주소(exittour.netfirms.com; 현재는 폐쇄된 상태)를 종이에 인쇄한 후 길거리 여러 곳에 붙이기도 하고 로고가 들어간 스티커와 티셔츠, 검은 가방을 패키지로 만들어 판매하기도 했다. 대부분 도시의 장소성, 일상과 노동의 현장을 반영하고자 펼친 프로젝트였으며 예술에 익숙하지 않은 일반인과 의도적으로 접촉하고자 노력했다.

그러나 참여 작가 6명이 세네갈에 도착했을 때 스위스 작가 1명 외에는 모두 입국을 거절당하는 사건이 벌어진다. 같은 서아프리카 국가이면서도 역사적 배경이 다른 카메룬과 세네갈의 경계가 초래한 일이었다. 동료들의 입국을 해결하기 위해 스위스 작가 던야 헤어족은

An Epic Art Journey through West Africa
https://contemporaryand.com/magazines/an-epic-art-journey-through-west-africa/

사방팔방으로 도움을 청했고 결국 비엔날레가 개막한 지 3일 후에야 입국이 허용되기도 했다. 현지에서 임무를 완수한 후 작가들은 다시 출발했던 도시 두알라로 돌아와 아파트를 빌려 5일 동안 거주하며 그 동안의 과정을 전시와 파티로 만들었다.

이 프로젝트는 2006년 당시 아프리카의 단면을 고스란히 보여주는 일종의 사회문화적 창문이었고 참여 작가 모두 왕복 4개월에 달하는 시간과 경험 속에서 예술의 의미를 재확인하게 되는 계기가 된다. 아쉽게도 이 프로젝트의 블로그를 운영했고 사실상 이 프로젝트를 기획했던 큐레이터이자 작가 고디 레이(1965-2011)가 2011년 사망했다.

참고문헌 Fiona Siegenthaler and Dunja Herzog, "Artistic Practice and Art Publics in Africa: Exit Tour," Public Art in Africa, Art and Urban Transformation in Douala, Geneve: Metis Presses, 2017

2.

관계미학
Relational Aesthetic

관계미학 Relational Aesthetics Y

프랑스의 큐레이터이자 평론가인 니콜라 부리오(Nicolas Bourriaud)가 1996년 기획한 전시 〈트래픽(Traffic)〉에서 언급했던 개념이다. 이 전시는 관객이 앉거나 돌아다니며 보고 만질 수 있는 작업들로 구성되었고 리크리트 티라바니자, 리암 길릭, 피에르 위그, 필립 파레노 등이 작가로 참여하여 전통적인 예술 감상보다 삶의 쾌감을 즐길 수 있는 작업을 선보였다. 부리오는 전시 도록에서 그들의 작업을 '관계 미학'과 '관계 예술'이라는 용어로 설명하는데 이후 점차 그 사용이 확산되었다.

부리오는 '주체'와 '정체성'이라는 주제를 부각시킨 포스트모더니즘이 휩쓸고 지나간 이후 1990년대의 예술에서 중요한 것은 변화된 세상을 읽고 인간에게 더 나은 삶의 방법을 제시할 수 있는 예술이라고 보았다. 특히 사회와 삶을 매개하는 예술의 의미를 중요시했으며 이를 위해 예술가의 주관적 의식을 표현하는 작업보다는 관객과 작품의 관계에 주목했다. 특히 작품이 관객 간의 관계를 촉진할 수 있어야 한다고 보았다. 전시가 끝난 후 그는 자신의 관점을 정리해서 《관계 미학(Relational Aesthetics)》(1998)이라는 제목의 책을 출판했다. 소위 '포스트 냉전' 시대에 이렇다 할 현대미술 이론이 나타나지 않던 가운데 등장한 개념이어서인지 삶과 예술의 거리를 좁히고 관객의 현존에 초점을 둔 그의 이론은 책의 명칭 그대로 널리 알려지기 시작했다.

관계미학에서 작품이 완성되는 것은 창작자가 '이제 다 됐어.'라고 판단을 내리는 순간이 아니다. 그 작품이 설치된 장소에서 관객이 그 작품에 참여하여 작품과 공존할 때이다. 그 공존의 가치를 '관계 미학'이라고 하고, 그러한 가치를 중시하는 작품을 '관계 예술'이라고 부른 것이다. 19세기 이후 예술작품은 보통 창작가가 작업실에서 또는 독립된 공간에서 홀로 고독한 상상의 과정을 거친 후 탄생하는 것이라고 보았으나 '관계 예술'은 그 고독한 과정의 주체인 예술가나 그 과정의 결과물인 작품보다, 작품이 어떤 공간에서 관객들이 서로 이야기하고 관계를 형성하는 촉매제의 역할을 하는 것이다. 부리오는 관계 예술이 "인간의 상호작용이라는 영역과 그 영역의 사회적 맥락을 이론적 지평으로 삼는" 예술이라고 주장한다. 그 상호작용은 파티, 축제, 게임 등 여러 가지 형식으로 나타날 수도 있다.

인간의 관계, 인간의 참여가 예술의 주요 조건으로 부상한 이유는 바로 현대사회의 변화 때문이다. 20세기 중요한 경제체제로 작용해온 자본주의는 상품과 교환가치를 통해, 얼마나 자본을 소유하고 있는가에 따라 인간의 존재를 결정한다. 이러한 소유의 가치를 중시하는 사회에서 인간은 직접적 관계보다 상품을 통해 존재를 확인하는 관계를 지향하게 되고 많이 소유한 자와 덜 소유한 자는 일종의 계급적 차이를 느낀다. 따라서 이러한 사회에서 인간의 관계는 어떤 상품을 소유할 수 있는가에 따라 결정되기도 한다. 자본으로부터 자유롭지 못한 인간은 점점 더 소외감을 느끼고 서로 단절된다. 그동안 인간의 가치를 설명해온 데카르트식의 '나는 느낀다, 그리고 생각한다, 그래서 존재한다.'라는 표현보다 '나는 쇼핑할 수 있는 돈이 있다, 그리고 쇼핑한다, 그래서 존재감을 느낀다.'는 논리가 중요하게 된 것이다. 프랑스의 실천적 이론가 기 드보르(Guy Debord)는 1960년대 이러한 사회를 목도하고 '스펙터클의 사회'라고 부른 바 있다. 그는 텔레비전 드라마, 영화와 같은 미디어 매체를 통해 상품의 가치가 강조되고 상품 이미지에 중독되며, 현실 속에서 바로 그 상품을 구입하고 싶은 욕망에 사로잡히게 만드는 사회가 바로 스펙터클을 만들어내는 현대사회라고 지적한다.

관계미학이 부상한 이유를 들여다보면 과거의 예술 개념이 지금의 사회에 유용하지 않다는 관점이 공감을 얻었기 때문이다. 특히 그동안 추종하던 모더니즘 예술은 '예술을 위한 예술'이라는 가치를 중시하면서, 붓과 물감을 다루는 테크닉, 조형성, 심미적 가치 등을 부각하면서 소수의 교육받은 계층에게만 이해되는 분야가 되었다. 이러한 예술은 소수의 수용자를 위해 존재하는 엘리트주의를 지향하게 된다. 그 결과 모더니즘 예술은 그동안 인간의 단절과 소외에 눈을 감고 사회에서 벌어지는 현상에 소극적으로 반응했다고 볼 수 있다. 포스트모더니즘 미술 역시 정치적, 사회적 주제를 포용하기는 했지만 개념주의적 작업 일부를 제외하고는 관객을 능동적으로 포용한 작업이 드물다고 할 수 있다.

1990년대 이후 현대미술 전시장에는 종종 흥미로운 예술이 나타나곤 했다. 종종 관객이 차를 마시거나, 책을 읽을 수 있는 공간 등을 만들어 관객의 참여를 유도하는 작품이 등장했는데 이러한 변화는 엘리트주의를 포기하고 각박한 사회에서 인간의 주체성을 회복하는데 기여하려는 예술가의 의지와 입장료 수입을 올리기 위해서라도 많은 관객의 방문이 절실한 미술 공간의 욕망이 맞아떨어진 지점이라고 할 수 있다.

그러나 전시 공간에 마련된 카페, 도서관, 라운지와 같은 형식의 설치작업이 유도하는 관객은 현대 사회에 대한 비판적 안목을 지닌 관객이 아니라 임시로 설정된 공간에서 모종의 관계를 만드는 관객이기 때문에 한정적일 수밖에 없다는 비판도 대두된다. 특히 클레어 비숍(Claire Bishop)은 〈적대와 관계미학(Antagonism and Relational Aesthetics〉(2004)에서 '관계 미학'에 비판적인 견해를 보이며 소수의 큐레이터가 선택한 작가가 스타가 되어 자기성찰을 통해 미술을 지키려고 하지 않는 현재의 결과라고 주장한다. 또한 그러한 예술은 '소우주(microcosmos)를 만들어 소수의 사적 집단에 한정된 효과를 낳을 뿐이라는 것이다. 예술과 가까운 집단의 참여가 고용, 실직, 비정규직, 의료비 등 끊임없이 관객의 경제적 상태를 불안하게 하는 요소를 해결하려는 적극적인 행동주의적 실천으로 이어지지는 않는다는 점이 이를 방증한다. 그럼에도 불구하고 그동안 관객과 고립되었던 예술을 관객의 참여를 적극적으로 이끄는 매개체로 만들었다는 점에서 '관계 미학'은 지난 20년간 대두된 개념 중에서 많은 주목을 받았다.

리크릿 티라바니자 Rirkrit Tiravanija (1961-)
: 음식을 매개로 한 관계 맺기와 성장 Y

한 예술가가 갤러리에서 개인전을 열었다. 전시 개막일 방문한 사람들은 전시장에서 열심히 요리하는 예술가를 보고 놀랐다. 벽에는 아무것도 걸려있지 않았고, 갤러리는 조리기구로 어질러진 채 지지고 볶는 음식 냄새로 가득했다. 예술가는 미소를 지으며 관람객에게 말한다. "맛 좀 보세요." 사람들은 음식을 받아먹으면서 웃으면서 서로 쳐다보았다. 이 장면은 1990년 태국 출신의 작가 리크릿 티라바니자가 뉴욕의 한 갤러리에서 열었던 개인전 장면이다.

티라바니자가 당시 요리했던 음식은 태국의 대표적인 볶음국수였다. 현대적 전시장의 전형으로 자리 잡은 '화이트 큐브(white cube)'에서 태국 음식을 만들어 관객에게 대접한다는 것은 작가의 몸을 활용해서 퍼포먼스를 진행한다는 이상의 의미가 있다. 먼저 깔끔하고 하얀 벽으로 둘러싸인 공간에서 냄새는 상당히 낯선 요소였다. 시각적 예술을 전시하는 공간에서 눈의 즐거움에 국한되었던 예술 감상을 요리와 먹기라는 후각과 미각의 활동으로 전환해야 했기 때문이다.

티라바니자는 한 인터뷰에서 자신은 '뒤샹의 변기를 다시 화장실로 가져가서 그 안에 소변을 눕고 싶다.'라고 말한 바 있다. 이 말은 마르셀 뒤샹이 일상용품 변기를 전시장으로 가져와서 '예술작품'으로 만들었다면 자신은 그 '예술작품'을 다시 원래의 맥락, 즉 일상과 삶의 영역으로 돌려주고 싶다는 것이다. 그만큼 그에게 예술은 삶 속에서만 의미를 갖는 것임을 알 수 있다.

예술과 삶의 접목은 종종 예술가들이 언급하는 주제이다. 그러나 티라바니자의 '예술과 삶의 접목'은 예술에 있어서 인간성의 회복에 있

Untitled
https://www.sfmoma.org/artwork/2000.642/

다. 음식을 대접하는 것은 그의 할머니가 태국의 유명 요리사였다는 가족력에서 오기도 하지만, 기존의 예술에 익숙한 관람객 사이의 상호작용을 촉진하는 촉매제로서 음식이 가장 용이하고 접근하기 쉽기 때문이다. 관객은 그의 음식을 맛보기 위해 기다리면서 그리고 후각과 미각을 자극하는 음식을 즐기고 대화를 나누면서 그 즐거움을 옆 사람과 공유할 수 있다. 관객이 웃으면서 음식을 먹고 옆 사람과 대화를 나누는 순간 티라바니자의 작업은 완성이 된다.

그런 면에서 그의 작업은 니콜라 부리오가 말한 '관계 미학'을 실현하고 있다고 할 수 있다. 관계 미학에서 예술가는 고립된 예술의 공간/영토에 거주하며 형태와 색채와 씨름하는 고독한 존재가 아니라 사회의 구성원으로서 예술을 통해 다른 구성원과 소통하고 그 사회를 위해 새로운 변화를 제시할 수 있는 존재로 부각된다.

음식을 통해 관객과의 소통과 관객간의 소통을 도모한 티라바니자는 1990년대 이후에도 공동체 지향적인 작업을 하고 있다. 〈무제(카페 도이칠란트)(Untitled-Cafe Deutschland)〉(1994)는 카페를 차려 관객에게 음료와 읽을거리를 제공한 작업이었으며, 〈퍼포먼스 고민(Performance Anxiety)〉(1997)은 음악 스튜디오를 제공하여 누구든지 음악을 연습할 수 있도록 고안된 작업이었다.

티라바니자는 무료로 음식을 나누어 주는 박애주의적인 작업에서 벗어나 점차 인간의 공동체가 처한 경제, 사회, 문화적 측면으로 확장해 갔다. 〈소셜 푸딩(Social Pudding)〉(2003-2004)은 덴마크의 예술가 그룹 수퍼플렉스(Superflex)와 함께 진행한 프로젝트로 오렌지와 코코넛 향이 나는 2종류의 분말을 만들어 작은 상자에 담고 99센트에 판매하던 작업이다. 관객은 즉석에서 이 분말을 물에 타서 푸딩을 만들어 먹을 수도 있고 집에 가져가서 만들어 먹을 수도 있다. 음식을 상품으로 만들어 파는 현대의 음식문화를 그대로 적용한 이 프로젝트는 오렌지와 코코넛이라는 평범한 먹을거리가 단순히 우리의 식탁에 오르는 소소한 먹을거리가 아니라 세계 경제의 질서 속에서 이익 추구의 대상으로서 작용한다는 것을 드러낸다. 원산지에서 고객의 구매로 이어지는 생산과 유통의 구조는 이미 세계화 시대에 복잡한 산업이 되었다. 그 속에서 우리는 먹기 위해 돈을 주고 물건을 사는데 그 구매행위 자체가 글로벌 산업에 참여하는 것이기 때문에 과연 인간의 공동체를 위해 적절한 참여인지, 아니면 이익추구의 희생물이 되고 있는지 자문하게 된다. 〈소셜 푸딩〉은 단순한 푸딩재료를 통해 인간이 물건과 맺는 관계를 들여다보게 하며, 그 물건을 구성하는 재료의 원산지에서 과연 적절한 노동의 대가를 치르고 상품이 되었는가를 생각하게 하는 작업이다.

티라바니자는 한국에서도 작업을 선보인 바 있다. 2012 광주비엔날레에서는 〈무제 (미래는 크롬이 될 것이다) (탁구대)〉(2008)를 선보였다. 이 작업은 야외 전시장에 탁구대를 여러 대 설치하여 관객이 직접 탁구를 칠 수 있도록 한 작업이다. 남과 북으로 분단된 한반도에서 탁구는 한때 국가적 스포츠였다. 냉전 시대의 엄중한 이념의 대립 속에서도 스포츠를 통한 교류와 경쟁이 빈번하게 이루어지곤 했다. 크롬으로 제작한 티라바니자의 탁구대는 과거의 탁구 역사를 상기시키면서 동시에 관계를 중시하는 그의 철학이 드러난 작품이었다

2022 제주비엔날레에서는 티라바니자의 제자 이유진이 운영하는 '미술관 옆집'에서 **〈무제: 검은 퇴비에 굴복하라〉**를 진행한 바 있다. 에두아르 글리상(Édouard Glissant)의 시 〈하라(Do It)〉(1969)에서 차용한 제목으로 퇴비가 순환하는 자연의 삶을 상징하는 것에 착안했다. 제주도 저지리의 제주현대미술관 인근의 '미술관 옆집'에 예약한 관객은 귤창고에서 잡동사니로 재생한 화목난로가에 앉아 티라바니자가 만든 옹기그릇에다 제자와 함께 만든 수제막걸리, 석창포 차를 마시며 대화를 나눌 수 있었다. 이 집의 마당에는 베어낸 잡초를 발효시키는 통이 있는데 작가가 뉴욕주에서 살면서 실제로 사용하는 방식

무제: 검은 퇴비에 굴복하라
https://www.jejusori.net/news/articleView.html?idxno=411623

이었다. 잡초가 퇴비가 되는 것처럼 때가 되면 다시 자연으로 돌아가는 인간의 삶을 이야기하는 장이었다.

> *"오늘날 예술은 수많은 [미술계의] 내부인을 위해 존재한다. 예술에 흥미를 느끼고 참여하는 사람이 점점 더 늘고 있는 것 같다. 그러나 그러한 참여가 예술이 얼마나 정신적인 인간의 형성에 관련되어 있는가를 보여주지는 않는다. 오히려, 물질/정보의 소비와 밀접한 것 같다."* (티라바니자, 2013년 인터뷰에서)

바네사 비크로프트 Vanessa Beecroft (1969-)
: 시선을 사로잡는 육체, 여성성의 강조와 해체 J

8등신 여성 모델을 고용하고 누드에 하이힐을 신겨 줄 맞춰 세운 후, 미술 전시장부터 상업적 공간까지 다양한 장소에서 그룹 퍼포먼스를 기획한 바네사 비크로프트는 시각적 매력과 흡인력을 잘 이용한 작가이다. 그러나 작품에 대해서는 상반된 평가가 존재하는데, 비평가들은 그녀의 작품이 '패션쇼에 대한 포스트페미니즘적 비평'이라고 두둔하기도 하지만, 반대로 여성을 둘러싼 관음증과 상업적 소비품들에 대한 홍보, 또는 프로모션에 지나지 않는다고 꼬집기도 한다.[3] 비크로프트가 처음부터 패션계를 비판할 의도를 가졌다고 하기는 어렵다. 그러나 패션쇼의 화려함과 유명 상품들을 통한 눈요기를 미술계에 옮겨 심고, 여기에 여성 모델의 관능미를 더하여, 후기 자본주의 매체의 영향력에 부응하여 작품을 구성한다. 그녀 작품이 매체와 상업성에 대한 비판인지 그것의 강조인지는 매우 애매하고, 이러한 모호함은 비크로프트 작품과 떨어질 수 없는 요소가 되었다.

---

3 Nick Johnstone, "Dare to Bare," *Guardian*, 2005.3.13.

비크로프트는 이태리 제노바 태생으로 밀라노 브레라 미술 아카데미에서 수학했고 현재는 미국 로스엔젤레스에 거주하고 있다. 인물 드로잉 수업 중에, 드로잉보다는 실제 살아있는 모델이 등장하면 더 흥미롭다는 사실을 느끼고, 이후 그룹 전시에 참여 요청을 받았을 때 학창시절 알게 된 소녀들을 전시 오프닝에 초대해 자신의 옷을 입히고 전시장 곳곳에 서 있다가 피곤해졌을 때 앉거나 누우라고 지시했다. 이것이 비크로프트의 첫째 퍼포먼스 〈VB01〉이다. 졸업 후 밀라노에서 열린 〈VHS〉전에서 8년간 자신의 일상을 담은 드로잉과 음식일기를 제시했고, 이후 뉴욕 안드레아 로젠 갤러리에서 열린 1회 개인전으로 주목받기 시작했다. 초기 작업과정을 찍은 사진으로 뉴욕의 유명 화상이자 화랑주인 제프리 다이치에게 발탁되고, 모델을 이용한 퍼포먼스를 발전시켰다.

비크로프트는 다양한 공간에서 거의 옷을 입지 않은 여성모델들을 그룹으로 세우는 작품으로 유명해졌다. 그녀의 퍼포먼스 가운데 남성 모델을 쓴 작품은 미군을 모델로 한 작업 〈VB39〉(1999)(미국 샌디에고 현대미술관에서 해군들을 제복 차림으로 세워둠)와 〈VB42〉(2001)(뉴욕에 정박한 군함에서 역시 해군들을 제복 차림으로 세워둠) 둘 뿐이며, 다른 작품에는 모두 여성 모델이 등장한다. 그녀의 모델 퍼포먼스는 세계 여러 곳에서 기획되었다. 키가 큰 젊은 여성 모델들은 서로 비슷해 보이는 외모에 누드에 가까운 복장과 모습으로 등장한 후 서 있다가 하나씩 앉거나 눕는 과정이 작품의 전부인데, 이들이 모두 자세를 흐트러뜨리면 작품은 끝나고 보통 3~6시간 정도 진행된다.

여성의 몸을 이용한 작품은 미술의 역사만큼 오래되었다. 작가는 여성의 몸을 즉물적 실체이자 시각적 매력의 대상으로 전제하고, 특별한 상황을 꾸미거나 서사 없이 그냥 세워둔다. 이런 작품들은 미술과 여성의 신체라는 전통적 시각을 이용하기도 하지만 거기에서 탈피하여 인간 신체의 물적 본질을 강조하고 그들이 서 있는 장소의 성격을 탐구하기도 한다. 그럼에도 불구하고 누드에 가까운 젊은 여성의 신체와 그녀들의 작지만 화려한 복장은 소비문화, 물질문화, 스펙터클과 자본주의의 화려함에 편승하는 것이란 인식과 남성의 시각 대상으로서의 여성을 제시한다는 평가로부터 벗어나기 어려워 보인다.[4]

그러나 미술관에서 만난 누드에 가까운 여성 모델들을 본 관객들은 매혹되기도, 그녀들의 벗은 몸에 당황하거나 불편해하기도, 즐기거나 거부하는 등의 여러 반응을 보이는데, 이런 특징이 관객과 구체적이고 가변적인 관계를 만들어낸다고 주장한다.

관계미학의 주창자인 니콜라 부리오가 기획했던 《트래픽(Traffic)》(1996)전에 참여해 관계성을 부각시키는 작가라고 인정받으면서 비크로프트는 더욱 유명해졌다. 일군의 여성들에게 속옷차림에 같은 모양과 색의 가발을 착용하게 한 후 전시장에 세워놓았다. 이들을 맞닥뜨린 관객들은 각각의 반응을 보였다. 관계미학이 예술과 사회적 관계를 여러 차원에서 강조한 것이라고 본다면 비크로프트는 신체를 정체성과 시각성의 잣대 또는 관객과 작품이 서로 만나는 구체적이고도 즉각적인 인터페이스로 사용했다.

아름다운 젊은 여성의 신체를 통해 성적 미학적 대상화를 공고히 한다는 비판에 대해 작가는 자신의 작품이 오히려 몸이 아름답지 않은 자세로 망가질 때까지 보여주어 외모 지상주의에서 벗어나게 한다고 말했다. 또 부동자세로 세워놓는 것이 여성 학대라는 비판에 대해 작가는 바닥에 누울 때 까지 모든 것은 모델들의 선택이라며 오히려 그들을 자유롭게 해방시킨다고 주장했다.

비크로프트의 퍼포먼스는 시간의 흐름에 따라 점차 무너져가는 여성의 모습을 통해 육체의 물리적인 고통에 본능적으로 반응하는 모

---

4 Kontova H; Gioni, M., "Vanesa Beecroft," *Flash Art international*, no.228, 2003.

VB45
https://www.museoreinasofia.es/en/collection/artwork/vb45-wien

VB55
https://www.artnet.com/artists/vanessa-beecroft/vb55-GDxjOtNfBeC8qnvK-7TumjQ2 (file source:artnet.com)

습을 담아낸다. 표정 없이 줄 맞춰 서있는 여성에게서 관람자는 전통적인 회화나 조각을 연상할 수 있다. 분명 비크로프트가 미술의 전통으로부터 벗어나서 반미학적으로 변하는 몸과 자세와 표정 등을 통해 달라진 여성 이미지를 제시하고 있으며 살아있는 조각을 통해 관객과의 구체적 관계를 형성한다는 점은 설득력이 있다. 이런 점으로 그녀는 안드레아 프레이저, 트레이시 에민 등 포스트페미니즘 작가로 논의된다.

비크로프트의 모델들은 고상하고 접근하기 어려운 존재나 관능적 대상이기를 원치 않는다. 2001 비엔나 미술관에서 선보인 〈VB45〉는 군대 대열처럼 질서 정연하게 줄지은 금발 모델들이 무릎 위로 오는 부츠와 붙인 머리를 하고 서 있다. 검은 부츠는 무겁고 권위적인 모습을, 짧게 붙인 노란색 금발 머리는 통제와 단일성을 나타내서 마치 독일 나치를 연상시키기도 했다. 오스트리아는 독일과 함께 2차 세계대전을 주도했던 전범 국가이다. 이곳에서 작가가 역사의 과오를 지적하는 것처럼 보이기도 하지만 아름다운 여성을 통해서 오히려 과거를 미화한다는 비판을 받기도 했다. 강한 인상과 완벽한 균형의 모델들은 시간이 지나면서 점점 무너지고 대열을 이탈하면서 처음과는 다른 느낌과 이미지로 변화한다.

2005년 베를린 국립미술관에서 선보인 〈VB55〉는 하의는 스타킹, 상체에는 오일을 바른 모습의 모델 100명이 약 3시간에 걸쳐 서있는 퍼포먼스였다. 이때 머리와 몸매는 비교적 다양했지만, 모델들이 거의 맨몸을 드러냈다는 점에서는 큰 차이가 없었다. 52회 베니스 비엔날레(2007)에선 그녀의 가장 정치적인 작품 〈**VB61, 아직 죽어있어, 다르푸, 아직 못 듣는 거야?**(VB61 Still Death! Darfur Still Deaf?〉에서 흰 캔버스 위에 피 흘리며 쓰러진 30명의 여성들의 퍼포먼스를

VB61 Still Death! Darfur Still Deaf?
https://liarumma.com/projects/vb61-still-death-darfur-still-deaf
(file source:liarumma.com)

표현했다. 이들은 시체를 연상시키며 아프리카 다르푸의 학살을 암시하는데, 작가는 퍼포먼스 과정을 사진과 동영상으로 제작했다. 이를 계기로 작가는 미국의 음악가 카니어 웨스트(Kanye West)와 협업하고 수단 출신 쌍둥이를 입양하려하는 등 지역과 인종 문제에 관심을 보였다.

최근에는 시대적 복장(르네상스 회화에 등장하는 인물들처럼)을 하고 상황을 연출하여 과거 회화의 내용을 구현하는 작품으로 옮겨가고 있다. 작가는 완벽한 규칙이나 규율에서 시작된 퍼포먼스가 혼란과 무질서로 변해가는 것에 의미가 있다면서 '도날드 저드로 시작해서 잭슨 폴락으로 끝난다'라고 비유했다. 규칙에 완전히 지배받는 것은 없다는 것이 이 퍼포먼스의 의도이며 시간이 지남에 따른 모델들의 자연스런 모습에서 작가를 포함한 관람자는 개인의 가치와 개성을 투사할 수 있다고 주장한다. 그러나 이런 개념을 시각화하는 과정이 실제 누드 여성을 통해서만 이루어진다는 점, 그 파장이나 효과가 크지 않고, 지나치게 성적이며 단선적, 상업적이라는 점은 늘 비판받는 부분이다.

그녀의 작품은 바디아트/퍼포먼스의 전통에 놓여있고 시간의 흐름에 따른 변화를 고찰하는 프로세스 아트와도 연결되어있으며 이들을 통해 정치, 경제, 사회적 의미를 살피고 관객과의 구체적 관계성을 강조한 점은 관계미학, 미학적 대상으로서의 여성과 그녀를 둘러싼 사회 경제적 비평은 페미니즘, 그리고 살아있는 조각, 움직이는 조각 등은 개념미술 이후 나타난 미술 경향들과 무관하지 않다.

여성의 살아있는 누드라는 파격적 형태와 어떠한 감정도 드러내지 않는 얼굴은 관객과의 교감을 다층적으로 불러오기보다는, 고정된 회화나 조각이 현대의 문화적 맥락으로 이동해 와 가변적인 실체로 제시된 것에 가까워 보인다. 화려하고 아름다운 옷과 구두 그리고 헤어스타일로 치장한 신체는 관객들에게 즐거움을 선사한다. 대중매체의 선정성 안에서 시각적으로 어필하기 때문으로 보인다. 그러나 이런 점으로 인해 파생될 수 있는 관계의 단계는 일방적이거나 제한적으로 보인다. 한국에서는 서울 명동 신세계 백화점 신축기념으로 한국 모델들을 기용한 작품, 〈VB60〉(2007)이 수행되었다. 한국의 공연법 상 누드는 불가능했고, 두꺼운 의상을 걸쳤다.

이 글에 실린 모든 작품 이미지는 작가의 홈페이지 퍼포먼스 섹션에서도 볼 수 있다.

VB60
https://thedeepsuperficiality.wordpress.com/2013/02/16/vanessa-beecroft-by-maison-martin-margiela/vanessa-beecroft-vb60-042-nt-2007-shinsegae-seoul-korea/

VANESSA BEECROFT
http://www.vanessa-beecroft.com

펠릭스 곤잘레스-토레스 Felix Gonzalez-Torres (1957-1996)
: 지극히 개인적인 경험을 공동체의 서사로 풀어낸 감각적 이야기꾼 J

펠릭스 곤잘레스-토레스는 1980년대 후반부터 미국에서 활동한 작가로, 당시 미술계를 선도했던 미니멀리즘과 개념미술의 형식과 내용을 비판하거나 비틀면서 각광받았다. 그는 사진과 오브제, 문자, 퍼포먼스 등 다양한 매체와 방식을 이용했고 동성애자로서의 정체성을 중요한 소재로 사용함으로써 미술계의 경향 중 하나인 개인의 서사를 활용한 자전적 미술을 이끌었다. 또한 예술작품과 상관없는 공적 장소, 예를 들어 거리의 광고판(빌보드)에 작품을 전시함으로써 다수의 관객과의 접촉지점을 높일 뿐 아니라 작품에 대한 관객과의 상호성에 대한 견해를 바꾸었다.

사탕, 종이, 전구, 비즈, 시계, 전광판 등 소재의 선택도 확대하였다. 한국에서는 2012년 플라토 삼성미술관에서 개인전을 통해 소개되었고, 그가 에이즈로 사망한 후 10년이 지난 2007년에는 베니스비엔날레 미국관 대표 작가로 선정되는 등 곤잘레스-토레스 작품은 끊임없이 재해석되며 관심의 대상이 되었다.

곤잘레스-토레스 작품 해석에 가장 주된 요소는 그의 성(性)정체성이었다. 할 포스터(Hal Foster)는 작가가 행동주의 그룹의 일원으로 1960~70년대 존재했던 미술 형식을 이용하여 동성애 성향을 표면화하는 작업을 했다고 보았다.[5] 그러나 이런 시각에 대한 한계가 제기되면서 니콜라 부리오는 곤잘레스-토레스의 작품과 관객이 맺는 관계적 측면에 중점을 두었고,[6] 권미원은 그가 관객의 참여에 대한 선택의 폭을 넓힘으로써 새로운 공공미술을 제시했다고 평가하기도 했다.[7]

---

5 로잘린드 크라우스, 할 포스터 외 2명 저, 『1900년대 이후의 미술사(Art since 1900)』, 배수희, 신정훈, 오유경 역 (세미콜론, 2007), 606-10.

6 니꼴라 부리요, 『관계의 미학』, 현지연 역 (미진사, 2011), 89-114.

7 권미원, 「공적발언으로서의 미술(Art as Public Address)」, 『한국근현대미술사

분명한 점은 토레스의 작품이 갖는 형식적, 내용적 선도성이며 이것이 이후 미술에 많은 영향을 끼쳤다는 점이다.

그의 작품이 가지는 특징을 크게 몇 가지로 나눠 살펴보면, 우선 토레스가 미술의 역사를 이해하고, 그것을 넘어서거나 다시 해석하고 있다는 점에 주목해야 한다. 그의 대표작 중에 사탕을 바닥이나 전시장 코너에 놓는 작품은 주로 미니멀리즘의 대가들, 로버트 모리스, 칼 안드레 작품의 외형을 차용한다. 대표작인 **〈무제, LA 로스의 초상〉(1991)**에서 로버트 모리스의 〈코너 피스(Corner Piece)〉(1964)의 형태를 빌려와 175파운드/79킬로의 사탕을 모서리에 쌓았는데 이는 자신의 애인 로스의 몸무게였다. 그는 미니멀리즘의 금속을 사용한 견고하고 기하학적인 입체작품을 작은 사탕 더미로 바꾸고 그것을 관객들이 집어갈 수 있도록 전시장에 설치했다. 전시관계자는 전체 무게에 큰 변화가 없도록 관객들이 집어간 사탕을 계속 채워놓아야 한다.

사탕대신 종이를 쌓아놓은 〈무제〉는 또 다른 미니멀리즘 작가 도날드 저드의 바닥에 놓은 육면체를 연상시킨다. 이미지나 텍스트를 인쇄한 포스터를 쌓아 올린 종이 더미(paper stack)[8]는 포스터를 집어가는 관객들의 참여를 허용한다. 점차 줄어드는 육면체와 삼각형의

학회』, Vol. 20, 2009, 185-186.
토레스의 작품이 지극히 개별적인 방식으로 작동하지만 기본적으로 불특정 다수에게 열린 공공미술의 성격, 다양하고 이질적인 개인성 자체를 보장해준다는 점에서 그렇게 평가했다.

8 토레스가 제작한 종이더미 작품들은 다양한 내용으로 존재한다. 신문기사와 민주당 전략가의 말을 인용하는 〈무제 Untitled〉(1990), 미국에서 일주일 동안 일어난 총기사건으로 사망한 464명의 이름, 얼굴, 나이 등을 적어 인쇄한 〈무제(총기로 인한 사망) Untitled(Death by Gun)〉(1990), 사적인 경험을 늘어놓은 〈무제(정물화) Untitled(Still Life)〉(1989), 토레스의 애인 로스가 좋아했던 하늘색을 인쇄한 〈무제(러버보이 Untitled(Lover boy))〉(1990), 검은색 테두리에 가운데는 붉은색을 띠고 있는 〈무제(전미 총기 협회) Untitled(NRA)〉(1991) 등 다수이다.

무제, LA 로스의 초상
https://en.wikipedia.org/wiki/%22Untitled%22_(Portrait_of_Ross_in_L.A.)#/media/File:%22Untitled%22_(Portrait_of_Ross_in_L.A.)_by_Felix_Gonzalez-Torres.jpg
(file source: wikipedia)

http://www.artic.edu/aic/collections/artwork/152961
(file source: cicago art institute)

사탕들을 통해 작가는 진정한 참여와 소통의 문제를 제기했다. 토레스는 종이 포스터에 간단한 문구를 삽입한다. 예를 들어 〈무제(재향군인의 날 세일)〉(1989)에는 재향군인의 날 세일이라는 문구를 넣어 추모일이 상업화 이벤트로 변질된 상황을 보여준다. 그러나 토레스가 정치적 슬로건을 내세우거나 사회현상을 지적하려는 의도를 갖는다고 보기는 어렵다.

미니멀리즘은 미술사에서 처음으로 소통을 담론화하고 구체적인 관객 참여의 조건을 살핀 1960년대의 대표적 미술 운동이다. 주관적인 범주에 머물던 미술품을 좀 더 객관적인 상태로 보내기 위해 단순한 형태와 밖에서 가져온 객관적 법칙, 예를 들면 '반복'을 통해 작품을 구성했다. 그런데 토레스는 이들의 남성적이고 거대한 그리고 일방적인 소통의 전제가 오히려 다양하고 이질적인 상호소통의 가능성을 배제한 것이자 예술의 풍성함을 스스로 제한했다고 비판한다. 미니멀리즘은 감정을 소유한 작가와 관객의 복합적 성격을 지나치게 단순화함으로써 소통의 상황을 스스로 제한시켰다고 할 수 있다.

토레스에게 진짜 소통은 종이로 된 포스터를 집어가고, 사탕을 가져가는 관객들의 물리적인 참여와 그것에 관계하기를 거부하고 그저 방관자로 지나가는 관객을 다 포함하는 것이다. 여기에 자신의 애인인 로스의 초상이란 제목을 더하고 그의 몸무게만큼의 사탕을 전시하는 등 자신의 기억과 감정의 개입을 강조한다.[9]

그가 미니멀리즘을 전복과 해체의 대상으로 삼은 이유는 무엇일까? 미니멀리즘은 작가의 주관성이 지나치게 강조됨으로써 관념적 범주에 머물던 작품을 좀 더 소통에 우호적이고 객관화된 영역으로 이동하기를 원했던 야심찬 시도였다. 그러나 그 결과 금속 소재를 선택하고 고정된 형태와 큰 크기로 백인 남성 지식인을 대상으로 하는 제한된 소통을 전제한 것이 아닌가라는 의문을 낳았다. 말랑하고 부드러우며 가변적인 성격의 소재와 참여를 통한 상호작용을 구체적으로 담

---

9 박지민, 진휘연, 「펠릭스 곤잘레스-토레스의 작품에 나타난 교차성에 관한 연구」, 『조형미디어학』 vol. 17, no2, 2014.

보하기 원했던 토레스는 마초적으로 보이는 미니멀리즘의 형태에 일대 변화를 가져왔다.

토레스는 자신의 작품이 성 정체성에 대한 직접적인 발언으로 보일 수 있음을 인지했는데, 실재 작가의 경험과 기억은 중요한 소재가 된다. 뉴욕 현대미술관 프로젝트로 구성되어 24개의 도심 속 빌보드에 동시에 선보인 **〈무제〉(1991)**는 빈 침대를 찍은 사진이다. 헝클어진 이불, 아직 선명하게 남아있는 베개 위 자국은 조금 전까지도 사용한 흔적이 그대로 보인다. 〈무제〉는 토레스와 연인 로스 레이콕(Ross Laycock, 1959-1991)이 함께 누웠던 자리를 찍은 것으로 1991년에 에이즈로 사망한 그에게 보내는 토레스 기억 속 연인의 초상이자 사랑의 메시지이자 그의 마지막 형체의 박제이다.

또한 공적 장소의 공공 게시판을 이용한 이유로는 1986년 대법원에서 바우어스 대 하드위크(Bowers vs. Hardwick) 소송에 대해, 자신의 집 침실에서 변태 성행위를 한 것은 두고 주법을 위반한 것이라는 판결을 내렸던 것에 대한 야유이다. 가장 사적인 장소가 공적이고도 공개적인 단죄의 대상이 된다는 성 정치의 상황을 조롱하는 것이다. 〈무제〉는 여러 장소에 반복적으로 설치되었고, 일정 기간에만 전시되었다. 토레스는 인터뷰를 통해 그에게 대중은 남자친구였던 로스 오직 한 사람이라고 말한 바 있다.[10] 두 개의 시계가 그들이 존재하는 장소에 따라 같은 시간 또는 다른 시간을 보여주는 것처럼 부리오는 '토레스 작품은 두 사람이 공유하는 자서전'이라며 토레스와 로스의 '따로 또 같이'와 '공존'의 어법은 작품의 주된 플롯이 된다.

글로 된 초상화 시리즈, 일명 언어 초상화, 예를 들어, **〈무제; 말해지**

---

10 Robert Storr, "Felix Gonzalez-Torres: etre un espion," Julie Ault (ed), *Felix Gonzales-Torres* (Steidl, 2015), 233.

Untitled
https://www.moma.org/collection/works/79063?locale=ko
(file source: moma)

지 않은〉(1989)은 작가에게 중요한 의미를 갖는 사건들과 역사적 사건들에 관한 짧은 문구를 연도 표기와 함께 전시장 내외 벽 위에 적은 것으로 22개의 버전이 전시되었다. 관객들은 과거의 연도와 사건들을 통해 시대적 분위기를 되짚거나 자신의 기억을 회상하는 등 다양한 반응을 보인다. 토레스는 자신의 경험과 미술에 대한 견해를 언어에 의존하는 개념미술의 어법을 사용하여 개인에게 중요한 사건을 기록함으로써 역사의 권위와 고정된 시각을 비틀었다. 지극히 개인적인 상황과 내용을 공적인 형식과 관객 참여적 구조로 열어 놓았다는 점에서도 높이 평가받을 수 있다.

토레스는 그가 만든 증명서(Certificates of Authenticity and Ownership)를 통해 작품 소유자가 구성물이나 내용을 변경할 수 있게 했다. 이전에 유통되던 미니멀리즘과 개념미술 작품의 증명서는 소유한 관리자에게 작품에 대한 책임을 부여하기 위해 만들었다. 그러나 토레스는 소유자나 관리자가 내용을 첨가하거나 변경할 수 있도록 했는데 예를 들어 사탕 작업에서 사탕의 종류나 용량 등에 대해 선택하도록 했다. 이는 작품의 고유성과 완결성, 작가의 절대성을 해체하는 토레스의 차별화되고 개방적인 시각을 반영한다. 작품의 미래 형태는 대부분 작가의 사후에 발생하게 되고 그것이 영원하고 고정적일 것이란 기대는 착각일 수 있다. 작가가 작품을 제시해주지만 수용과정에서의 변화는 본질적인 부분이다. 의미나 형태를 고정시키지 않고 유동적으로 만들고자 했던 토레스의 의도는 오늘날 문화-정치학적 분위기와도 맥을 같이 할 뿐 아니라 관객과의 진정한 소통을 이해했다고 할 수 있으며 그것의 제도적 장치화는 그의 선견지명으로 보인다.

1990년대부터 엘에이 현대미술관, 뉴욕 구겐하임미술관, 뉴욕 신

무제: 말해지지 않은
http://images.andrearosengallery.com/www_andrearosengallery_com/198gbkmusmEX1_2016_lr3.jpg
(file source: andrea rosen gallery)

미술관, 부르클린 미술관 등에서 회고전이 있었고 사후에 그에 대한 평가는 더욱 높아졌는데 52회 베니스 비엔날레 미국관(2007), 뉴욕, 바르셀로나, 프랑크푸르트, 부르셀, 서울 등 여러 도시에서 회고전이 열렸다. 2021년 뉴욕 공공미술기금(Public Art Fund)은 그를 추모하며 작품들을 전광판(빌보드), 포스터, 디지털 이미지 등으로 제작하여 도시 곳곳에 전시했다. 스페인 바르셀로나 현대미술관(Museum of art Contemporary Barcelona)에서 《Felix Gonzales-Torres: The Politics of Relation》(2021)전이 열렸다. 곤잘레스-토레스에 대한 관심과 평가가 지속되는 이유는 젠더와 후기식민주의 이론에 부합하는 상징적 인물이자 그의 작품이 상실, 사랑, 죽음, 그리고 기억을 다루었고 그로 인해 관객과의 소통의 새로운 장을 제시했기 때문으로 평가된다.

3.

포스트 프로덕션

Post-production

포스트 프로덕션 Post-production Y

'포스트 프로덕션'은 원래 영상매체를 다루는 분야에서 흔히 쓰는 표현이다. 촬영장에서 각각의 장면을 촬영하여 전반적인 과정을 마칠 때까지가 '프로덕션'이라면 이후 스튜디오에 돌아와서 촬영한 영상에서 각 장면의 길이를 정하고 맥락을 맞춘 후 원래 기획한 의도와 구성에 따라 기술적 효과를 첨가하여 광고, 드라마 또는 영화를 완성하는 과정을 '포스트-프로덕션'이라고 할 수 있다. 연기자의 연기와 실수 등 촬영장에서 진솔하게 찍은 자료를 가져다 편집하고 가공하여 매력적인 영상으로 만드는 과정으로 가장 창의성을 요구하는 단계라고 할 수 있다.

그런데 이 개념이 현대미술에서도 사용되기 시작했다. 이 용어는 '관계 미학'을 주장했던 니콜라 부리오가 〈포스트 프로덕션(post-production)〉(2001)이라는 책에서 제시한 이후 널리 사용되기 시작했다. 그는 이 책에서 '관계 미학'의 개념을 보다 자세하게 설명하기 위해 '포스트 프로덕션'을 언급하겠다고 하면서 전자의 범주로 분류했던 작가 리크릿 티라바니자, 리암 길릭뿐만 아니라 토마스 허쉬혼, 사라 모리스 등을 이 범주에 포함시킨다. 따라서 관계 미학과 포스트 프로덕션은 어떤 면에서 부리오가 만들어낸 상호보완적 개념이라고 할 수 있다.

'관계 미학'이 자본주의 사회에서 소외된 인간의 관계 회복에 기여할 수 있는 예술을 주장했다면 '포스트 프로덕션'은 그 자본주의 사회에서 넘쳐나는 물건, 상품, 문화 생산물, 이미지 등과 이미 구축된 미술의 역사에서 볼 수 있는 수많은 예술작품과 이미지를 활용하는 것이다. 따라서 관계 미학과 포스트 프로덕션은 부리오가 바라본 현대사회에서의 예술의 역할에 대한 기대치를 그대로 반영한다고 하겠다. 비록 부리오 개인의 담론으로 출발했으나 두 개념은 21세기 미술이 지향해야 할 방향을 제시하고 있다고 할 것이다. 예술가는 더 이상 수동적인 창작가가 아니라 사회비판에 적극적으로 목소리를 내는 행동주의자가 되어야 하며 그 방식은 정치적 행동주의와 달리 예술적 행동주의를 취해야 한다는 것이다.

'포스트 프로덕션'을 제시할 때 그가 주목한 것은 작가들이 '현대 세계를 탐색하는 도구'로서 자동차, 타이어 등의 물건과 신문, 텔레비전 등에서 찾은 이미지 등 다양한 현대의 문화적 산물을 활용하는 태도이다. 예술가가 자신의 생각을 실현하기 위해 자신이 살고 있는 문화 속에서 힌트를 얻고 그 힌트를 토대로 창의적 결과를 도출하는 것은 인간의 문화를 읽어내는 것과 같다. 따라서 이러한 방식을 통해 나온 예술은 우리가 살아온 흔적을 잉태할 수밖에 없다.

이 용어는 부리오가 제시한 이후 주목을 받고 있으나 그 근저에 깔린 의미는 사실 20세기 현대미술에서 지속적으로 나타났다고 할 수 있다. 100여 년 전 마르셀 뒤샹이 상품으로 제작된 변기를 구입한 후 사인을 하고 미술 전시장에 전시하고자 시도했던 것이나 1950년대 말 버려진 물건과 쓰레기를 구해 설치작업을 하면서 당시 미국사회의 산업화와 상업화가 야기한 현대문명의 뒷면을 고발하고자 한 앨런 카프로우(Allen Kaprow) 등의 작업은 모두 '포스트 프로덕션' 개념의 전례라고 하겠다. 물론 그동안 뒤샹은 다다의 맥락에서 언급되었고 카프로우는 정크 아트(Junk Art) 또는 해프닝(Happening)의 맥락에서 설명되곤 했으나 어떤 면에서 '포스트 프로덕션'의 도래를 이미 예견하고 있었다고 할 것이다.

따라서 현대미술에서의 '포스트 프로덕션'은 기존에 이미 생산된 물건이나 작품을 다시 새로운 맥락에서 활용하여 창작하는 방식을 지칭한다. 과거에 포스트모더니즘이 '차용'이라는 개념을 전면에 내세우며 모더니즘의 유산과 유물을 적극적으로 활용했다면 최근의 현대미술은 '차용'을 넘어 문화의 여러 형식을 공유하는 태도를 '포스트 프로덕션'으로 포용하고 있다. 모더니즘 미술이 독창성을 강조했다면 포스트모더니즘은 '차용'과 '패스티쉬(pastiche)'를 통해 기존의 예술작품을 자유로이 빌려와 재해석할 수 있는 가능성을 허용하면서 새로움과 독창성이라는 모더니즘의 경직된 가치를 전복하곤 했다. 그러나 1990년대 글로벌 시대에 접어든 후 전 세계의 다양한 문화를 동일 선상에 두고 상하 또는 우열의 수직관계가 아니라 수평의 관계 속에서 접근하고자 하는 일군의 예술가들에게 예술의 영역 내에서의 차용보다 폭넓은 문화 속에서의 차용, 즉 사회 전반에 걸쳐 생산되는 모든 물건과 이미지를 포함하는 방향으로 나가고 있다.

따라서 기존에 이미 제작된 물건이나 작품을 활용하기 때문에 '새롭게 독창적으로 만든 예술'이라는 생각은 예술가에게 중요하지 않게 된다. 오히려 그 물건이나 작품을 활용하는 맥락과 상황을 구상했다는 점에서 재치, 위트, 의도가 더 중요하게 부각된다. 그래서 부리오는 다음과 같이 주장한다. "독창성의 개념이나 창조의 개념은 점차 희석되고 문화 생산물을 골라서 새로운 맥락에서 소개하는 일을 하는 DJ와 프로그래머가 보여주는 문화 환경이 등장한다." 따라서 포스트 프로덕션을 이용하는 예술가는 마치 음악 디제이가 '상쾌한 아침'이라는 주제로 여러 가지 음악을 선곡하듯이, 기존의 예술작품, 상품 등 누군가가 이미 제작한 것을 골라서 보여주는 기획자의 역할을 하게 된다.

이러한 열린 태도는 특히 글로벌 시대에 정보와 기술을 통해 과거보다 많은 형식과 이미지가 유통되고 있는 현실을 고려할 때 자연스러운 것이다. 간단한 일상용품에서부터 고가의 물건까지 인간을 인간답게 만들어주는 모든 것들과 그것들이 재생산되고 유통되는 과정은 이제 거의 실시간으로 전 세계에 퍼져나간다. 이러한 글로벌 시대에 예술가도 '나의 문화'와 '너의 문화'에 경계선을 두고 물건과 이미지 그리고 여러 표현 형식을 선택하는 것이 아니라 자연스럽게 그 경계가 무너지는 현실에 적응하게 된다. 따라서 한국의 작가에게 타 문화의 물건이나 이미지는 두려운 것이 아니라 언제든지 자유롭게 차용하고 활용하여 작업으로 만들 수 있는 대상이 된다. 따라서 문화의 경계가 느슨하게 된 시대에 '포스트 프로덕션'을 지향하는 작가는 넓은 지평에서 창작을 펼칠 수 있다. 창의력을 표출할 수 있는 범위와 한계가 무한대라는 점에 압도되지만 않는다면 말이다.

리암 길릭 Liam Gillick (1964~)
: 디자인도 가구도 개념미술도 아닌 탈경계의 아이콘 J

후기 개념주의 미술가(post-conceptual artist)이자 포스트 프로덕션 작가로 평가되는 리암 길릭의 작품은 조각, 설치, 문자 등으로 크게 구성된다. 개념미술에 기초하여 재료의 다양성, 반미학적 시각, 미술 외적 제도에 대한 관심이 작업의 기초를 이룬다. 그러나 워낙 다양하고 폭넓은 실험성과 여러 매체와 장르를 오가는 그의 작품은 하나의 범주나 시각으로 수렴되고 정리되기 어렵다. 평범한 오브제나 사물, 이미 익숙한 예술적 형식을 차용하고 그것에 내재한 의미나 경제적 원리를 비틀어버리거나 새롭게 해석한다는 점에서 포스트 프로덕션과 후기 개념미술 작가로 설명하는 것이 적절해 보인다.

작가는 일상적 오브제를 이용하지만 결합된 결과물이 미학과 실용성에 의문이 드는 입체 작품을 주로 제작했다. 미술과 상품, 디자인과 비 실용품의 경계를 질문하면서 관객의 경험과 감각의 확대, 그리고 기억을 자극하는 환경설치라는 비교적 새로운 개념을 제시했다고 할 수 있다. 작가는 건축, 사운드, 환경, 설치, 장소, 조각 등 많은 범주와 장르, 내용을 포괄하려 시도했는데, 개념보다는 점차 시각적 매력을 강조하고, 관객의 작품 내외적 참여와 교류, 변화를 중요한 전제로 삼았다.

1964년 영국태생으로 골드스미스 대학을 졸업하고 yBa(young British artists) 초기 멤버로 활동한 작가는 현재 뉴욕에 거주하고 있다. 그는 도시와 환경, 특히 건물의 조건과 요소에 관심이 있다고 말한다. 미술품 자체보다 그것의 맥락이 되는 공간, 특히 사람들과의 관계를 통해 유지되는 성격과 반대로 그것으로부터 영향 받는 개인들을 관찰하고 그 과정에 투입되는 정치적, 경제적 맥락을 비판적으로 바라보려 한다. 그는 우리가 사는 환경으로서의 공간, 구체적으로 건물과 그 안의 여러 기능적 공간들이 절대 디자인-중립적일 수 없음을 지적하고, 이에 순응하는 사용자와 뒤에 숨어 있는 통제 시스템을 분석하려 했다.

1996년 니콜라 부리오의 《트래픽 Traffic》전에 참여했고 이후 관계미학에서 중요한 작가로 인식되었고, 애니메이션, 디자인, 출판, 음악, 영상, 강연, 전시 기획 등 다양한 분야에서 활동하고 있다. 건축, 디자이너, 극작가들과 협업하여 많은 프로젝트를 진행했고 출판사 G-W Press를 설립했으며, 1990년대 초에는 〈소호(soho)〉라는 밴드도 결성해서 공연했다.

길릭은 미술사를 이해하고 텍스트와 맥락을 재활용하거나 변형하지만 화려한 색채의 산업적 산물을 적극적으로 사용하여 과거의 작품들과는 전혀 다른 느낌을 만든다. 그는 특히 분채 도장한 알루미늄을 많이 사용했고 작품의 형태는 미니멀리즘과 유사하다. 반복되는 기하학적 유닛과 단순한 실루엣, 통일된 형태는 그리드를 이루는데, 원색을 이용한 구성과 플렉시글라스의 밝고 화려한 느낌이 공통적으로 등장한다.

평론가 이나 블롬(Ina Blom)은 "길릭은 미니말리즘 오브제의 추상성에 관심을 보이는 대신, 개방된 사회적 교류를 위한 공간을 창조하려 한다....전시환경에 맞춰서 작품은 지속적으로 다시 정의된다"고 했다.[11] 그의 작품은 "맥락에서 벗어나 재배치(displacement activity)" 됨으로써 유사한 형태가 쓰이는 반복적인 작업임에도 각각의 과정이 특수성을 갖는다고 긍정적으로 변호해주었다.

그의 첫 개인전은 1989년 런던 카스텐 슈버르트 화랑(Karsten Schubert Gallery)에서 열렸는데, 건축에 적용한 일종의 디자인/설치였다. 주로 컴퓨터 프로그램을 사용해서 빌딩을 위한 드로잉 시리즈를 그린 후, 위를 덮는 장막, 유리 파사드, 정자, 입구 도상, 진열용 유리케이스, 홈-오피스 등을 새로운 형태와 소재로 제작했다. 알루미늄, 나무, 플렉시글라스 등을 사용하여 도시에서 볼 수 있는 차갑고 기하학적인 환경을 변형시키고 기능과는 무관한 입체 구조물을 만들었

---

11 Ina Blom, "The Logic of the Trailer: Abstraction, Style, and Sociality in Contemporary Art", *Texte Zur Kunst*, March 2008, Issue 69, 171–77.

다. 밝은 플렉시글라스를 많이 사용한다는 것을 제외하면 작품의 형태, 구조, 소재 등은 미니멀리즘과 유사하다.

2009년 베니스 비엔날레의 독일관 전시에선 가정에서 사용하는 장식장을 본뜬 거대한 목조 캐비넷을 제작하고, 여기에 텍스트, 로봇 고양이 등을 이용, **〈너 어떻게 행동할래? 말하는 부엌 고양이(How are you going to behave? A kitchen cat speaks)〉**를 제작했다. 작가가 작성한 대본을 녹음한 목소리가 장 위에 앉은 로봇 고양이에게서 흘러나오는 듯 한데, 미술과 사회적 맥락의 긴밀함을 강조하는 그는 이데올로기적, 경제적 제도와 구조들과 시각적 결과물 간의 관계를 믿는 유물주의적 신념을 드러낸다. 이런 의도와는 별개로 그의 작품은 반복적, 구축적, 기하학적 구조를 강조했던 미니멀리즘과 형태가 유사하고 산업적 소재를 적극 수용한 점도 같다. 그러나 이것이 사조의 해체를 지향하는 것은 아니어서, 길릭은 미니멀리즘이 추구했던 탈 주관성, 반 관념적, 반 미학적 개념과는 큰 차이가 있고 이들을 문제 삼는 것도 아닌 매우 특이한 위치에 있다. 그의 작법이 이전의 시각예술을 차용하여 그것 안에 내재된 권력을 해체하는 것이라는 니콜라 부리오의 포스트 프로덕션(postproduction) 개념과 맥이 닿아있다.[12] 원래 포스트프로덕션은 영화의 후반작업, 즉 음향을 입히고 편집과 CG를 더하는 과정을 지칭하지만 부리오는 이것을 미술의 개념으로 전환시키고 제도권내에 존재하는 것들을 편집, 재구성함으로써 역사적이고 이데올로기적인 내러티브가 다시 조성됨으로써 탈관습적인 도전과 해체가 강화된다고 긍정적으로 평가했다. 포스트 프로덕션이 장르 간, 재료 간 규범의 해체뿐 아니라, 미술사조의 성격에 대

---

12 Nicholas Bourriaud, *Postproduction*, trans by Jeanine Herman (NY: Lukas & Sternberg, 2002).

How are you going to behave? A kitchen cat speaks 외 여러 작품들
https://liamgillick.info/2000-2009 (file source: 작가 웹사이트)

한 새로운 해석으로 발전할 수 있다면 길릭의 태도에 대한 더 많은 논의가 필요해 보인다.

길릭의 조각 〈**무효화된 산물**(Rescinded Production)〉(2008)은 채색된 알루미늄과 플렉시글라스로 제작된 열린 상자의 모습인데 조각적 형식과 건축적 형태 (플랫폼, 스크린, 선반, 캐노피 등)를 연상시키거나 부분적으로 수용한다. 이 조형물은 기능과 미학적 목적이 모호하고 개념적으로도 지향점을 분명히 알 수 없다. 길릭은 선행되었던 미술 형식을 빌리지만 그 어떤 것으로도 귀결되지 않기 때문에 그 만의 특징을 갖는다고 하겠다.

길릭은 형태나 재료보다는 과정을 중요하게 생각한다고 강조했다. 〈프로토타입 맥 프로덕션 파빌리온(Prototype MAK production pavillion)〉(2009)에선 나무판을 이용해서 가상의 구조물을 제작하고 텍스트 작업을 더했다. 분채 알루미늄으로 만든 〈연결된 분당(Related faction)〉(2008)은 가정 내의 실내 온열관(레디에이터, 스팀관)의 형상을 원색의 관으로 변형시킨 것이다. 아일랜드, 벨패스트의 건물 외벽을 비롯해 택시 회사 명함, 매트 등에 이론물리학에 관한 10개의 질문을 적은 텍스트 작품 〈생각의 한계를 그릴 수 있게 하기 위해〉(2001) 연작은 문장을 띄어쓰기 없이 적었다. 유사한 방식의 문장 작업은 다른 지역에서도 시도되었다. 이런 길릭의 작품이 그러나 장소 특정성과 관련 있다고 말하기 어렵다. 또한 관객들에게 어떤 질문을 던지는 것도 아니다. 다만 우리가 살고 있는 일상적 장소 안에서 관객들의 경험이 다양한 지적, 시각적 기호들을 통해 자극되도록 하려는 것이다.

2013 한국에서의 첫 개인전과 2014년 리움미술관 《교감》전에 참여했던 작가는 한국을 몇 차례 방문했다. 작가는 미술관 로비와 카페

Rescinded Production
https://mcachicago.org/collection/items/liam-gillick/3140-Rescinded-Production
(file source: MCA 사이트)

에 **〈일련의 의도된 전개(Directed development Array)〉**(2013)라는 작품을 설치했다. 원색과 무채색의 'ㄱ'자 알루미늄 프레임이 반복되고 그리드 형식으로 이어진 작품이다. "사람들이 건물 인테리어인지, 예술품인지 알아채지 못할 것이다....작품이 사람을 위한 하나의 프레임이 되는 모습이 너무 좋다"라는 그의 설명은 종래의 관심, 미술품 자체보다는 미술관을 둘러싼 주변 공간과 설치 환경이 사람들과 빚어내는 전체적 활동의 이미지가 하나의 작품이 된다는 작가의 신념을 보여준다.

최근 그는 점차 건축물과 결합된 거대한 작품을 시도하고 있다. 히토 슈타이얼(Hito Steyerl)과 협업한 〈여러 번 모델을 실행해도 결과는 똑같다 〈However Many Times We Ran The Model The Results Were Pretty Much The Same〉(2023)는 이태리 로디노에 생긴 일종의 공공 건물(병원, 도서관, 마을회관 등)의 벽을 화려한 색과 패턴으로 덮은 벽화 작품이다. 두 작가는 이 마을의 경제, 생태, 계층, 기타 정보들을 입력하고 그것을 색채 구성표로 변환시키는 프로그램을 시행해서 나온 결과물을 외벽에 칠했는데 제목처럼 여러 번 컴퓨터에서 구동했지만 결과는 거의 유사했다. 원색에 가까운 화려한 색채로 칠해진 건물과 주변의 풍경은 서로 생경해보일 수 있지만 작업에 사용된 구체적 정보들을 살핀다면 이 마을의 현재와 미래의 변화를 보여주는 일종의 사회적 초상화라고 이 작품을 설명했다. 장소 특정성에 기초한 거대 프로젝트인 **〈필터로 본 시간(Filtered Time)〉**(2023)은 베를린의 페르가몬 박물관의 소장품들에 소리, 조명, 색채를 덧입혀서 완전히 새로운 이미지로 변형시키는 작업이다. 작가의 관심이 오브제에서 점차 공간 전체 디자인의 영역으로 확대되고 있음을 보여준다.

Directed development Array
http://file.samsungfoundation.org/leeum/leeum_upload/museum/Gillick_일련의의도된전개_detaih_thumbnail.jpg
(현재는 철거)

Filtered Time
https://www.smb.museum/en/exhibitions/detail/liam-gillick

그는 생산을 둘러싼 정치, 자본, 산업적 프레임들을 분석하고 그 속에서 개인의 선택의 한계를 지적하고 있다. 그러나 이런 포부와 달리 그의 작업은 지극히 자본주의적 생산방식-많은 이들과의 협업을 포함-을 취하고 공간에 대한 비판적 시각보다는 기존 환경에 순응하고 거기에 미학적 구성을 더하는 모습이다. 동시대 산업적, 상업적인 유행을 따르는 측면에서도 그의 작품이 미술의 순수함과는 거리를 둔다. 이질적인 융합과 다양성 안에는 자본주의적 소비문화의 특징이 내재해있으며 동시대 디자인과 스펙타클을 지향한다는 점도 지적할 수 있다. 화려하고 거대하고 산업적 산물과의 경계가 모호한 길릭의 작품은 작가의 미적인 취향을 보여준다.

길릭의 여러 작품들은 다른 작가들에게 많은 영향을 주었고, 새로운 감각들, 통합에의 시도, 다양성의 범주 등은 작가의 최대 장점으로 평가된다. 2009년 베니스 비엔날레 독일관 대표 작가로 선정되어 센세이션을 불러왔고 화이트 채플, 팔레 드 도쿄, 취리히 쿤스트할레, 뮌헨 쿤스터 페어라인, 시카고 현대미술관 등에서 전시했다.

히토 슈타이얼 Hito Styerl (1966~)
: 밈과 쇼츠를 관통하는 주제의식, 디지털 문화를 재생산하다 J

> *"오늘날 세상을 인식하는 것은 데이터를 해독하고 처리하는 패턴 인식에 달려있다."*[13]

히토 슈타이얼는 영화감독이자 영상 작가이며 뉴미디어 이론가, 문필가, 기획자, 배우, 퍼포머 등 예술의 여러 분야에서 다양하게 활동하고 있다. 그녀는 디지털로 제작되고 온라인상에서 유통되는 모든 이미지들과 그 무수한 정보들을 기초로 산업, 자본, 소비, 기술, 세계화

13 『히토 슈타이얼: 데이터의 바다』, 전시도록, 국립현대미술관 (2022), 8.

등의 문제부터 시각예술의 역사, 정치, 철학 등의 주제를 다룬다. 그런데 연출이 세련되었다던가 하이테크를 이용하여 스펙타클한 영상을 만들지는 않는다. 오히려 집에서 만든 홈비디오와 유사하고 대중적이고 익숙한 음악을 삽입하며 게임, 광고, 뮤직비디오 등의 포맷을 차용하기를 즐겨한다. 그래서 그녀의 작품엔 고급미술과 저급미술을 가로지르는 특이한 유머와 풍자가 있다. 슈타이얼이 동시대 정보 유통의 기술 관련 요소들, 예를 들어 빅 데이터, 인공지능, 알고리즘, 소셜 미디어와 뒤에 놓인 자본, 권력, 욕망 등을 비판적 시각으로 다룸으로 동시대 미술의 방향을 고민하지만 영상은 파편적이고 서사는 돌출되어 주제에 대한 분명한 함의를 이해하기에 어려움이 있다.

1966년 1월 1일 독일 뮌헨에서, 과학자인 부모 사이에서 출생한 슈타이얼은 뮌헨, 일본에서 영화제작과 영상을 공부했고 현재 베를린 예술대학의 뉴미디어 담당 교수(Berlin University of the Arts)로 일하고 있다. 실험적인 다큐멘터리를 제작했던 하룬 파로키(Harun Farocki)로부터 많은 영감을 받았다고 밝혔다. 2017년 아트리뷰에서 선정한 가장 영향력 있는 현대미술가 1위에 오른 그녀는 빠르게 변화하는 기술이 미술의 모든 면을 바꾸고 있다고 강변한다.[14]

슈타이얼은 원본이 무엇이었든지 현재 디지털로 유통되는 모든 종류의 이미지들을 자유롭게 사용하는 파운드 푸티지(found-footage), 포스트-프로덕션 방식을 주로 채택하며 여러 형태의 정보에 대한 관심과 거기에 개입하고 소비하는 개인, 매체의 반응을 다각도로 논의한다. 그녀의 첫 단편영화 〈노벰버〉(2004)에서 슈타이얼은 이후 반복적으로 사용하는 모든 기법과 방식을 거의 다 소개했다. 자신의 독일인 친구인 안드레아 울프(Andrea Wolf)가 터키 지방의 쿠르드족을 지원하는 과정에서 테러리스트로 몰려 처형당하는 이야기를 담은 작품이다. 배우들과의 촬영분과 파운드-푸티지 영상들 –주로 여성이 액션의 주인공으로서 남자를 때려눕히는 영화나 포르노그래피, 쿠

14 artreview.com. 파워100 리스트 https://artreview.com/power-100?year=2017

르디시(Kurdish) 티비 방송과 아마추어 제작 영상들-로부터 가져온 장면들이 마구 섞여있다. 슈타이얼은 영화 속 줄거리를 직접 자신의 목소리로 들려준다. 이 작품은 다큐멘터리와 허구, 상업용 영상들과 예술적 퍼포먼스가 혼합되어 이질적이고 산만하다. 분쟁하는 세계사와 개인의 비극을 바탕으로 이를 재생산한 매체 속 영상들의 진부함과 순진함이, 과장과 유머를 통해 마치 가상현실처럼 담겨있다. 작가를 포함한 아마추어 배우들의 연기가 거칠고 우스꽝스럽지만, 이들과 전문 배우들의 퍼포먼스 사이에 과연 경계가 있는지 관객들에게 질문하는 듯 하다. 그의 작품이 이렇게 조각난 이미지들로 구성되지만, 오히려 빠르게 전환되는 이미지에 익숙한 오늘의 관객들에게는 지루하지 않은 재미와 흡입력을 갖는다.

작가는 〈빈곤한 이미지를 위한 변호〉에서 고해상도에 비해 낮은 해상도의 이미지는 계급적 서열에서 하위 존재로 평가되는 사실을 비판하면서 이미지의 사회적 평가체계를 언급했다. 시각성이 떨어지는 '빈곤한 이미지'는 무수한 전송, 이동, 압축, 재-포멧을 거치는 과정에서 발생한다. 슈타이얼은 유통되는 단계가 많아질수록 빈곤한 상태로 추락하는 이미지가 기술력과 자본의 통제를 벗어난 포스트 사회주의적, 탈식민주의적 실천의 한 예라고 주장했다. 이들은 시각성이 뛰어난 높은 해상도의 고급 이미지와 달리, 부분적으로 섞이고 번역되어 소비됨으로써 누구나 제작, 유통할 수 있다는 점에서 진정한 민주적 참여를 표상한다.[15] 슈타이얼 작품의 친밀도는 최근 인터넷에서 익숙한 쇼츠(shorts)나 밈(meme)과 유사한 형태에서 온다고 할 수 있다. 기존 영상을 차용하고 가져다 쓰는 파운드푸티지, 포스트 프로덕션을 적절하게 사용하여 대중적인 이미지를 만들면서 그것을 반복 변형시키는 방식은 동시대 인터넷 문화의 단면을 보여주는 것이다. 파운드 푸티지는 초현실주의의 무의식 및 시적인 연상 작용과 관련된 오브제 사용방식에서 나온 용어로 '발견된 오브제'를 뜻했다. 동

---

15 Styerl, "In Defence of the Poor Image," *e-flux* (2009).

영상, 영화에서 발견한 또는 발견된 영상을 차용, 편집해서 작품화하는 것을 말한다.

그녀의 대표작들로는 〈태양의 공장(Factory of the Sun)〉(2015), 〈레드 얼럿(Red Alert)〉(2007), 〈러블리 안드레아(Lovely Andrea)〉(2007), 〈보이지 않는 방법: 존나 교훈적인 교육용.MOV 파일(How to Not Be Seen: A Fucking Didactic Educational.MOV File)〉(2013), 〈유동성 주식회사(Liquidity Inc.)〉(2014), 〈드릴(Drill)〉(2019) 등이 있다.

〈보이지 않는 방법: 존나 교훈적인 교육용.MOV 파일〉(2013)에서 작가는 카메라로 가득한 사회에서 나의 존재가 시각 정보로 전환되는 것을 막을 수 있을까 질문한다. 치밀하고도 섬세하게 발달한 높은 기술력으로 무장한 다양한 종류의 카메라는 작은 움직임도 잡아낼 수 있다. 우리는 자신을 드러내 보이고 싶지만 동시에 숨고 싶은 순간들도 맞이한다. 타자에게 보이지 않는 방법에 대해 여러 종류의 허술하거나 풍자적인 해결책을 제시한다. 초연결 세상에서 개인의 가시성과 비가시성을 탐구하는 방법을 찾는 그녀의 모습은 최첨단의 기술부터 간단한 물리적 사라짐까지 포함하며 컴퓨터와 인공지능에 의해 시각적으로 파악되는 개인의 이미지에 대한 여러 질문을 유머러스하게 던진다. 교육적 에세이의 형식을 취한 것도 재미있다.

베니스 비엔날레 독일관을 비롯해서 세계 유수의 전시장에서 상영되었던 〈태양의 공장〉(2015-6)은 그녀의 대표작 중 하나다. 태양광 패널이 즐비하고 SF영화의 배경이 될 법한 황량한 공장을 지나면서 에너지를 조종하려는 어둠의 세력에 맞서 싸우는 일종의 비디오 게임 같은 영상이다. 작품은 노동의 상품화, 글로벌 기업의 권력, 개인을 통제하는 기술 등을 다루는 듯 하지만 어떤 것도 명확하게 연결되

보이지 않는 방법: 존나 교훈적인 교육용.MOV 파일
https://www.artforum.com/video/hito-steyerl-how-not-to-be-seen-a-fucking-didactic-educational-mov-file-2013-51651
(artforum)

지 않는다. 전투 장면과 이어지는 모션 캡처로 촬영되는 실제 배우들의 모습, 데이터 센터에서의 춤추는 캐릭터들과 산업적 배경 앞에서 이루어지는 '궁극의 춤' 등이 상호 맥락 없이 이어진다. 정치와 기업의 이해관계와 이에 직결된 개인의 삶과 문화를 다루다가 갑자기 가상의 공간, 인물, 캐릭터들이 등장한다. 곧이어 현실의 허름한 가정집으로 넘어가거나 뜬금없이 뉴스속보로 이어지는 등 완벽하게 파편적이고 기승전결을 파괴하는 서사는 관객을 어리둥절하게 만든다. 그럼에도 불구하고 관객들을 흡입하는 것은 흥겨운 음악과 춤이고 전환이 빠른 영상이 명랑한 분위기를 느끼게 해준다. 마치 영화를 찍다가 카메라를 노려보며 이것이 연기임을 드러내던 장 뤽 고다르 영화 속 배우처럼 그녀의 영상작품은 서사가 이어지다가 이것은 가상이고 그 뒤의 현실은 무엇일까 질문하는 것처럼 느껴진다.

모호함에도 불구하고 대다수는 이 작품이 오늘날 사회를 지배하는 자본, 기술 권력에 대한 상징과 은유를 다루고 있다고 평가한다. 슈타이얼의 작품들은 어떤 내용을 전달하는 데에 초점을 맞추지는 않는다. 그녀는 일반인들이 접하는 디지털 문화와 맥을 같이 하고 있는데, 우리가 알고 경험하는 현실의 한계 안에서 예술과 미디어의 역할, 즉 편재된 기술과 독점된 정보에 대해 저항과 전복이 가능할지 질문하고 있다.

〈태양의 공장〉은 가상현실과 기술, 미디어와 정치 간의 관계를 반영하고 다큐멘터리 스타일의 영상, CGI 애니메이션, 허구의 이야기에 익숙한 대중문화 이미지를 결합하여 몰입감 있는 경험을 준다. 기승전결의 구조에서 벗어난 이야기 전개 방식과 현대 사회에 대한 날카로운 인식을 기반으로 만들었다고 평가되며 기술적 측면과 예술의 메시지가 균형을 이루고 있는 점도 슈타이얼의 명성에 기여했다

HITO STEYERL: FACTORY OF THE SUN
https://vimeo.com/182657047

고 하겠다.

저술 작업도 활발한데 《면세 미술(Duty Free art)》[16]은 정치, 세계 경제와 미술간 관계에 집중한 책으로, 예술의 상품화, 기술의 역할, 신자유주의가 예술 생산과 유통에 미치는 영향, 현대미술계와 자본의 침투, 기술의 압도에 대한 분석과 문제 제기이다. 시공간이 붕괴되고 국경, 민족이 해체되는 이 시대에 미술관의 새로운 물리적 영토와 데이터적 기반, 변화하는 역할과 의무에 대해 논의한다. 예술을 어떻게 만들 것인가? 무엇을 만들어야 하나? 무기제조업체가 박물관을 후원하고 중요한 예술품이 생산과 격리/분리된 채 머니 마켓에서 통화로 통용되는 이 시점에 정치는 혼탁하고 정보는 왜곡되고 자본의 논리는 거침이 없다.

특히 시장 메커니즘, 비엔날레, 기타 국제 전시회의 부상을 통해 예술이 세계 경제와 얽힌다는 점을 강조하며 무엇보다 기술의 변화가 예술 제작과 소비의 방식을 근본적으로 바꿨다며 미래의 예술을 타진하고 있다.

2022년 국립현대미술관에서 《히토 슈타이얼-데이터의 바다》가 열렸는데, 초기 작품부터 최근 작업까지 대부분 망라된 대규모 전시였다.

〈벨란시지(Belanciege)〉(2022)는 명품 브랜드 발렌시아가를 모델로 제작한 작품이다. 사용자들이 해시태그를 끌어내 패션을 자동화하면서 디자이너가 불필요해지고 인공지능에 의해 움직이는 캐릭터들이 옷을 만든다. 사용자가 제작에 참여하여 진정한 상호성이 확보되고 클라우드가 지배하는 패션 회사에 대한 일종의 아카이브를 제시함으로써 새로운 기술 시대의 산업의 변화에 대한 작가의 분석을 강의와 이미지로 보여준다.

슈타이얼은 유럽 현대 미술 비엔날레인 스페인의 메니페스타(Menifesta) 5(2004), 상하이 비엔날레(2008), 광주 비엔날레, 타이페이 비엔날레(2010), 카셀 도큐멘타 12(2007), 베니스 비엔날레

---

16 Hito Steyerl, *Duty Free Art: Art in the Age of Planetary Civil War* (NY: Verso, 2017).

(2013), 이스탄불 비엔날레(2013) 등 여러 국제 미술전에 참가했고 2015 베니스 비엔날레 독일관을 맡았다. 32회 상파울로 비엔날레, 2019년엔 베니스 비엔날레 아스날레에서 전시했다. 그녀는 케테 콜비츠 상(Käthe Kollwitz Prize) 및 볼프강 한(Wolfgang Hahn Prize)상을 수상하는 등, 많은 공로를 인정받았다

전반적으로 히토 슈타이얼은 현실을 분석하여 주제를 선정하고 감각과 인식을 자극하는 탐구와 혁신적인 미디어 기술 사용으로 알려진 현대미술의 중요한 인물이다. 재현하는 방식은 동시대 시각문화에 충실하고, 익숙한 여러 이미지들을 차용하고 게임, 광고, 영화의 재현 방식을 사용하여 진입장벽이 낮고 누구에게나 쉽게 다가간다. 그러나 너무 파편적인 서사 구조의 전개로, 쉽지만 쉽지 않은 이중성을 갖는다. 그녀의 포스트 프로덕션 방식도 유사하다. 다양한 정보와 이미지 재현 방식을 차용하고 현실에 대한 은유적 비판으로 기술과 정보 유통 방식을 꼬집지만 누구보다 그들을 잘 이용하고 파생된 유희적 단편들을 모두 포함하는 이중성이 또 다른 그녀의 특징이라 하겠다.

토마스 허쉬혼 Thomas Hirschhorn (1957-)
: 이념과 권력의 횡포에 맞서는 예술

지난 20여 년간 토마스 허쉬혼이 전시장이나 미술관뿐만 아니라 야외에서 선보이는 작업 모두 그 규모나 범위 그리고 내용이나 형식면에서 압도적이다. 전시장을 가득 채운 사물은 혼돈 그 자체로 마치 쓰레기장이나 폐허가 된 도시의 단면을 보는 듯하다. 마치 우리가 사는 문명이 종말을 맞이할 미래를 예측하듯 버려진 사물들을 모은 거대한

A Sea of Data
https://www.mmca.go.kr/eng/exhibitions/exhibitionsDetail.do?exhId=202202140001486
(MMCA 한국 서울관)

Mission Accomplished : BELANCIEGE
https://www.youtube.com/watch?v=dsWv8FHgACY
(Kunsthalle Wien)

미로와 같은 구조를 만들어낸다.

그는 세상사에 민감한 예술가이다. 자신의 내면으로 들어가 고뇌하기보다는 세상의 변화와 부조리의 뿌리를 찾아 그 부조리에 저항하는 작업을 한다. 이념의 권력화, 권력의 횡포, 그리고 세계화로 인한 권력의 남용 등 그가 건드리는 주제는 무거운 것들이다.

그 주제를 보여주는 형식은 기존의 규범을 넘어선다. 영상, 설치, 건축 등 어디에도 국한되지 않는다. 그리고 그가 사용하는 재료는 폐타이어, 길거리에서 주워온 것 같은 낡은 가구, 낙서 종이, 낡은 컴퓨터 등 구할 수 있는 거의 모든 물건으로 그 물건들을 통해 질서 정연함, 깔끔함, 세련됨, 고급스러움과 거리가 먼 세계를 만들어낸다. 용도를 상실한 낡은 사물을 조합하고 배열해서 만들어내는 세계는 웅장하면서도 예리하다.

직접 재료를 가공해서 새로운 창작을 하지 않고 주로 기존의 물건을 활용하여 작업한다는 점에서 허쉬혼은 '포스트 프로덕션'의 대표적인 작가이다. 소비사회에서 넘쳐나는 물건, 상품, 문화 생산물, 이미지 등을 그만큼 자유자재로 활용하는 작가도 없다. 그에게 예술은 '새롭게 독창적으로 만든 예술'이 아니라 이미 유용성을 상실하고 사회의 뒤안길에 버려진 물건과 이미지를 선택하고 조합해서 그가 바라보는 인간의 현실을 고발하는 창문이다.

그의 작업은 한쪽에서 끊임없이 상품 생산과 소비를 반복하고 미디어는 그 생산과 소비의 중요한 매개체로서 군림하는 사회가 펼쳐지는 반면에 다른 쪽에서는 매일 이념의 갈등으로 인한 전쟁과 정쟁 속에서 인간이 죽어가는 비대칭적 현상을 지적한다. 표면적으로 질서정연하고 고도의 문명을 추구하는 사회의 얼굴 뒤에 숨은 가치에 대해 의심하기도 한다. 2001년 시작된 그의 **〈블루 시리즈(Blue Serie)〉**는 바로 그가 경멸하는 가치를 담은 사진 이미지 콜라주 작업으로 잡지에서 차용한 이미지로 화면을 채우고 그 위에 푸른색 잉크로 덧칠한 일련의 작업이다. 각 이미지는 대량 학살 무기, 전쟁터, 난민 캠프, 화려하고 세련된 모델들의 이미지 등 잡지에서 오려낸 각양각색의 것들이다.

관응적인 여성 신체 이미지와 병치된 끔찍한 이미지들 위에 작가는 푸른색 볼펜으로 낙서를 하며 자신의 혐오를 표출한다. 각각의 작업에는 부제가 달려있는데 'Body Mass Index B.M.I.' 'Globalization from Below!' 등 물질주의와 자본주의에 대한 비판적 태도가 엿보인다. 그에게 잡지에서 발견한 사진 이미지는 인간의 부조리한 현실을 담은 매체이다.

스위스 출신의 허쉬혼은 원래 그래픽 디자인을 공부하고 1984년경 잠시 파리의 '그라푸스(Grapus)'라는 디자인 그룹에서 활동한 바 있다. 이 그룹은 1970년에 설립되어 1991년에 해체되었는데 디자인을 통해 새로운 사회를 꿈꾸던 디자이너들의 집합체였다. 허쉬혼도 그들처럼 그래픽 디자인이 노동자의 데모에서 메시지를 전달하는 매체로서 기여할 수 있다고 믿었고 이를 통해 더 나은 사회가 가능하다고 믿었다.

그러나 허쉬혼은 더이상 디자인이나 미학을 통해 유토피아를 꿈꾸는 작가가 아니다. 그의 작업은 우울할 정도로 문제가 만연한 현실을 맴돈다. 쓰레기에 가까운 물건을 찾아서 새로운 사물의 질서를 만들고 소비되어 버려진 것들의 세상을 통해 표피에 머무는 문화의 허영심과 이데올로기를 드러낸다. 그 사물의 세계는 마치 폐기물의 가능성을 보여주듯 대형 설치로 나타나는데 대부분 관객이 설치작업 안으로 들어가서 직접 경험하고 느낄 수 있다.

그는 현대에 필요한 '윤리적인 질문'을 던지기에 철학이 유용하다고 보고 종종 철학자의 이름을 빌린 프로젝트를 진행해 왔다. 그중에는 질 들뢰즈, 스피노자, 바타이유 등이 있는데 누구든지 알만한 철학자의 이름을 빌렸다고 거창한 철학의 공간을 만드는 것은 아니다. 〈들뢰즈 기념물 (Deleuze Monument)〉(2000)은 북아프리카 출

Blue Serie
https://walkerart.org/collections/artworks/blue-serie-body-mass-index-b-dot-m-i-dot

신의 이민자가 모여 사는 프랑스 아비뇽의 한 동네에 설치된 것으로 질 들뢰즈의 이름이 붙은 조각, 질문이 붙은 입체, 들뢰즈의 책이 있는 도서관과 제단으로 구성된 것으로 전통적인 의미의 기념비를 조롱하는 듯하다. 〈바타이유 기념물(Bataille Monument)〉(2002)은 카셀 도큐멘타의 전시로 기획되었는데 카셀에서도 터키 이민자가 모여 사는 동네에 설치된 것으로 전자의 기념비와 마찬가지로 주민의 모임 공간으로 고안되었다.

그의 **〈그람시 기념물(Gramsci Monument)〉(2013)**은 이탈리아 공산주의 철학자였던 그람시의 이름을 딴 작업으로 뉴욕시 외곽인 브롱스 지역의 야외에 설치되었었다. 다른 기념비 작업과 유사하게 전시장, 도서관, 극장, 교실, 주점 등 여러 개의 공간으로 구성되어 있어서 누구든지 들어가 사용할 수 있는 설치작업이었다. 관객은 이전 작업과 마찬가지로 합판, 테이프, 종이 등 허술한 재료로 허술하게 지은 임시 건물과 같은 공간에 들어가 강연이나 워크샵에 참석하거나 책을 읽을 수도 있고, 무목적한 시간을 보낼 수도 있다. 허쉬혼은 현장에서 직접 제작에 참여하고 찾아온 관객과 소통하기도 했다.

그의 기념물 시리즈는 일종의 '커뮤니티 아트(community art)'처럼 그 지역의 주민들과 어울리고 소통하는 작업으로 관객이 걸어 들어가서 체험할 수 있는 공간으로 구성되곤 한다. 2014년 파리의 팔레 드 도쿄에 설치된 그의 〈영원한 불꽃(Flamme Eternelle)〉(2014)은 전시의 제목이자 그의 작업의 제목이기도 하다. 이 전시를 위해 그는 버려진 차 바퀴, 상자박스, 포장용 테이프 등을 모아서 전시장에 일종의 공공 공간을 만들었다. 그 공간들은 주로 거실, 바, 도서관처럼 꾸며져 있으나 대체로 무질서해 보일 정도로 대충 만든 것처럼 보인다. 그러나 관객의 대화를 장려하고 생각할 시간을 제공하도록 의도되었

Gramsci Monument
http://cdn1.walkerartcenter.org/static/cache/6d/6dc92fe03bbcd63df80bfdab5541d564.jpg

고 관객의 참여를 이끄는 공적 공간으로서 기능을 충분히 발휘한 바 있다. 허쉬혼은 이 작업에 대해 다음과 같이 설명한다.

> *"[이 작업은] 인터랙티브 전시가 아니다. 이것은 살아있는 작업이다. 그 활동은 멈출 줄 모르며, 그 활동은 바로 사고하는 행위이다."*

> *"[나는] 희망이나 안정점을 찾는 것이 아니다. 지배하는 담론에 대한 나의 역겨움과 권력추구에 대한 나의 경멸을 보여주는 것이다." (토마스 허쉬혼, 2001 인터뷰에서)*

Keywords of Contem-porary Art

4.

일상성/키치
Everyday/Kitsch

일상성/키치 Everyday/Kitsch
- 엘리트 미술로부터의 탈피. 가장 현실적인 소재의 가벼움과 친밀함 J

2차 세계대전 이후 급변하는 사회 속에서 빠르게 성장한 소비문화와 대중매체의 영향을 받은 팝아트는 일상적인 소재들, 상품과 소모품, 잡지나 광고의 디자인 등 응용된 이미지, 또는 순수미술에 대응하여 하위미술(low art)이라 부르던 내용을 적극 작업에 수용한다. 이를 통해 미술은 급격하게 추상에서 구상으로, 대중적이고 쉬운 이미지로 변화했다. 다른 어떤 예술 매체와도 구분되는 '미술의 자율성'이 회화의 발달에 있어 본질적이라고 여겼던 모더니즘의 정점에는 '추상'이 미술계를 압도했는데 이는 매체의 성격이 곧 그것의 형식을 결정한다는 그린버그의 주장을 반영한 것이다.[17] 그는 원근법을 이용해 회화에 입체감 있게 표현했던 모든 눈속임을 벗어나서 캔버스의 평면성과 안료의 물성이 그대로 드러나야만 순수한 미술의 본질을 제시하는 것이라고 주장했다.[18] 매체의 한계를 보여주는 것이 그것의 가장 순수함이라고 할 때, 회화 최고의 형식은 추상이었다. 그러나 지나치게 작가 중심의 주관적 미술이 관객과의 소통에 어려움을 주자 회화는 다시 다양한 대상을 화면에 옮기는 구상 작업을 복원했고 팝아트는 일상적인 소재들을 적극 미술로 복귀시켰다.

팝아트에 대한 비판의 선두에는 진부함과 상업성, 즉 대량 생산되는 제품들과 기존의 이미지들을 여과 없이 수용하는 방식에 대한 거부가 있었고 이것은 곧 부르주아 사회의 산업성에 대한 저항으로 이어졌다. 발터 벤야민은 키치는 실용적인 오브제로, 사물과 관찰자 간의 비판적 거리가 존재하지 않는 것이라고 정의했다. 이 정의는 현대미술

---

17 그린버그, 「아방가르드와 키치」(1939), 『예술과 문화』, 조주연 역, 경성대학교출판부, 2004.

18 진휘연, 「바타이유의 비정형(formless) : 비형상에 대한 현대미술이론의 고찰과 한계」, 『美術史學報』34, 2010.

에서 일상성을 설명하는 데 매우 중요하다. 지금도 역사적 시각을 강조하는 학자들은 미술이 비평의 여지를 가져야 하며 이것이 지나친 상업, 자본의 투입과 일상성을 무분별하게 수용함으로써 와해된다고 간주한다. 대상과 관람자 간 비판의 가능성과 그것의 구조적 보장이 진화, 발전의 기초라는 믿음은 이성을 존중하는 계몽주의 철학의 유산이다. 일상성은 소재의 측면에 머무는 경우와 그것을 벗어나 이처럼 달라진 반미술(counter-art)적 성격, 즉 비판적 거리를 완전히 제거하려는 소비문화에 매몰된 현실을 반영하기도 한다. 그러나 초기 학자들이 우려했듯이 미술과 산업에 대한 관계를 지적하고 구조적 상황을 가시화하는 작품들은 점차 사라져갔고 일상을 담보하여 친밀함과 즉물적 상황을 드러내는 작품들이 주를 이루게 된다.

일상성은 뒤샹이 과감하게 레디메이드를 예술로 끌어들이면서 미술과의 특별한 관계를 맺게 된다. 변기, 자전거바퀴, 병 걸이, 부삽 등이 미술로 수용되면서 미술은 예술가의 예술 정신, 창작 의지, 아름다움에 대한 존중, 새로움과 유일함, 독창적인 결과 등과 이별하게 된다. 소재는 확대되었고 작가와 작품의 관계도 변화하게 되었는데 작가의 제작과 노동력, 특별한 솜씨와 예술적 훈련 과정이 투여된 가치는 사라지고 복제와 저속한 소재가 예술작품의 내용을 이루면서 보수 미술계의 두려움과 경계심을 유발하게 되었다.

뒤샹을 통해 일상으로 확대된 미술은 팝아트를 거치면서 더 이상 어렵고 주관적인 세계의 표현이 아닌 구체적이고 소소한 소재와 다양한 형식으로 확장되었다. 1990년대 이후 팝아트의 영향은 작가 개인의 사적 문제로 초점을 옮겨갔다. 작가들이 일상성을 작품의 주제이자 개념으로 사용하면서 일상의 사소한 감정과 사람과의 관계, 매체와 재생산의 문제들까지도 포함하게 되었다. 현대 사회에서 생활하는 개인의 모든 영역들 즉 환경, 도시, 건축, 공간부터 내적이고 심리적인 상황과 이미지의 문제들을 다룬다. 또 산업 분야와의 협업 등을 통해 디자인 제품의 출시와 같은 통합적 분야를 개척하기도 한다. 실질적으로 많은 예술가들이 의류, 가방, 악세사리 같은 패션 분야는 물론, 가전제품, 공산품, 문구, 컵, 접시, 패브릭 등의 디자인에 참여하고 있다. **나라 요시토모, 〈인생은 단 한번(Life is Only One)〉(접시세트 Set of 3 Plates)(2015)**

일상과 미술의 경계가 와해되면서 지나치게 유치하거나 취향이 저급한 오브제와 이미지들이 미술에 유입되기 시작했고, 일부 작가들은 이것을 극대화하여 소비문화의 재미와 웃음의 겉포장을 지적했다. 대표적인 작가인 제프 쿤스는 대량 복제된 일상생활의 물건들과 소비상품 이미지, 그리고 산업화된 제작 방식 등을 희화화되거나, 이들을 심미적 숭배물의 자리에 올리는 일련의 작품들을 제작했다. 그가 싸구려 일상적인 소재를 거대하게, 또는 화려하게 만드는 것을 대표적인 키치 아트(kitsch art)로 본다. 쿤스의 작품은 팝아트의 계보에서 일상성과 자본의 결탁을 이끌어냄으로써 키치의 스펙터클화에 기여했다고 평가받을 것이다. **쿤스, 〈세개의 볼, 완벽한 균형의 탱크(3 Balls Tatal Equilibrium Tank)〉(1985)**

작가의 작품에 대한 비판도 있지만, 자본이 집중 투여되어 스펙터클로 변화하거나 상업적 압도로 무감각해지는 소비문화의 강력한 영향도 크다. 자본주의와 미술의 위험한 동거에 대한 지적은 맑시즘에서 출발하여 프랑크푸르트 학파에서 제기되었다. 이들은 경제 또는 생산체제(모드)가 상부구조를 매우 급격하게 변화, 재구성시킨다고 보았다. 대표적인 이론가로는 발터 벤야민을 포함, 아도르노, 호크하이머, 안드레아 후센(Andrea Huyssen) 등이 있다. 자본주의라는 경제체계가 소비 형태를 결정짓고 문화는 이 영향으로부터 벗어나기 힘든데 이것이 일반인들을 기만하고 소외시킨다고 보는 것이 아도르노와 호크하이머의 시각이다. 반대로 자본주의 미술 중 팝아트가 대중적이고 보편적이라는 측면에서 대다수의 프롤레타리아 계급을 문화

Life is Only One
https://www.artnet.com/auctions/artists/yoshitomo-nara/life-is-only-one-set-of-3-plates
(file source: 아트넷옥션)

에 참여시키고 예술과 일상을 분리시키지 않아 오히려 일반인들의 삶과의 친밀감을 창출한다고 긍정적으로 평가한 학자는 마르쿠제, 후센 등이다.[19] 후센은 팝아트가 산업적 메커니즘 속에서 생산, 소비되므로 자본주의의 이데올로기에서 벗어나지 못하고 예술을 하나의 소모품(commodity)으로 전락시킨다는 논리에 반대한다. 후센은 대중 친화적인 미술이 얼마든지 정치적으로 비판적 기능을 할 수 있으며 벤야민의 이야기처럼 생산체계를 반영하는 점은 오히려 현대적이며 자율적이고 미술이 삶을 반영하는 측면에서 긍정적이라고 주장한다.

후센은 다다와 워홀을 같은 맥락에서 다루면서 뒤샹을 부르주아 사회의 권위와 지식인들의 담론을 전복하는 쾌거를 올린 작가로 평가했다. 그러나 단지 미술과 일상을 접목시켰다고 해서 일반대중이 이들을 반기는 것은 아니며 관객이 이런 미술을 모두 이해한다고 보기도 힘들다. 결국 일상성의 문제는 자본주의 문화와 깊이 결부되어 있지만 20세기 중반 이후 매체의 다양한 변화와 파편화된 사회적 단위들이 이런 현상을 더욱 첨예화시키고 있음은 분명하다. 작가들이 점점 개인적인 기억, 경험, 관계의 문제와 같이 비-물질적인 소재로 자신의 작품세계를 확대하면서, 일상성은 자전적 미술의 탄생으로 연결되고 있다.

---

19 진휘연, 「미술과 일상성의 전치와 병합 : 팝 아트(Pop Art)와 후기모더니즘의 시작」, 『미국사연구』, 11, 2000.

---

3 Balls Tatal Equilibrium Tank
http://www.tate.org.uk/art/artworks/koons-three-ball-total-equilibrium-tank-two-dr-j-silver-series-spalding-nba-tip-off-t06991
(file source: tatemodern)

에드 루샤 Edward Joseph Ruscha IV (1937~)
: 아름답지 않은 일상의 반미학성으로 팝과 개념미술의 통합을 이루다 J

루샤는 미국 LA를 근거로 현재까지 활동하고 있는 작가로 1960년대 이후 서부 팝아트와 개념미술에서 일가를 이루었다. 그는 사진, 영화 같은 뉴미디어는 물론 회화, 드로잉, 판화 등 다양한 매체를 다뤘다. 워홀로 대표되는 팝아트의 주제, 소비생활과 상업주의, 기계적 재생산의 반복적 방식이나 화려하고 쉬운 대중적 미술을 회화로 표현하지만, 동부 미술의 즉물적이고 기계적인 표현과 거리를 둔 그는, 유명 아이콘이나 캐릭터를 다루거나 반복을 통한 생산방식의 차용에 몰두하지는 않았다. 루샤는 문자 위주의 평면적 회화와 기호(로고, 표지판, CI)를 단순하게 재구성하는 작품들을 제작했는데, 이는 디자인을 전공한 작가의 배경과 무관하지 않다.

루샤를 대표하는 업적인 〈아티스트 북〉은 작고 가벼운 책의 형식을 띤 작품으로, 정보와 예술이 결합된 매우 독창적 결과물이다. 루샤 이후에 다른 작가들도 시도했다. 다양한 소재와 형식, 그리고 독특한 시각을 가진 루샤는 보통 로스엔젤레스, 캘리포니아의 지역적 특징에 민감한 반응을 보이는데 비트 제너레이션(beat generation)의 무심함, 개인주의적 철학관과 시니컬한 감성을 반영한다.[20] 네브라스카 오마하의 카톨릭 집안에서 태어난 루샤는 캘리포니아 미술학교 (당시 쉬나드 미술학교(Chouinard Art Institude)[21]의 광고디자인 학부를 졸업하고 일찍부터 그래픽 디자인과 순수미술의 교차에 대한 관심을 갖는다. 초기에 자스퍼 존스의 〈과녁〉을 보고 큰 감동을 받은 루샤는 시작부터 네오 다다(뒤샹의 선례를 따라 일상적 소

---

20 박은지, 「에드 루샤의 아티스트북 분석」 『서양미술사학회논문집』 39, 2013.

21 쉬나드 미술학교(Chouinard Art Institude)는 1879년부터 1969년까지 로스앤젤레스에 소재한 학교였으며, 캘리포니아 미술학교(California Institude of the Arts)의 전신이다.

재와 오브제를 이용하여 고급스런 미술 대신 생활 전반의 내용을 반영하는 미술사조) 또는 팝의 탄생을 선도했던 프로토-팝(proto-pop)의 특징을 따라 대중적이고 일상적인 소재를 이용하여 반제도적, 반미학적 실험에 집중한다.

그는 회화작품에서 주로 대중들에게 익숙한 단어나 문구, 그리고 대량 생산된 오브제를 재현하여 팝아트(Pop art)적 특징을 보여준다. 문자나 일상 오브제를 소재로 삼아서, 알파벳 'S', 'U'의 철자를 천에 쓰고 콜라주(collage)한 〈SU〉(1958)와 스팸(Spam)이 모티브가 된 **〈실제 크기(Actual Size)〉(1962)** 등이 있다.

큰 글씨의 SPAM 아래 통조림이 유성처럼 떨어지는 모습을 그린 〈실제크기〉는 네오-다다이스트(Neo-dadaist)의 첫 전시로 기록되는《일상적인 오브제의 새로운 회화(The New Painting of Common Object)》(1962)전에 출품했다. 그 밖에도 서치라이트가 비치는 20세기 폭스 영화사 로고를 그린 〈8개의 조명을 받는 거대 트레이드마크〉(1962)를 그리거나 〈시럽을 쓴 애니(Annie, poured in maple syrup)〉(1966)처럼 글씨가 시럽처럼 흘러내리는 상태를 형상화했는데, 지극히 대중적이고 사소한 대상에 상상력을 결합해서 시각문화에서 전혀 시도된 바 없는 작업을 보여주었다. **〈8개 조명 받는 트레이드마크〉(1962 Whitney Museum of American Art)**

그는 학부에서 전공한 타이포그래피 디자인을 이용하고, 촉각, 후각을 자극하는 물질을 결합하여 글자가 해체되는 과정에 집중했다. 팝아트의 유머와 풍자가 있지만 형태에 대한 물리적 심리적 편안함을 제공하는 수직성 대신 수평적 구조를 채택하고, 일그러져가는 반 형태적 글자의 이미지를 표현한다는 점에서 반-모더니즘적이라는 평가

Actual Size
https://collections.lacma.org/node/233756
(LACMA)

Large Trademark with Eight Spotlights
https://whitney.org/collection/works/886

도 있다. 크라우스와 부아는 〈비정형(Formless)〉에서 루샤의 '액체 회화'의 수평성이 모더니즘에 대한 형태적 해체를, 액체화된 글자는 심리적, 미학적으로 불쾌한 애브젝트 아트(관객의 불쾌함, 두려움 등의 반응을 유발시키는 물적 흔적들을 주로 다루면서 억눌리거나 무시되었던 인간 내면을 구성하는 여러 이미지를 다루는 미술)의 한 예를 제시한다고 보았다.[22]

루샤의 회화가 주제 선택에선 팝아트의 범주에 속하지만, 그림에 등장하는 내용은 특정한 사조보다는 반 모더니즘적, 비 관습적 특징이 강하다고 할 수 있다. 루샤가 2005년 베니스 비엔날레 미국관의 대표 작가로 선정되었을 때에 주로 건물을 덮은 간판들의 글자를 중심으로 그린 회화를 전시했다. LA의 한인 타운을 비롯한 다국적 사인 보드가 등장했고 작가는 뜻도 모르는 글자들을 열심히 그렸다. 보이는 상황을 통한 일상성의 강조이자 동시대의 풍경화였고, 회화와 문자가 갖는 오랜 충돌에 대한 작가의 통합이었다.

루샤의 역량을 가장 잘 집대성한 작품은 35mm 카메라로 눈에 보이는 피사체, 도심 안의 여러 풍경을 최대한 주관적 감상이나 의지를 배제한 채 사진 찍고 이것을 책으로 묶은 아티스트 북이다. 1962년 **〈26개의 주유소(Twentysix Gasoline Stations)〉**를 제작한 후부터 1970년대 초반까지 총 16권의 아티스트 북을 제작하였다. 저렴한 방식으로 인쇄가 가능해지자, 언어를 적극 수용하는 작가들에게 아티스트 북은 매력적인 장르로 부상했다. 루샤는 단순히 아이디어에만 집중하지 않고, 책의 구조와 형식도 중요시했으며, 특히 아티스트 북을 접하는 독자들에게 이것이 어떻게 읽힐지 연구했다. 그의 첫 아티스트 북

---

22 Bois & Rosalind Krauss, *Formless: A User's Guide* (Zone Book, 1997).

Twentysix Gasoline Stations
https://en.wikipedia.org/wiki/Twentysix_Gasoline_Stations#/media/File:26GasStations-needles.jpg (file source: wikipedia)

인 〈26개의 주유소(Twentysix Gasoline Stations)〉(1962)는 로스엔젤리스부터 텍사스를 오가며 찍은 26개 주유소들의 모습으로, 주유소의 이름과 촬영지만 기록되어있다. 차를 타고 달리면서 타자기를 창밖으로 버리는 〈로얄 로드 테스트(Royal Road Test〉(1967), 차를 타고 큰 도로를 이동하면서 도로 양쪽 건물들을 찍은 사진들로 구성된 〈선셋 스트립의 모든 건물(Every Building on the Sunset Strip)〉(1966), 기타 거리의 건축물들의 전체, 또는 부분을 찍은 〈로스앤젤리스의 아파트(Some Los Angeles Apartment)〉(1965)와 〈더치 디테일(Dutch Details)〉(1971) 등이 있다.[23]

그의 아티스트 북에 수록된 사진들은 주로 대량생산 된 기성품과 후기산업사회의 도시풍경을 소재로 하고 있다. 사진은 미술에서 아직 큰 권위를 갖지 못한 상태였는데, 개념미술 작가들은 사진을 선택함으로써 회화, 조각에 집중되었던 전통적 매체의 중요도를 희석시켰다. 언어와 사진을 결합하고 책을 미술 장르로 독립시키고 미술 내 관습적 서열에 반기를 들었다는 점에서 이후 많은 개념미술 작가들에게 큰 영향을 끼친다.

〈선셋 스트립의 모든 건물〉은 관람자가 좌측이나 우측, 혹은 위·아래 어느 방향으로 보기 시작해도 무방하도록 62장의 사진을 대칭적으로 배치, 그 가운데를 걸어가는 듯 디자인했다. 〈34개의 주차장(Thirty four Parking Lots)〉(1967)은 헬리콥터를 타고 도시 상공에서 내려다 본 사진들로 전문 촬영기사를 대동하여 제작한 것이다.

---

23 그밖에도 『다양한 작은 불과 우유(Various small Fires and Milk)』(1964), 『레코드(Records)』(1971), 『9개의 수영장과 깨진 유리잔(Nine Swimming Pools and a Broken Glass)』(1968), 『명함(Business Cards)』(1968)에 등장하는 소재들은 그의 초기 회화처럼 우리 주변에 흔히 존재하는 기성품의 사진들을 모아두었다.

선셋 스트립의 모든 건물
https://www.moma.org/collection/works/146931
(file source: moma)

https://www.artgallery.nsw.gov.au/collection/works/429.2008.a-bbb/
(file source: the Art Gallery of NSW)

1956년부터 로스엔젤리스에 거주한 루샤는 도시의 여러 공간적 특징 뿐 아니라 도시에 침투한 사회·정치적 흔적을 담아내었다. 예를 들어 선셋 스트립은 1960년대 헐리우드 최대의 번화가이자 정치적인 저항운동, 히피 문화와 여러 상권이 얽혀있는 곳이다. 선셋 대로변에 존재하는 화려한 건물들과 달리 그의 사진에는 인적 없는 건물이나 주차장의 공터 등, 도시 속 잘 드러나지 않는 공간들이 자주 등장한다. 작가는 당시 경제적인 풍요로움을 상징하던 로스엔젤리스 지역을 관람자에게 불안하고 무기력한 공간으로 소개한다. 그의 작품에는 소외와 대도시가 주는 쓸쓸함이 있다. 이런 루샤의 정서는 당시 문학에서 크게 유행했던 비트제너레이션(Beat Generation)(보헤미안적 예술가 그룹을 지칭하고, 산업사회로부터 탈피해서 빈곤이나 불편을 감수한 이들이 개인적 취향을 존중하여 반정부적, 무정부적 사고를 갖고 있었으며 대표적 문학작품으로 앨랜 긴즈버그의 〈울부짖음〉, 잭 캐루악의 〈노상〉 등이 있다.)의 성향이 크게 자리했는데, 도시에 대한 정서적, 감정적 강렬함보다는 사뭇 진지해 보이지만 어떤 것에도 거리를 둔 무관심이 사진에서도, 작가의 태도에서도 드러난다.

“나는 완전한 중성적인 책들을 원한다. 나의 사진들은 흥미롭지도 않고 주제도 그렇다. 그것들은 단순히 사실들을 모은 것이다. 나의 책은 레디메이드를 수집(a collection of Ready-mades)한 것이다.”[24] 라는 작가의 주장은 신선해 보이지만 무표정한 사진들과 일치한다. 루샤는 다수의 아티스트 북을 연작으로 보이도록 책의 크기, 활자체, 인화 방식 등을 유사하게 제작함으로써 이전의 북아트와 구분되게 했다. 또한 솔 르윗과 존 발데사리, 브루스 나우만 등 1960년대 이후 등장하는 개념미술가들이 책과 사진을 시각예술의 합법적인 오브제로 사용하는데 큰 영향을 미쳤다.

루샤의 아티스트 북은 1990년대 와서 본격적으로 논의되었다. 아티스트 북에 대한 개념 정립이 상대적으로 늦은 것은 동부 중심의 미술

---

24 Alexandra Schwartz, *Ed Ruscha's Los Angelses* (MIT Press, 2010), 26.

사 발달과도 관련이 있다. 벤자민 부흘러는 루샤의 아티스트 북이 개념미술이 등장하기 전부터 제작되었을 뿐 아니라 작품에 지역성(또는 장소-특수성)이 반영되었고, 재현 매체로써 사진을 사용했고 관람자에게 작품을 감상하는 새로운 방식을 제안했다는 점 등을 근거로 개념미술의 중요한 선도작으로 평가했다.[25] 루시 리파드도 개념미술의 비(非)상업적이고 반(反)정치적인 성격에 부합하는 매체로 루샤의 책을 언급했다.[26] 그가 자본화된 미술제도와 오브제의 전통적인 서열을 거부하는 개념미술의 특징을 잘 보여주지만, 결국 대중문화의 성장과 상업화가 빠르게 진행된 도시의 일상 공간이란 뚜렷하고 좋은 소재에 대한 담담한 이해가 작품의 중요한 점임에는 틀림없다.

윌리엄 웨그만 William Wegman (1943-)
: 가장 좋은 인간의 친구를 선택한 개통령 미술가 J

윌리엄 웨그만은 개념미술로 시작하여, 언어와 사진, 오브제와 설치 등의 다양한 매체를 다루고, 농담과 언어유희를 주로 던지는 뉴미디어 작품으로 주목받았다. 특히 미니멀리즘, 바디아트 등을 패러디하여 진지한 미술을 희화하거나 가볍게 치환하는 방식의 작업을 시도했고, 지극히 하찮은, 의미 없는 일을 반복함으로 관객들의 실소를 자아내게 했다. 그의 전반기 작품이 동시대 미술 사조를 풍자하는데 초점이 맞춰져 있었다면, 이후엔 사진으로 자신의 애견을 찍으면서 대중적으로 유명세를 타게 되었다. 기존 작품들에 대한 비틀기와 심각한 메시지 대신 희화화를 통해 유머를 자아냈다면 점차 자전적인 소재, 일상적인 대상의 결합을 보여주고, '개'라는 가장 익숙한 존재를 미술

---

25 Benjamin H. D. Buchloh, "Conceptual Art, 1962-1969," *October* V55 (Winter, 1990), 105-143.

26 Lucy Lippard, *Six Years: The Dematerialization of the Art Object* (University of California Press, 1997).

로 가져옴으로써 현대인들의 동감과 높은 반응을 불러왔다. 웨그만은 개념미술 작가이자 패러디 담론의 선두주자였지만 동시에 가장 일상적이고 친근한 소재의 표현이란 점에서 개인적, 일상적 주제를 다룬 작가라고 할 수 있다. 그의 미술 세계를 관통하는 개념은 심각하지 않음, 거리두기, 그리고 유희적 태도이다.[27]

1943년 메사추세츠 홀욕에서 태어난 후 메사추세츠 미술학교에서 학사, 일리노이 주립대에서 석사를 받았다. 원래 회화를 전공하고 화가를 꿈꾸었으나 회화가 엘리트주의 문화에 종속된 것으로 판단, 조각, 퍼포먼스에 매진한다. 웨그만은 개념미술의 흐름 안에서, 미니멀리즘을 비롯해서 미술사의 관습적 흐름들을 모두 거부하거나 새롭게 조명하는 작품들을 제작했는데, 근거는 언어적 유희와 유머를 통한 풍자였다. 반지와 살라미(햄)의 동음이어인 〈코토(cotto)〉에선 자신의 손에 그린 원과 살라미 햄에 박힌 후추의 형상을 비교했다. 1960년대엔 건물 밖으로 라디오를 던지는 퍼포먼스나 강에 스티로폼, 종이 등을 흘려보내는 작업을 하기도 했다. 이후 1969년의 유명 전시, 《장소와 과정(Place and Process)》, 《태도가 형식이 될 때(When Attitudes Become form)》 등에 참여했는데, 여기서 〈스크린 피스(Screen Pieces)〉(1969)를 통해 나일론 천을 천장과 벽에 설치하고, 가변적인 형상을 만들었다. 전형적인 프로세스아트, 또는 반형태(anti-form)의 태도로 딱딱하고 거대한 미니멀리즘을 해체하려는 후기 미니멀리즘의 경향을 보였다. 이 전시에 함께 참여했던 더글라스 후블러(Douglas Huebler)와 교류하면서 그는 개념미술 작가로 전환한다.

웨그만은 **〈그의 왜곡을 숨기려고 그는 특별한 옷을 입었다(To hide his deformity he wore special clothing)〉(1971)**에서 강철판 아래 깔린 구두 한 쌍을 놓아 미니멀리즘의 리차드 세라 작품 (카드의 집, 1톤 지지대나 기울어진 호 같은 자유롭게 선 무거운 강철판 작품)을

---

27 Sarah Whitfield, "William Wegman," *London Magazine*, 40:3, 2000

풍자했다. 미니멀리즘의 또 다른 대가, 로버트 모리스의 〈제작과정의 소리를 담은 상자(Box with the sound of its own making)〉를 패러디한 〈상자 제작(Building a box)〉(1971)에서는 철판을 잘라 박스를 만드는 '과정'을 9장의 사진에 담고, 그리드 형식으로 전시했다. 웨그만은 미니멀리즘 작가들의 거대하고 강한 남성적인 작품들, 그리고 그들의 교조적 형식과 전시방식이 모더니즘적 위계의 연장선에 있다고 보고 이들의 작품을 조롱했다.

미술사나 동시대 작품에 대한 왜곡이나 풍자는 계속되어, 〈우유 마시기(Drinking Milk)〉(1971)에선 자신의 배에 빨대를 꼽고 마치 우유를 마시듯, 상체의 움직임과 소리를 결합시켜서 퍼포먼스 동영상을 제작했다. 〈위 소리(Stomach Song)〉도 유사한데, 자신의 상반신을 이용, 마치 얼굴처럼 소리에 맞춰 표정을 짓는 작품이다. 바디아트의 연장선에서 뉴미디어를 이용한 이런 단순하고 유치한 결합은 개념미술 작가들의 몸을 이용한 작품들, 예를 들어 부르스 나우만의 퍼포먼스/비디오 작품들이나 데니스 오펜하임의 바디아트/퍼포먼스와 유사하다.

동영상 〈마사지 의자〉(1972)에서 작가는 특유의 능청스러움으로 딱딱한 나무와 금속 의자를 마사지 기능의 의자로 설명하면서 시연하는 장면을 퍼포먼스 영상작업으로 담았다. 동시대 미술작품에 대한 이해를 기반으로 하여 원작을 훼손하면서 웃음을 제공하는 작가는 미술사에 존재하는 권위 의식, 권력과 제도적 뒷받침에 철저히 대항한다.

〈3번의 실수(Three Mistakes)〉(1971-72)는 빈 유리컵에 우유를 제대로 담지 못하는 3장면을 연출했고, 〈x-ray 사진〉(1971)에선 여성 모델 앞에 납 판을 두어 마치 엑스-레이 사진 촬영을 연상시키지만 실제로는 그녀의 어떤 모습도 담아내지 못하는 상황을 보여준다. 언어

To hide his deformity He wore special clothing
https://littlefishchen.files.wordpress.com/2012/10/wegman_hideidentity.jpg?w=414
(file source: worldpress.com)

적 유희이기도 하고 미니멀리즘의 물성, 소재주의를 비꼬기도 한다.

웨그만의 작품이 새로운 전환점을 만나는 시기는 그의 개 '만 레이'를 만나면서부터다. 유명한 다다(Dada) 사진 작가인 만 레이(Man Ray)의 이름을 딴 이 개는 이후 작가 작품의 거의 대부분을 차지하는 소재이자 작품의 주제로 등장한다. 개에게 알파벳을 말하도록 시키거나 담배를 피우게 하는 장면을 영상으로 찍거나, 작가와 개가 연인을 연상시키는 친밀한 관계를 연출 한 동영상 작품은 개념미술의 언어유희와 넌센스의 전략을 차용한 것이다. 그러나 점차 작가는 만 레이를 그의 파트너로 생각하고 직접적인 미술사와 문화사 안에 그를 위치 지우고 여러 유머러스한 사진들을 제작하게 된다. 예를 들어 **〈벤조와 함께한 청색시대(Blue period with Banjo)〉(1980)**는 벤조를 입에 문 만 레이 앞에 피카소 청색시대의 대표작품인 〈늙은 기타 연주가〉의 사진이 놓여있다. 동영상 작품들에선 작가의 설명에 딴청을 피우거나 전혀 다른 반응을 보이는 만 레이를 등장시켜 지배되지 않는 관계를 상정하고, 어려운 타인과의 교류, 상호 인식의 차이 등을 지적한다. 웨그만은 개를 통해 인간세계의 여러 단면을 풍자 할 뿐 아니라, 개인과 사회에 존재하는 권력과 정치의 문제까지 다루었다.

웨그만의 개념주의적 의도와 달리 만 레이를 통해 친근함과 재미를 느낀 많은 관객들의 반응에 힘입어, 이후 또 다른 개 페이 레이(Fay Ray)를 작품의 소재로 선택한다. 이 둘을 이용한 후기 작업들은 점차 노만 록웰의 일러스트를 보는 듯, 단순하고 대중적인 방향으로 전환한다.

만 레이는 인기를 얻어 잡지 빌리지 보이스(Village Voice)의 〈올해의 인물 man of the year -1982〉에 선정되었고 1992년엔 인기 토

Blue period with Banjo
https://upload.wikimedia.org/wikipedia/en/6/6c/%27Blue_Period_with_Banjo%27%2C_Polaroid_ER_print_by_--William_Wegman_--%2C_1980.jpg
(file source: 위키피디아)

크쇼 〈투나잇 쇼 Tonight show〉에 출연, 영상작품 **〈개 이중주 (Dog Duet)〉**(1975)를 보여주었다. 대중적인 인기를 반영하듯 그는 점차 그의 스타 개들의 분장 사진이나 패션사진을 다수 제작했고, 아동 도서 《강아지들》을 출판하기도 했다. 웩그만 사진들은 미술관뿐 아니라, 광고, 영화, 티비 프로그램(세서미 스트리트)등에 등장했고 지금도 많은 대중적 인기를 얻고 있다.

개념미술을 관통하는 담론의 제시, 반제도적 시각과 권력으로서의 미술에 대한 대항은 뜻밖에 가장 사랑스러운 소재인 개를 미술 작품에 포함시키는 전환점이 되었고, 관객들에게 오히려 행복감과 즐거움, 쉼을 허락했다는 점에서 아이러니라고 하겠다.

다니엘 스포에리 Daniel Spoerri (1930-)
: 현대인의 음식문화 속에서 찾는 예술의 의미

30대 후반의 한 남자가 식당을 차렸다. 그는 '레스토랑 스포에리(Restaurant Spoerri)'라고 자신의 이름을 붙이고 식당을 꾸미면서 그동안 지인들에게서 받은 편지로 내부를 도배했다. 식당은 제법 성공적이었다. 2년 후에는 식당 2층에 '먹는 예술(Eat Art)' 갤러리를 만들었다. 그 갤러리에서 자신이 만든 작업과 요셉 보이스(Joseph Beuys), 아르망(Arman), 세자르(César), 니키 드 생팔레(Niki de Saint Phalle)와 같은 동시대 작가의 작업을 전시하면서 판매도 하곤 했다. 전시된 대부분의 작업이 그의 식당에 걸맞게 음식으로 만들거나 먹는 것과 관련된 것이었다.

이 식당의 주인이 바로 다니엘 스포에리이다. 그는 레스토랑을 열

Dog Duet
http://wegmanworld.typepad.com/wegman_world/2013/05/ww-on-dog-duet-1974.html
(file source: 작가 (공식) 웹 블로그)

어 먹고 마시는 매우 일상적인 행위에 관련된 것들을 예술과 접목시킨 작가이다. 루마니아 태생으로 2차 세계 대전 중에 스위스로 이주하였고 유럽 전역을 활동 무대로 삼았다. 다재다능했던 그는 원래 발레를 공부했으나 무대 디자이너이자 안무가로 활동했다. 미술에 눈을 뜬 것은 1959년 파리로 이주한 후 프랑스 작가 이브 클랭(Yves Klein)을 만나면서부터이다. 이후 클랭이 어울렸던 누보 레알리즘(Nouveau Realisme) 작가들과 교류하면서 물질문화에 대한 비판의 각을 세우는 한편 도시와 일상에서 예술의 영감을 찾았던 그들의 영향을 받게 된다. 이후 퍼포먼스 등 예술과 일상의 접목을 시도한 플럭서스(Fluxus)의 활동에도 참여한다. 당시 그가 일상성에서 찾은 주제는 음식문화였다.

스포에리는 1968년 독일의 뒤셀도르프(Dusseldorf)에 식당을 만든다. 그러나 당시의 식당 작업이 처음은 아니었다. 1963년과 1965년 파리의 화랑에서 전시를 하면서 전시장 한쪽 코너에 '식당'을 차리고 메뉴를 정한 후 손님을 접대한 바 있다. 그리고 1968년 본격적으로 뒤셀도르프에서 연 식당은 과거의 간이식당을 보다 큰 규모로 그리고 비즈니스로 전환한 장기 프로젝트였다.

그는 식당 프로젝트를 진행할 때 음식만 대접한 것이 아니라 음식을 먹은 후의 남은 것들을 작품으로 만들기도 했다. 손님이 먹는 동안 스포에리는 테이블에 있던 물건들을 정한 시점에 배열한다. 그리고 손님이 음식을 다 먹은 후 남은 테이블, 식기, 담배꽁초 등을 그대로 테이블 상판에 고정시킨다. 식기가 부착된 테이블 상판을 하단과 분리시킨 후 벽에 건 후 전시하였는데 그의 유명한 **〈덫 회화(Tableau Piéges)〉**시리즈가 그렇게 탄생했다. 기존의 회화와 조각을 넘어서 '기성품' 또는 '발견된 물체(found objects)'를 사용했다는

Restaurant Spoerri
http://www.mudima.net/wp-content/uploads/2015/03/MAN3870.jpg

점에서 그는 뒤샹의 뒤를 잇고 있다. 그는 자신의 작업에 '덫'이라는 단어를 사용하기는 했지만 이 용어는 음식을 먹은 후 남겨진 물건들을 '포착'한다는 의미가 강하다. 사람마다 먹은 음식이 다르며 먹는 도중에 사용하는 식기나 냅킨과 담배꽁초처럼 쓰레기와 같은 물건도 모두 있는 그대로 포착했기 때문에 그의 〈덫 회화〉시리즈는 '기성품'에 남겨진 인간의 일상과 취향을 포착한 한 개인의 초상이자 그 시대의 문물과 문화가 그대로 반영된 현대인의 초상이기도 하다.

스포에리는 '모든 예술이 사라져도 요리라는 고귀한 예술은 살아남는다.'라는 독일 속담을 좋아했다. 그래서인지 그의 뒤셀도르프 식당은 4년간 지속되었으며, 이 식당은 요리를 통해 친구와 지인을 만나고 요리를 기반으로 한 그의 창작활동의 터전이 되었다. 그의 식당에 종종 예술가 친구들이 와서 특별요리사로 요리를 하기도 했다. 요셉 보이스, 안토니 미랄다(Antoni Miralda)와 같은 작가들이 '레스토랑 스포에리'에서 요리를 하며 일상 속에서의 예술을 몸소 선보이곤 했다. 예술가들이 모이는 곳에 어울리게 종종 특별한 메뉴가 나오기도 했는데 '구운 개미 오믈렛', '코끼리 코 스테이크'처럼 상상력을 촉발하는 요리도 있었다.

식당 2층에 연 갤러리에서는 전시된 예술가들의 'Eat Art'를 판매하면서 비즈니스와 예술을 결합하기도 했다. 사실 예술과 비즈니스를 결합하고자 했던 예술가는 1960년대 종종 있었다. 가장 잘 알려진 사례는 앤디 워홀이다. 그는 실크 스크린 판화 기법을 사용하며, 여러 개의 복제된 이미지를 제작 판매하곤 했다. 플럭서스 작가들도 체스판, 여행용 가방 등 자신들이 제작하거나 팔고 싶은 물건을 모아 마치 백화점의 판매용 브로슈어와 같은 인쇄물을 만들어 우편 판매하기도 했다. 따라서 플럭서스에 연루되었던 그에게 예술의 비즈니스화는 그다

Tableau Piéges
http://www.fondationdudoute.fr/uploads/Image/91/13432_120_SPOERRI-H.jpg

지 생경한 일이 아니었다. 그럼에도 불구하고 음식을 주제로 삼은 것은 기발한 발상이었다. 요리와 음식을 지나치는 무심한 일상으로 치부하지 않고 창의성을 발휘할 수 있는 토대로 삼아 그런 결과물을 통칭해서 'Eat Art'라고 부른 그의 행위는 대범했다.

스포에리는 예술가 개인으로서의 활동보다 동료 작가의 작품을 널리 소개하고 판매하거나 미술관이나 축제를 기획하는 것으로 유명하다. 아마도 개성을 중시하는 미술에서 출발하지 않고 협업이 절대적으로 필요한 무용에서 경력을 쌓았기 때문인지도 모른다. 그는 1959년 '에디션 마트(Editions MAT)'라는 회사를 만들어 장 팅글리(Jean Tinguely), 디터 로스(Dieter Roth), 마르셀 뒤샹과 같은 작가의 작품을 한정판으로 만들어 판매한 바 있으며 1977년에는 팅글리, 니키 드 생 팔레와 함께 '페티쉬 뮤지엄(Fetish Museum)'과 부티크를 열어 크리스토(Christo), 세자르, 메레 오펜하임(Méret Oppenheim) 등의 개인 물건을 판매하기도 했다. 1979년 퐁피두 센터에서 전시했던 〈감성적 뮤지엄(Musée sentimental)〉(1979)은 일종의 문화를 소개하는 박물관 형식의 작업으로 역사적 기록과 일상의 물건을 통해 문화에 대한 이야기를 펼치는 작업이었다.

스포에리는 1990년대 이탈리아의 세지아노(Seggiano)에 자리를 잡고 '다니엘 스포에리 정원'을 만들었다. 16 헥타르에 달하는 정원은 사실 예술공원이라 할 수 있는데 자신이 만든 다수의 작업과 아르망, 백남준 등의 작업을 자연 속에 전시한 곳이다. 이곳에는 숙박시설과 'non solo EAT ARTs'라는 식당이 있어서 휴식을 취하며 예술과 정원을 둘러볼 수 있는 프로그램을 운영하고 있다.

> *"내 경우에 거의 주목받지 못하는 일상성의 상황과 영역에 초점을 두는 것에서 시각적 교훈을 얻는다. 말하자면 인간 활동에서 무의식적으로 교차되는 지점들, 또는 아무 순간이나 나타나는 우연의 형식적, 표현적 정밀함과 같은 것들이다."*
> *(스포에리, 「덫 회화」, 1960)*

데이비드 호크니 David Hockney (1937~)
: 캘리포니아 태양과 현실이 빚어내는 가벼운 환상. 시각성과 시각문화를 선도하는 단순미 J

구상 회화가 관객을 즐겁게 만드는 요소는 무엇일까? 내용을 묘사하는 탁월한 표현, 밝고 화려한 색채, 작가의 개인사를 포함한 다양한 서사, 예상을 깨는 독특한 구성, 숨어 있는 디테일의 발견, 그밖에 알아볼 수 있는 인물이 그려진 초상화나 멋진 장소의 풍경화 같이 공감을 이끌어 내는 주제 등이 그것일 것이다. 보는 사람을 유쾌하게 만드는 흡입력을 가진 구상 회화의 대표적인 화가가 데이비드 호크니이다. 그는 1960년대부터 지금까지 왕성하게 활동하며 다수의 구상 회화를 제작했다. 호크니에 대한 한국의 연구들은 주로 그의 시각성의 구성, 즉 여러 시점에서 화면을 구성하는 포토-콜라주, 입체파를 연상시키는 반-원근법, 사진과 회화를 통한 대상과 재현의 탐구에 집중되어있다. 또는 사진이나 컴퓨터, 스마트폰 앱을 통한 작업 같은 최근의 뉴미디어의 실험에 맞춰져 있다. 그는 여러 매체와 장르에 꾸준히 관심을 보였고 화가, 판화가, 무대 디자이너, 사진가, 디지털아티스트 등 동시대의 새로운 매체에 적응하는 순발력을 보여준다. 그럼에도 불구하고 그를 대변하는 작품은 캘리포니아를 배경으로 한 인물위주의 팝아트 회화다.

20세기 중반 영국의 팝아트에서 출발한 작가는 캘리포니아로 이주한 후, 상품이나 소비문화를 다루던 미국의 팝아트와 달리 자신의 주변을 주제로 삼고 디자인, 만화를 연상시키는 반-회화적인 그림을 그렸다. 사회비판도 아닌, 물질문화에 대한 분석도 아닌 자신에 대한 솔직한 일상과 주변을 담은 그의 회화는 아이의 감성을 닮은 단순함과 도식화를 거쳐 호크니 특유의 개성으로 자리 잡게 된다.

영국 요크셔에서 출생한 작가는 왕립 예술 학교(Royal College of Art)를 졸업하고 런던에서 영국 팝아트 형성에 동참하였고 여기에 표현주의적 필치를 더했다. 졸업 후 1964년부터 미국 아이오와 대학교, 콜로라도 대학교, UCLA, 버클리 등에서 가르쳤다. 초기 회화는 작가의 친구, 지인들을 그린 것들이 다수이다. 생존 화가 최고가로 유명한 〈예술가의 초상 Portrait of an Artist (Pool with Two Figures)〉 (1972)은 2018년 90,300,000달러(약 1170억원)에 판매되었다. 2019년 제프 쿤스의 〈토끼〉 판매액에 밀렸지만, 회화로는 가장 높은 판매가를 기록 중이다. 그의 초기 회화의 특징은 사실적 묘사력과 휴양지처럼 보이는 야외 풍경을 화사하게 반영하는 주제에 있다.

〈예술가의 초상〉에서 수영장 안의 한 남자와 풀 밖에서 그를 내려다보는 한 사람을 대조시켰다. 풀 밖의 남성이 호크니를 떠난 애인 피터 슐레진저이고 물속의 남성이 그의 새 애인이다. 이 둘을 바라보는 작가의 시선이 화면 밖에 존재한다. 푸른 숲이 멀리 보이고, 수영장의 물결은 패턴을 강조해서 도식적이거나 장식적으로 보인다.

작가가 연인과 헤어진 후 제작한 이 작품은 프랑스 남부의 수영장 사진에 하이드파크에서 호크니가 찍었던 슐레진저의 사진을 조합해서 런던 작업실에서 그렸지만 이야기는 미국에서 벌어진다. 슐레진저는 1966년 호크니가 UCLA에서 강의했을 때 그의 학생이었고 (당시 18세), 이후 함께 지내면서 작가의 모델이자 뮤즈로 많은 작품에 등장했다.

슐레진저와의 결별을 모티브로 한 **〈더 큰 첨벙(A Bigger Splash)〉(1967)**과 〈닉의 풀에서 나오는 피터(Peter Getting out of Nick's Pool)〉(1967) 등의 주인공이기도 하다. 1966년 캘리포니아를 처음 방문했을 때 호크니는 로스앤젤리스에 크게 매료되어 이주를 결심하는데, 남자 동성애자들의 누드사진 배경이 주로 캘리포니아였기 때문이라고 한다. 아직 동성애가 널리 받아들여지지 않았던 때, 호크니의 성 정체성과 욕망에 대한 솔직한 표현은 사회규범에 대한 과감한

Portrait of an Artist (Pool with Two Figures)
https://www.artsy.net/article/artsy-editorial-painting-will-david-hockney-expensive-living-artist
(artsy.net)

A Bigger Splash
https://www.tate.org.uk/art/artworks/hockney-a-bigger-splash-t03254
(tate museum)

도전이었다. 그는 대학재학시절인 23세 때 자신의 성적 취향을 드러냈고 〈서로 밀착되어 매달린 우리 두 소년(We Two Boys Together Clinging)〉(1961)을 비롯, 동성애를 소제로 한 회화를 다수 제작했다.

그의 회화에서 또 다른 주요 모티브는 수영장이다. 수영장은 캘리포니아 주택의 가장 큰 특징으로 뜨거운 날씨에 맞는 누드의 육체가 자연스럽게 젊음을 과시하는 배경이 된다. 마치 헐리우드 영화처럼 현실에서 환상으로 이어지는 곳이자 일상이 낭만으로 변형되는 공간이기도 하다. 〈닉 와일더(Nick Wilder)〉(1966), 〈헐리우드 수영장 그림(Picture of a Hollywood Swimming pool)〉(1964) 등 초기 대표작들도 수영장을 배경으로 한 산뜻한 아크릴화 대작들이었다. 작가는 주로 푸른색으로 화면을 통일하고 수직, 수평의 단순한 선들로 이루어진 화면에 커다란 풀을 더하는데, 화려하면서도 정적이라 때로는 허무함과 외로움의 정서가 느껴지기도 한다.

또 다른 주요 장르는 초상화였다. 1968년부터 그는 친구, 지인, 연인, 주변 인물들의 초상을 사실주의 기법에 의거하여 거의 실제 크기로 그렸다. 자화상도 300여 개에 이른다. 초기 초상화의 대표적 작품인 **〈클락과 퍼시(Mr.and Mrs. Clark and Percy)〉(1970-71), 〈미국의 미술수집가들-프레드와 마샤 웨이즈먼(American collectors -Fred and Marcia Weisman)〉(1968)**등은 호크니 인물화의 유형을 잘 보여준다. 마치 이집트 벽화처럼 정면, 측면의 인물들이 서로 거리를 유지하거나, 오브제처럼 공간 안에 서로 무심하게 배치되어있다. 정각도를 유지하는 인물과 수직, 수평이 강조된 단순한 배경 처리는 화면의 고전적이고도 기하학적인 구도가 돋보이게 한다. 2016 영국 왕립 아카데미에서 있었던 《82개의 초상들과 1개의 정물화》 전이 최근까지 이어지는 그의 인물화 사랑을 보여주는데, 그의 초기 경향이

Mr.and Mrs. Clark and Percy
https://en.wikipedia.org/wiki/Mr_and_Mrs_Clark_and_Percy#/media/File:Hockney.clark-percy.jpg
(wikipedia.org)

American collectors (Fred and Marcia Weisman
https://www.anothermag.com/art-photography/13219/cool-and-clean-lose-yourself-in-david-hockneys-work-from-1966-to-1978
(anothermag.com)

여전히 남아있다.

작가는 풍경화, 정물화, 인물화 등을 동시대의 시각문화 발전에 어울리게 그려내고, 상상력을 발휘해서 특징을 잘 포착했다. 새로운 기술, 매체. (팩스기, 복사기, 나중에 iPad 등 이용하여 그림)에도 개방적인데, 1980년대 시작한 포토콜라주는 흥미로운 시도였다. 작가는 인물이나 풍경을 폴라로이드 사진기로, 이후에는 35미리 사진기와 칼라 프린터로 여러 장의 조각난 사진들을 이어 붙인 패치워크(조각보)처럼 재구성했다. 대상에 대한 시점도 변하고, 시간 차이를 갖고 찍은 장면마다 색감, 노출, 빛의 정도, 공간감이 다르며 큐비즘을 연상시키듯 조각조각 분열되면서도 하나로 모아진 화면으로 탄생한다. 〈나의 엄마 볼톤 애비(My mother Bolton Abbey)〉(1982) **〈카스민 (Kasmin)〉(1982)**, 〈그랜드캐년〉(1982), 〈닉 와일더는 피카소 연구 중(Nick Wilder is Studying Picasso)〉(1982) 등이 대표적인데, 여러 장의 사진이 연결되기 때문에 접합, 결합을 의미하는 조이너(joiners)로 명명했다. 움직이는 시점으로 인해 통일되지 못한 화면, 색과 명도가 달라 촬영의 다른 시간, 날씨, 광선 등을 알려준다. 사진이란 평면의 결과물들이 입체를 구성할 수 있나? 실체를 그대로 담아내는 사진은 대상을 좀 더 명쾌하게 재현하지 않을까? 조각 난 이미지들이 오히려 대상에 대해 더 자세히 알려주는 건 아닐까? 다시점으로 이어 붙여진 사진들은 파노라마의 광경을, 경계 없는 공간을 선사하지만, 관객은 뭔가 익숙하지 않은 시점을 따라 이동하면서 어색한 공간감을 경험하게 된다. 조이너 작업은 전통적 원근법도, 그렇다고 자연적 시점도 아닌 조정되고 재구성된 시선과 대상의 특이한 결합을 선사했다. 호크니는 사진이 포착하지 못하는 것에 관심을 보였고 소실점이나 경계가 사라진 확장된 공간의 표현과 그 안을 여행하

Kasmin Los Angeles 28th March 1982
https://www.artchive.com/artwork/kasmin-los-angeles-28th-march-1982-david-hockney-1982/
(artchive)

는 경험을 상정했다.

포토콜라주의 시도는 그의 거대한 풍경화 제작으로 연결된다고 할 수 있다. **〈물가 곁의 큰 나무들 또는 새로운 포스트-사진 시대를 위한 모티브에 관한 회화(Bigger Trees near Water or/ou Peinture sur le Motif pour le Nouvel Age Post-Photographique)〉(4.6x12.2 미터)(2007)**가 대표적인데, 50개의 캔바스에 유화로 그렸는데, 영국의 야외 풍경을 담아낸 대작이다.

〈올드게이트 숲에 베어진 나무들(More Felled Trees on Woldgate)〉(2008), 또는 〈한여름: 동부 요크셔(Midsummer: East Yorkshire)〉(2003-4)등 연작을 시도하는데 작가는 50여 개가 넘는 캔바스를 연결하고 작업을 위해 디지털 사진들을 이용해서 각 부분의 이미지를 디자인한 후 그림으로 옮겼다.

그의 풍경화는 생동감이 있는 듯하지만 표현이 매우 도식적이다. 나무, 잎, 가지, 풀의 표현을 보면 아이들의 그림 같은 단순한 패턴의 반복이 두드러진다. 색채도 자연스러움과는 거리가 멀어 원색적이고 강렬하다. 그럼에도 불구하고 그의 작품을 매력적으로 만드는 것은 동시대 시각문화의 방식과 일치하는 부분 때문이다. 거대한 크기, 좌우 대칭의 구도, 단순, 화려, 반복은 개별성, 불규칙함, 작고 두드러지지 않는 시각적 성격을 압도하는 동시대의 특징이다. 더 과장되고 더 화려하고 그러면서도 단순하고 쉬운 그림은 지금의 시각문화 전반의 취향과 어울린다.

호크니는 컴퓨터 드로잉, iPhone, iPad, 디지털 동영상, 디지털 콜라주 사진-드로잉(Photographic drawing) 등 디지털 기술을 이용한 작업을 꾸준히 제작했다. 호크니는 400여 개의 개인전과 500번의 그룹전에 참여했다. 런던의 화이트 채플 화랑(1970), 엘에이 라크마

Bigger Trees near Water or/ ou Peinture sur le Motif pour le Nouvel Age Post-Photographique
https://www.hockney2022.ch/en/hockney/landschaft/
(Hockney2022.ch)

(1988), 국립 초상화 미술관(National Portrait Gallery)(2006), 테이트 브리튼(2007), 빌바오 구겐하임, 쾰른의 루드비히 미술관(2012) 등을 비롯하여 퐁피두센터와 메트로폴리탄미술관 등에서 전시했다.

2023년 1월에 런던 **라이트룸(Lightroom)**에서 열린 《데이비드 호크니 더 크고 가까이 (David Hockney: Bigger & Closer (not smaller & further away)》는 그의 작품들을 디지털 패널을 이용해 입체적으로 제공함으로써 관객들에게 호크니 작품 안으로 빠져들도록 고안한 전시이다. 전체 6개의 부분이고 작가의 육성 설명을 따라 관람하면 약 50분 정도 걸린다.

그의 작품은 몇 개의 층위가 공간 안에 나열된 듯 연극적인 배경 처리, 대칭적이고 단순한 구도와 친숙한 이미지들을 보여주기에 이런 식의 영상화 시도와도 잘 어울린다. 무엇보다도 소재를 떠나서 동시대 시각 매체들의 변화에 상응하는 그의 작품의 특성이, 몰입형 체험으로 전환되어 여러 감각을 자극한다는 점에서 동시대에 어울리는 진정한 일상성의 구현이라고 하겠다. 권위 있는 로열 코트 극장 Royal Court Theatre의 무대, 예를 들어 오페라, 발레, 공연의 무대 디자인을 1960년대부터 꾸준히 해왔다. 다재다능함과 상상력이 쉬이 잠들지 않는다.

Lightroom
https://lightroom.uk/

Keywords of Contem-porary Art

5.

묵시록/유토피아/디스토피아

Apocalyse/Utopia/Dystopia

묵시록/유토피아/디스토피아
Apocalyse/Utopia/Dystopia
: 부정, 퇴행, 폐허, 그 안의 희망에 대한 갈망을 주목하기 J

묵시록(Apocalypse)은 본래 비밀스럽게 숨겨진 것이 드러남을 의미한다. 일반적으로 성경 마지막 장인 요한계시록(John's Revelation)에 기록된 요한이 본 최후의 날과 천국, 하나님, 예수님에 대한 모습이나, 가시적 세계에서는 느낄 수 없는 환상, 죄의 심판과 같이 종교적 무게를 갖는 이미지를 묵시록적이라고 칭한다. 현실에서 경험되는 무의미나 불합리에의 두려움과도 깊이 결부되어 있는 이들 이미지는 전반적으로 종말, 심판, 미약한 인간의 힘으로는 피할 수 없는 어떤 거대한 흐름, 파국 등에 대한 느낌을 담고 있다. 이런 의미를 좀 더 현대적으로 규정한 것이 디스토피아(Dystopia), 불안하고 공포스러우며 인간에게 좋지 못한('not-good') 곳이 되어간다는 미래에 대한 조망을 담고 있는 개념이라 할 수 있다. 즉 묵시록은 심판에 대한 종교적 두려움을 현대 사회에 적용하는 과정에서 등장한다고 하겠다. 이들은 모두 종교, 인본주의 철학, 관습, 공동체적 감수성 등 과거의 기준에 대한 파괴가 벌어지는 시간이나 그 방법에 대한 일종의 형상을 제시한다. 작가들이 가진 비전이 어둡고 파괴적이거나 음울하게 펼쳐진다.

유토피아의 반대 개념인 디스토피아는 가상의 공간으로, 그에 대한 명확한 이미지로 구현되기는 어려운 개념의 장소이다. 미래에 관한 소설이나 영화에서 핵폭발, 환경오염, 전쟁 등을 통해 황폐해지고 버려진 땅의 이미지가 종종 등장하곤 하는데, 이들에게 '디스토피아적'인 면모가 보인다고 할 수 있다. 정치, 경제, 환경 뿐 아니라 종교적 갈등, 유전공학을 통한 유전변형 등의 왜곡과 파멸이 만든 결과이자, 증오, 폭력 등 사회나 공동체의 결함이나 범죄와도 연결되며 결국 하나의 이미지보다는 개념적인 의미가 더욱 두드러진 곳이라 할 수 있다.

17세기 이래로 '비장소', '장소가 아닌(not place)'이라는 의미의 유토피아(u-topia)가 이상적 공간을 뜻하는 개념으로 굳어진 후 파생된 디스토피아는 유토피아에 반대되는 '가상의 나쁜 장소'를 의미한다. 인간 행위의 결과가 이 땅의 종말로 연결된다는 믿음은 인간들의 과도한 욕망과 죄가 세계의 파멸을 이끌게 되리라는 비관주의적인 전망과 종교적 선악 개념과 결부되어 있다. 과거에의 장미빛 향수에 반하는 잿빛 미래관은 1990년대 이후 미술작품의 제작에서 등장하게 되는데, 디스토피아나 묵시록적인 주제는 장소와 관계되는 것에서 점차 시간적 개념으로 변화했다.

현실에 대한 비판과 인본주의적 이상에 대한 노스탤지어(이상주의에 대한 그리움)와도 결합하는데, 따라서 과학적 산물로서의 산업화, 급속한 발전을 이룬 근대 문명을 비판하는 포스트모더니즘 패러다임은 자연스럽게 디스토피아 개념과 연결되었다.

1980년대 이후 미술의 권위나 취향의 서열에 반기를 든 작업이 보편화되었고, 이후 페미니즘, 후기식민주의 이론과 실천을 통해 성, 지역, 인종 등과 관계한 기존의 의식을 겨냥한 맹렬한 비판이 이어졌다. 이러한 흐름은 현재 어느 정도 종료되었다고 평가되고 있지만 여전히 인종, 지역, 국가에 대한 차별이 기승을 부리는 현실에서 평가의 공정성, 기준의 명확성, 취향의 객관성 등이 완벽히 구현되기는 어려운 실정이다. 가난과 인권에 대한 정치적인 압박, 지역적 편견과 권력의 편중은 예술을 떠나 현실적으로 해결이 요원한 문제로 보인다. 이런 시점에서 묵시록적, 디스토피아적 주제는 유토피아에 대한 사람들의 갈망을 반증하는 것이라고 할 수 있다. 현실에서의 고통과 모순을 폭력적이고 묵시록적으로 표현했던 고야(Goya)의 판화작품들은 디스토피아에 주목하는 많은 작가들에게 영향을 미쳤다.

특히 최근 대규모 국제 미술 전시들, 비엔날레, 도큐멘타 등에서 정치적, 경제적 불평등과 고착화된 제도적 모순, 나아지지 않는 현실에 대한 좌절을 다루는 작가들이 자주 등장하고 있다. 특히 제 3 세계 국가, 남미나 중동, 아프리카 출신 작가들의 작업에서 이런 주제는 종종 발견된다. 짐바브웨이 출신의 쿠자나이 치우라이(Kudzanai Chiurai)는 자국에서 추방되어 남아프리카 공화국에서 활동하고 있는데,

조국의 정치적 상황을 신랄하게 풍자하고 비판하는 뉴미디어 작품을 제작한다. 퍼포먼스와 사진, 회화, 인쇄 등 매체를 넘나들며 작업하는 그는 서구의 전통적 도상들, 예를 들어 다빈치의 〈최후의 만찬〉이나 미켈란젤로의 〈피에타〉를 닮은 형식에 동시대의 대중문화 요소를 접목하거나, 언뜻 보기에는 시시껄렁한 이야기 같으나 실은 매우 파괴적이고 폭력적인 이미지를 주로 선보인다. **〈우리는 침묵 속에 살고 있다 16(We live in silence XVI)〉(2017)**

특히 〈국가의 상황(State of the Nation)〉 같은 연작에서는 억압적인 정치적 현실과 그에 대항하는 전투적인 장면, 대중매체를 통해 재생산되는 유희적인 이미지를 결합하여 일종의 아이러니를 만들어낸다. 키치를 연상시키는 오브제나 디테일, 종교적 도상과 역사적 구도, 동시대 대중문화 속의 가벼움과 일상적 이미지들이 서로 교차, 병치되면서 어디에도 속하지 못하는 애매모호함이 발생한다. 본문에서 다루어질 윌리엄 켄트리지 역시 남아프리카 공화국에서 자행되는 정치적, 인종적, 문화적 차별과 그로 인한 암울한 현실을 주된 주제로 한다. 그곳의 원주민 문화와 식민지적으로 주체화된 개인이 겪어야 하는 억압과 불안을 다루며 애니메이션, 퍼포먼스와 영상, 오브제와 설치 등 여러 장르에 걸쳐 입체적으로 표현했다.

린 폴크스(Llyn Foulkes)는 미국 LA, 헐리우드가 상징하던 전 세계를 압도하는 환상과 꿈의 공간이 싸구려 유물로 덮인 쓰레기더미로 전락해가는 현실을 비꼬는 작품들을 제작한다. **〈학창시절(School Days)〉(1996)**은 미키마우스 캐릭터나 맥도날드의 이미지가 폐허와 같이 어두운 둔덕에 일상의 오브제들과 함께 작은 크기로 등장함으로써, 파멸에 대한 두려움과 타락한 문화의 한계를 드러낸다. 중동 작가들도 마찬가지로 정치적, 군사적으로 불안정한 상황으로 인한 비참한

We live in silence XVI
https://www.artsy.net/artwork/kudzanai-chiurai-we-live-in-silence-xvi-2
(artsy.net)

현실의 이면을 강렬하게 표현함으로써, 암흑과도 같은 현재와 보이지 않는 미래에 대해 말하고 있다. 현실에 대한 부정적인 시각은 결국 희망을 갈망하는 태도를 드러내는 것이라 할 수 있다.

포스트모더니즘 미술비평을 선도했던 크레그 오웬스(Craig Owens)는 알레고리적 충동으로 대표되는 포스트모더니즘 작업의 전반적 특징 안에서 시대를 거스르는 성격과 장소에 대한 욕구를 이렇게 논한다. '투명하고 논리적인 모더니즘의 전제와 달리, 후기모더니즘 미술의 가장 중요한 충동인 알레고리는 단편적인 것, 불완전한 것, 미완성적인 것과 관계를 맺는데, 이러한 것들은 폐허 또는 유적에서 발견된다. 그곳에서 인간의 업적은 풍경 속으로 재흡수되고, 폐허는 되돌릴 수 없는 붕괴와 쇠퇴의 과정으로, 그 기원으로부터 점점 멀어져 가는 역사를 의미한다.'[28] 어찌 보면 미래에 대한 불안에서 터져 나온 폐허와 파괴의 이미지는 포스트모던 문화의 자연스러운 현상 중 하나일 수도 있다. 이는 또한 역사의 모순과 왜곡에 대한 예술가들의 거부와 비판의 이미지이기도 하다. 희망에 대한 현실의 벽을 강렬하게 느끼게 될수록 디스토피아, 묵시록의 이미지는 더욱 많은 예술작품 안에 드러나게 될 것이다.

---

28 Craig Owens, "The allegorical impulse: Toward a theory of Postmodernism," *October*, 12, (Spring, 1980).

School Days
http://llynfoulkes.com/wp-content/gallery/llyn_main/foulked-school-days.jpg
(file source: 린 폴크스 웹사이트)

앤디 워홀 Andy Warhol (1928-1987)
: 성스러움과 세속적인 것 사이에서

세상을 바라보는 시각은 저마다 다르다. 생각하기에 따라 행복하고 기회가 넘치는 곳으로 보이기도 하고 불공평하고 불합리하여 괴로운 곳으로 보이기도 한다. 예술가가 바라보는 세상은 선택하는 주제와 완성된 작업에 드러난다. 엑상 프로방스(Aix-en-Provence)의 산야에서 그리고 사과와 정물 속에서 살만한 세상을 보았던 세잔느가 있는가 하면 사각형과 십자가 모양의 형상 속에서 순수한 정신의 세계로서의 추상을 보았던 말레비치도 있다.

그러나 일견 평온한 세계만을 볼 것 같은 예술가들에게도 어두운 세상을 보는 눈이 있다. 세잔느는 가족부양의 책임에 시달리며 고민했고 말레비치는 추상을 폄하하는 사회주의가 자신이 사는 소련에 확산되자 결국 구상으로 돌아갈 수밖에 없었다. 그들의 예술은 보고 싶은 세상과 그러한 세상을 쉽게 내주지 않는 현실을 배경으로 해서 나온 것이다.

앤디 워홀도 예외는 아니다. 그도 좋은 세상과 어두운 세상을 모두 바라본 작가이다. 워홀은 대중성을 확보한 팝 아트의 대표 작가로 알려져 있다. 뉴욕의 성공한 젊은 일러스트레이터에서 예술가로 전향한 워홀은 만화, 연예인, 대중문화를 소화하면서 자신만의 예술을 펼치기 시작했다. 대학에서 상업미술을 공부했고 뛰어난 삽화 그림을 그리며 상업 잡지를 기반으로 활동했기에 그에게 대중매체는 낯선 분야가 아니었다. 예술가로서 성공한 이후에는 유명인들의 초상화를 실크스크린으로 만들면서 가까운 관계를 유지했다. 그는 유명연예인을 다루는 잡지를 만들었을 정도로 '살만한 세상'에 대한 기대가 많았던

Marilyn Diptych
https://upload.wikimedia.org/wikipedia/en/8/87/Marilyndiptych.jpg

작가이다. 그래서인지 마릴린 먼로나 코카콜라 병 이미지가 반복되는 그의 캔버스 작업은 사람과 사물이 소비되는 세상에 대해 낙관적인 태도를 보여준다. 섹시한 여성과 짜릿한 탄산음료가 대표하는 세상은 엔터테인먼트와 소비문화가 지배하는 세상을 단면적으로 보여준다. 워홀은 그렇게 세상을 낙관적으로 바라보면서 '팩토리(Factory)'라고 부른 작업실에서 자신만의 세계를 구축했다. 그가 포착하는 세상은 유토피아까지는 아니더라도 인류의 문명이 세련되게 전개되는 곳이자 모든 것이 풍요로우며 아름다운 사람들이 유희하는 시대였다. 그래서 그는 마치 장사꾼처럼 실크스크린으로 이미지를 계속 찍어내면서 '예술은 비즈니스다'라는 호언을 하기도 했다.

그러나 그에게도 '어두운 세상'은 피할 수 없었다. 매일 보는 신문의 사회면에 나오는 비극적 사건들을 통해서 본 죽음이었다. 처음에는 아름다운 모델의 자살이나 범죄자를 처형하는 전기의자, 그리고 자동차 충돌로 인한 사망 사건 등 언론 매체에서 눈에 띄는 죽음이었다. 그러나 그것들은 워홀 자신이 아니라 타자의 죽음이었다.

그러다 그도 죽음을 마주하게 된다. 뉴욕 이스트빌리지에 있던 자신의 작업실에 놀러 오던 여성 작가 발레리 솔라나스(Valerie Solanas)가 겨눈 총에 맞아 죽음의 문턱에 다녀온 후 죽음이 마치 구경거리가 아니라 자신의 문제일 수 있다는 공포에 빠진다. 이후 워홀은 동성애자와 보헤미안 예술가들이 모이던 파티의 시대를 접고 '팩토리'의 문을 닫았으며 사망할 때까지 죽음을 주제로 한 작업을 많이 남기게 된다.

워홀의 어머니가 독실한 기독교 신자였다는 사실은 그가 죽음을 어떻게 수용했는지 파악하는데 도움이 된다. 가난한 이민자 가정에서 자란 어린 워홀이 그림에 관심을 갖도록 한 것도 그의 어머니였다. 비잔틴 카톨릭 신자이자 선과 악, 천국과 지옥에 대해 확신했던 그의 어머니는 종종 펜으로 그림을 그리곤 했는데 이런 능력은 그대로 워홀에게 이어졌다. 가난한 이민자 가정에서 드물게 미술대학에 진학할 수 있었던 것도 아버지의 사망 후 남은 재산을 워홀의 미대 진학에 쓰겠다는 어머니의 적극적인 후원이 있었기 때문에 가능했던 일이다.

정서적으로 어머니와 매우 가까웠던 워홀은 어머니의 종교적 선과 악, 천국과 지옥의 가치관을 그대로 가졌던 것으로 보인다. 그러나 그러한 생각이 그의 작업에 반영되기 시작한 것은 총을 맞고 생사의 고비에서 돌아온 이후이다. 그는 바로크 시대의 종교화에 나오는 것처럼 인간의 해골 이미지와 십자가 이미지를 종종 실크스크린으로 인쇄하곤 하였다. 대형 붉은 십자가는 마치 지옥의 묵시록처럼 진리의 신을 상징하는 것 같고 해골은 허영심에 찬 인간에게 주는 섬뜩한 메시지 같다. 반복적으로 프린트된 이미지는 마치 풍요로운 물질세계에 도취한 인간에게 그 뒷면에 담긴 진실, 즉 화려한 세상에도 불구하고 인간의 생명은 유한하다는 사실을 상기시켜 준다.

워홀이 뉴욕의 한 교회에서 운영한 '수프 키친(Soup Kitchen)'에서 무숙자들에게 음식을 나눠주는 자원봉사자로 일했다는 사실이나 매일 한 번씩 조용히 교회에 가서 기도의 시간을 가졌다는 사실은 가까운 친구 이외에는 잘 알려져 있지않다. 또한 바티칸에 있는 교황을 만나기 위해 먼 여행도 서슴지 않았고 신에게 구원을 얻고자 노력했다는 사실은 아이러닉하면서도 뭉클하게 다가온다. 팝 아트의 제왕이라는 별칭이 무색할 정도이다.

말년에 이르러서도 워홀은 종교적 주제를 포기하지 않았다. 그가 사망한 후 공개된 그의 작업실에서 발견된 최후의 작업은 다름 아니라 레오나르도 다 빈치의 〈최후의 만찬〉을 모티프로 해서 그 위에 도브(Dove) 로고 등 상표들을 배열하여 마치 세속적인 것 너머의 종교적인 세계는 불변한다는 메시지를 던지는 그림이었다. 또한 사망후 공개된 그의 침실에는 골동품같은 캐노피 침대가 있었고 침대 옆에는 남미의 무명작가가 그린 성모자상 그림과 십자가, 성경책이 있었다. 마

Cross
https://www.wikiart.org/en/andy-warhol/cross-1982

Last Supper
http://pastexhibitions.guggenheim.org/warhol/images/warhol4.gif

치 매일 밤 신에게 구원을 요청했었을 것 같은 이런 모습은 워홀의 생전에 알려지지 않았으며 실제로 그는 가까운 친구 극소수에게만 집을 개방할 정도로 폐쇄적인 삶을 살다 갔다. 가난한 이민자 가정의 마마보이가 팝 아트의 전설이 된 이야기와 그 이면에 숨어 있던 워홀의 신앙 생활은 죽음과 죽음 이후의 세계를 마주하게 되면 어느 누구도 겸손하지 않을 수 없다는 것을 보여주기도 한다.

> *"내가 죽을 때, 아무 것도 남기고 싶지 않다. 그냥 사라지고 싶다. 사람들이 '그가 오늘 죽었어'라고 말하지 않았으면 좋겠다. 그냥 '그가 사라졌어'라고 말하면 좋겠다. 그러나 죽어서 먼지나 모래로 변한다는 생각은 마음에 든다. 엘리자베스 테일러의 손에 낀 큰 반지로 부활한다면 얼마나 멋있을까."*
> *(1987년 니콜라스 러브(Nicholas Love)가 전한 워홀의 생전 대화 중에서)*

대미엔 허스트 Damien Hirst (1965-)
:삶의 끝을 배회하며 외치는 말 '메멘토 모리' Y

1990년대 이후 가장 주목받은 작가를 꼽으라면 대미엔 허스트를 뺄 수 없다. 영국이 낳은 글로벌 미술계의 스타이자 yBa(young British artists)의 대표주자이기 때문이다. 또한 그가 만든 작품이 미술시장에서 고가로 거래되면서 종종 살아있는 작가 중에서 최고의 가격에 팔리기 때문이다.

그가 대학에 재학하던 1988년 직접 기획한 전시 〈프리즈(Freeze)〉는 오늘날 'yBa'라고 통칭하는 영국의 젊은 예술가들을 대거 세상에 나오게 한 계기였다. 이 전시 이후 그와 주변의 작가들은 영국 미술계에 새로운 주자로 부각된다. 뿐만 아니라 찰스 사치(Charles

Saatchi)와 같은 컬렉터를 만나면서 허스트와 'yBa'는 일약 세계적인 작가군으로 성장하기도 했다. 그들에 대한 평가는 아직도 진행 중이기 때문에 이들이 오랫동안 세계적 스타로 군림할 수 있는 이유는 섣불리 진단할 수 없다. 확실한 것은 그들의 명칭에서 드러나듯이 글로벌 미술에서 '국가'와 문화적 정체성은 여전히 예술가의 위상에 영향을 미친다는 점이다.

상업적 성공을 거둔 스타 작가에게도 예술의 주제는 가벼울 수 없다. 그의 작업은 성스러운 영역과 세속적인 영역을 오고 가면서 현대에도 인간은 두 영역 사이를 방황하며 언젠가 죽음을 맞을 수밖에 없는 불완전한 존재라는 것을 일깨운다. 죽은 동물, 해골, 다이아몬드, 알약과 같이 생명의 죽음과 존속에 상징적인 사물을 사용하여 오래된 이슈들, 즉 성/속, 무한/유한, 삶/죽음 등의 문제를 다룬다. 허스트가 이런 주제를 다루는 태도는 다소 염세적이다. 피할 수 없는 진실 즉 인간의 삶의 끝에 죽음이라는 비극이 기다리고 있다는 생각을 불러일으킨다. 뿐만 아니라 그 죽음에 이르기 전에 인간의 현실에 나타나는 불합리와 고통을 적나라하게 보여준다.

〈살아있는 누군가의 정신에 담긴 죽음의 물리적 불가능성(The Physical Impossibility of Death in the Mind of Someone Living)〉(1991)은 허스트의 초기 작업이자 그의 예술관을 잘 보여주는 대표적인 작업이다. 직육면체의 수족관에 방부제 역할을 하는 포멀데하이드 액체로 채우고 그 안에 죽은 상어 한 마리를 담은 작품이다. 상어는 '인간을 먹는 식인 상어'를 연상시키며 즉각적으로 죽음의 공포를 느끼게 하는 반면에 그 상어가 입을 벌린 채 죽은 상태이며 유리 수족관 안에 있다는 사실은 관객에게 위로가 된다. 죽은 상어가 전시되어 있을 뿐이라는 안도감을 주기는 하지만 상어는 죽음의 상징

The Physical Impossibility of Death in the Mind of Someone Living
https://en.wikipedia.org/wiki/The_Physical_Impossibility_of_Death_in_the_Mind_of_Someone_Living#/media/File:Hirst-Shark.jpg

처럼 처연하게 수중에 떠있다. 아이러니하게도 이 상어가 수족관 속에서 점차 부패되기 시작하자 2004년 경 보다 전문적인 처리 과정을 거친 상어로 대체된 바 있다. 이 작업은 허스트의 재능을 높이 산 찰스 사치가 비용을 부담했으며 영국미술계에서 허스트가 차지하는 위상을 보여준 바 있다.

이렇게 시작된 그의 죽은 동물 시리즈는 '자연사(Natural History)' 시리즈로 불리면서 이후 소머리, 돼지, 나비, 파리 등 여러 동물로 확장된다. 죽음을 담은 그의 수족관 시리즈는 우리가 인간인 한 언젠가 죽는다는 사실, 즉 메멘토 모리(memento mori)를 연상시킨다.

〈마태, 마가, 루카, 요한(Matthew, Mark, Luke and John)〉(1994-2000)의 경우처럼 예수의 제자 이름을 따서 제목을 짓고 소의 머리에 칼, 포크 등의 물건을 찌른 후 같이 포멀데하이드에 담아 마치 도축 당시의 공포스러운 순간을 영구히 보존하는 동시에 기독교의 정신적 축의 고귀함을 무너뜨리는 경우도 있다. 이 네 명의 성인의 이름을 딴 성경이 있다는 사실을 유추하면 마치 성경의 권위에 대한 도전처럼 보이기도 한다.

〈신은 이유를 안다(God Knows Why)〉(2005)는 동물 시리즈 중에서도 가장 적나라하게 성스러움에 도전한 작업이다. 양의 내장과 가죽을 벗긴 후 X자 모양의 나무 지지대에 거꾸로 매단 후 포멀데하이드에 담은 작업으로 '신은 왜 그런지 아신다'라는 제목의 의미를 생각하게 한다. 예수를 상징하는 양이 적나라하게 매달린 모습은 마치 책형을 당했던 예수를 연상시키는데 종교가 힘을 발휘하지 못하는 현대의 모습을 지적하면서 동시에 도축당하는 동물의 비극을 직설적으로 언급하고 있기도 하다.

허스트가 영감을 많이 얻은 선배 작가는 프란시스 베이컨 (Francis

Matthew, Mark, Luke and John
https://lesoeuvres.pinaultcollection.com/en/artwork/matthew-mark-luke-and-john

Bacon)이다. 베이컨이 도축된 동물 옆에서 공포에 찬 채 비명을 지르는 교황을 묘사한 그림은 2차 세계대전 이후의 사회 분위기를 포착한 실존주의적 회화로 평가된다. 허스트의 평면과 입체 작업에도 공포와 비극이 나타난다. 특히 해골 이미지는 그가 즐겨 사용하는 것이다. **〈신의 사랑을 위하여(For the Love of God)〉**(2007)은 그중에서 가장 유명한 작업으로 죽음과 인간의 유한한 아름다움을 대비시킨 작품이다. 인간의 해골에 8천 개가 넘는 다이아몬드를 촘촘히 박은 이 작품은 세속적 삶의 기저에 깔린 죽음의 그림자를 상기시켜준다. 아즈텍(Aztec) 문명에 등장하는 푸른 보석을 박은 해골 가면에서 영감을 받았다는 이 작업은 인간이 누리는 생명과 죽음에 대한 상식적 이해를 넘어 묵시록적 미학의 가능성을 모색하는 듯 하다.

허스트의 회화에 나타난 해골은 베이컨의 그림처럼 어둡고 칙칙한 푸른색을 배경으로 해서 해골 머리가 떠 있거나, 상어의 입, 이구아나, 그리고 해골이 마치 새로운 '바니타스(vanitas)' 정물화처럼 등장하기도 한다. 유한한 삶을 축복으로 여기고 열정적 삶을 추구하는 인간을 비웃듯이 그의 해골 정물화는 너무나 암울하여 그 열정을 무의미한 것처럼 만든다.

그의 염세주의적 태도는 피부암 회화 시리즈에도 나타난다. 암세포를 해부한 듯 붉은 톤의 그림은 작은 단위의 형상들이 복잡하게 얽혀 있다. 마치 붉은 추상화를 보는 듯 각각의 세포는 자유분방하게 퍼져 있으나 제목을 보는 순간 순진하게 이 그림을 바라볼 수 없게 만든다. 다이아몬드로 치장한 해골이 죽음의 절대적 존재를 부각했다면 그의 피부암 회화는 죽음을 가장 미시적으로 보여주고 있다고 할 수 있다.

"돈을 많이 버는 상황에서 돈에 대한 작품을 만들고 싶어서

For the Love of God
https://upload.wikimedia.org/wikipedia/en/6/6d/Hirst-Love-Of-God.jpg

해골[8601개의 다이아몬드를 박은 작품]을 제작했다. 엄청난 돈을 만드는 위치에 있게 되면, 그 돈을 쌓아둘 것이 아니라 예술을 만드는데 써야 한다."(허스트, 2012년 인터뷰)

윌리엄 켄트리지 William Kentridge (1955~)
: 지역적, 인종적, 차별의 정치학, 그 단면의 어두움을 비추는 애니메이션 J

켄트리지는 드로잉 애니메이션, 조각, 설치, 드로잉, 판화, 뉴미디어 작품 등을 통한 다양한 표현과 주제 의식으로 1990년 이후 세계적 미술가 중 하나로 인정받고 있다. 그의 가장 중요한 작품들은 목탄, 연필을 이용하여 드로잉하고 지우고를 반복하면서 움직이는 화면을 만들어가는 애니메이션 작품으로, 소묘/드로잉이라는 가장 오래되고 전통적인 방식의 예술기법에 기초하고, 양피지에 글을 쓰고 지우고 다시 쓰고를 반복했던 필사의 방식과 조건을 상기시킨다. 흑백분리 정책과 인종차별이 비교적 최근까지 존재했던 백인우월주의 국가이자, 인권탄압이란 정치적 오명을 가진 아프리카 최남단의 남아프리카 공화국에서 태어나고 자랐다는 개인적 배경은 그의 작품에서 중요한 조건이다.

"나는 요하네스버그에서 도망칠 수 없다....결국 나의 모든 작업은 이 절망적인 지방 도시에 뿌리를 두고 있다."[29]라는 고백처럼 현실에 뿌리를 둔 그의 작업은 고뇌하는 작가의 모습부터 정치적 핍박을 받는 남아공의 실제 상황 속 인물들을 상징적으로 내세워 현실의 어두운 단면을 보여준다. 지역과 장소에 대한 역사와 문화가 그의 작품의 주제이다. 켄트리지는 독일계 유대인 부친과 리투아니아인 모친 사이에서 태어났는데 부모는 인권변호사로, 인종차별 정책으로 인한 모든 폭력

---

29 Neal Benezra, *William Kentrudge* (Harry N. Abrams, 2001), 20.

에 반대하였다. 작가 스스로도 많은 정체성의 혼란을 겪고 그것이 그의 작품에 계속 표현되었다. 그는 자신이 속한 집단과 피지배계층 간의 억압 사이에서 방황하면서도 이성적 냉철함을 잃지 않고, 역사적, 지식적 이해와 감성적 공감을 담아내고, 현실에 대한 거부와 이상향을 꿈꾸는 복합적 성격을 작품 안에 담아내려 애썼다. 그는 남아공에서 정치, 아프리카 지역학, 미술을 공부하고 프랑스 파리에서 마임, 연기 등을 전공했다. 요하네스버그에서 1991년까지 연극무대에서 연출과 연기를 병행했고, 텔레비전 드라마에서 미술감독을 맡기도 했다.

1979년 모노타입 프린트 20-30장 정도의 〈pit〉 연작, 1980년대엔 동판 에칭으로 〈국내 풍경〉을 제작했다. 프린트 제작 이후 1987년엔 목탄, 파스텔 드로잉에 기초한 그림들을 그렸는데, 와토의 〈사랑의 섬으로의 출항〉 등을 다시 그렸다. 이후 1989년부터는 〈프로젝션을 위한 드로잉〉 연작을 제작했다. 드로잉 연작은 9편의 애니메이션으로 이어지는데, **〈요하네스버그, 파리 다음으로 위대한 도시(Johannesburg 2nd greatest city after Paris)〉(1989)**를 시작으로 〈기념비〉(1990), 〈광산〉(1991), 〈절제, 비만, 그리고 노화〉(1991) 〈망명 중인 펠릭스〉(1994), 〈주요 불평의 역사〉(1996), 〈무게달기...그리고 원하기〉(1997), 〈입체경〉(1999), 〈조수 간만 표〉(2003) 등, 작가의 대표작을 포함하고 있다.

그의 동영상 애니메이션은 목탄 드로잉의 '과정'을 그대로 드러내는데,[30] 드로잉을 세심하게 지우고 수정하면서 각각을 스톱모션 기법으로 촬영한 후 필름을 연속적으로 영사하여 애니메이션 형태로 완성한다. 동영상에는 지워진 선의 흔적들이 남고, 변화하는 과정도 비교

---

30 Rosalind Krauss, "The Rock: William Kentridge's Drawings for Projection." *October* V.92 (Spring 2000).

Johannesburg 2nd greatest city after Paris
https://www.youtube.com/watch?v=sjdnmkMSBU

적 잘 드러난다. 이 시리즈에서 켄트리지는 남아공 인종차별주의 정권 마지막 10년 동안의 정치, 사회적인 풍경을 다루었다. 개인의 비극적 상황과 사회의 모순을 은유적이고도 환상적으로 그려내고, 속도감 있는 흑백 드로잉을 통해 주제의 무게감을 더해준다.

그의 애니메이션 〈요하네스버그, 파리 다음으로 위대한 도시〉는 공격적인 자본가 소호 엑스타인(soho Eckstein), 작가의 또 다른 자아 펠릭스 타이틀바움(Felix Tatlebaum)을 주인공으로 한다. 켄트리지는 이들을 중심으로 시나리오를 구성하고, 등장인물 간의 갈등, 소호의 비인간성과 심경 변화 등을 보여준다. 이 둘은 모두 백인 유대인으로, 남아프리카 주류 기득권층을 나타내며 특히 엑스타인은 비인간적이고 악한 권력자로 표현하지만, 등장인물들은 모두 자신이 겪었던 정체성의 혼란이 투영된 자전적 인물이기도 하다.

〈망명 중인 펠릭스(Felix in Exile)〉(1994)는 인종분리정책의 암울한 역사, 폭력과 억압에 대한 일종의 사전적 애니그램 (단어의 머리글자 하나씩을 연결한 것)이라고 켄트리지는 말했다. 1976년 소웨토(Sowete) 폭동으로[31] 남아프리카 공화국에 대한 국제사회의 비토가 이어졌고 1990년대까지 국제예술계도 남아공을 보이콧 했다. 1990년대에 이르러서 이런 제재가 풀리면서 켄트리지는 좀 더 활발하게 국제사회에 알려졌다. 1993년 베니스 비엔날레, 1997년 카셀 도큐멘타에 소개되었고, 20세기 말, 후기식민주의의 대두와 함께, 지역과 인종에 대한 새로운 시각, 로컬/글로벌, 중심과 주변, 다문화주의 등이 미술의 화두가 되면서 켄트리지 작품이 경계에 사는 인물의 정체성을 다

31 인구 100만명의 흑인 집단거주지 소웨토에서 학교 수업 절반을 백인 식민주의자들의 언어(아프리칸스어)로 진행하자 학생들이 폭동을 일으키고, 이것이 전국적으로 확산되자 정부가 과잉진압하면서 약 700여명의 사망자가 발생한 사건이다.

Felix in Exile
https://www.guggenheim.org/artwork/9422
(file source: 구겐하임 미술관 사이트)

루는 것으로 평가되면서 큰 반향을 불러오게 되었다.

켄트리지는 요하네스버그의 흑인노동조합을 위한 시민운동을 조직하기도 하고, 1970년대 중반부터 인종차별에 반대하는 연극을 주로 올리는 교차로극단(Junction Avenue Theatre Company)에서 미술감독, 연출, 연기 등을 맡기도 했다. 이런 경험을 바탕으로, 작가는 퍼포먼스, 극작가, 디자이너, 기획자의 역할을 직접 수행하고, 기존의 문학작품, 영화, 오페라, 연극, 공연 등을 소재로 사용하여 새롭게 재구성하는 작업을 했다.

그는 미술사적 지식을 현실풍자에 적극 사용하는데, 영국 런던 테이트모던 미술관의 지하 1층 '탱크'홀을 여는 첫 전시로 **〈나는 내가 아니고 이 말(horse)은 내말이 아니다(I am not me, the horse is not mine)〉**(2012.11~2013.2)를 선보였는데, 여기서 〈코〉(2010)공연에 사용했던 영상들을 해체하여 무한 반복했다. 니콜라이 부하린(Nikolai Bukharin)이 처형당했던 회의 기록에서 따온 제목으로, 책임을 회피할 때 쓰는 진부한 표현과 억압된 현실에서 폭력에 희생된 지식인의 비극을 상징적으로 보여준다. 켄트리지는 1930년대 미술, 혁명에 대한 역동성을 담은 러시아 아방가르드 미술 작품, 유토피아니즘 이미지들을 가져와 블랙 유머가 어우러진 풍자와 조롱의 메시지를 담아내는데, 이제까지 작가가 다룬 여러 매체들이 종합돼 있다. 전시장의 8개 대형 스크린에서 각기 다른 영상이 돌아가는데, 켄트리지가 자신이 쓴 텍스트를 읽는 장면부터 오페라, 영상 콜라주, 애니메이션, 퍼포먼스 등이 역동적으로 펼쳐진다.

켄트리지의 작품은 남아프리카공화국, 요하네스버그라는 지구상에서 마지막으로 인종 차별이 공식적으로 자행되었던 장소를 주제로 다룬다는 점에서 지난 세기 주요 화두와 직접적인 연결성을 갖는다. 여

I am not me,
the horse is not mine
https://www.youtube.com/watch?v=4Py86UggS6k

https://www.youtube.com/watch?v=Radzm-Yo4BA

기에 작가의 예술 전반의 통합적 이해와 기술력이 만든 문학, 음악, 공연, 춤, 등이 결합된 총체적 미술로서의 작품이 구현되는 것도 주목할 만하다. 그는 많은 예술 장르의 역사를 자유롭게 차용하고 재구성한다. 목탄 드로잉에 기초한 그의 애니메이션, 그리고 지우고를 반복하면서 아주 미세한 변화를 만드는 방법을 통해 피지배자들, 사회의 수많은 사람들이 견뎌야 했던 가슴 아픈 상처들을 어루만지는 듯 한 수고로운 노력이 주제와 잘 어울렸다. 쉽게 변하고 지워지지만 남아있는 흔적들은 높은 완성도의 하이-아트와는 상반된 방향을 보여준다. 켄트리지는 이상적 지향이 꺾이는 그 지점을 늘 강조하고 있다. 좀처럼 변하지 않는 역사 안에서 폭력, 권력에 의해 왜곡되고 좌절되는 인생에 대한 묵시록은 계속되는 듯하다.

제이크, 디노스 채프만 형제
Jake (1966~) and Dinos (1962~) Chapman
: 폭력 뒤의 기괴함, 현대 시각문화의 짙은 그림자 J

기괴하게 변형되어 서로 연결된 인체, 각각 위치를 바꿔 달린 몸의 기관들, 전쟁터의 끔찍하고 비참한 폭력과 살상의 모습이 지나치게 생생하게 표현된 인형들로 대표되는 채프만 형제. 이들은 그로테스크와 스펙타클, 타부와 고야의 〈전쟁의 참상〉이라는 몇 가지 내용을 작품의 기본 텍스트로 삼아서 인간에 내재한 잔인함, 파괴와 살상을 미학적 숭배로 보이게 만드는 충격적 이미지로 유명하다. 그들은 불확실한 미래, 현재를 규정할 수 없는 모호함을 폭력적인 시각언어로 풀어낸 작가로 평가받았는데, 당시 사회적 분위기-유전자를 조작하고 복제 양을 만드는-가 생명에 대한 새로운 패러다임을 불러올 듯 보였고 이를 비판적으로 바라본 시각은 미래에 대한 묵시록으로 비쳤다. '가장 터부시되는 것에 인간의 본성이 담겨있고, 그것을 드러내는 것이 우리의 작업'이라는 주장처럼 이들은 끊임없이 관객들의 심기를

불편하게 하는 이미지를 제작했다.[32]

스스로 욕망과 터부를 함께 다룬다는 채프만 형제의 출발점은 동시대 미술 흐름 안에서 부수적으로 치부되거나 빗나갔다고 판단된 것에 대한 관심이었다. 극단적인 결과물과 잔혹한 이미지는 이들의 작품을 새로운 종말론, 비관론을 강하게 느끼게 한다. 그리스 정교 집안의 모친과 미술 교사였던 영국인 부친 사이에서 태어난 이 형제는 일찍이 플라스틱, 파이버 글래스를 이용, 마네킹 모델들을 만들었다. 영국의 젊은 작가들 그룹(yBa)에 속하면서 1990년대 후반부터 세계적 주목을 받았는데, 런던 RCA에서(1988-90) 길버트와 조지의 조수로 일하면서 두 사람은 계속 공동 작업을 하게 되었다.

1988년 《Freeze》전을 기획했던 데미안 허스트를 주축으로 16명의 골드스미스 칼리지 출신 젊은 작가들이 템즈 강 부근의 빈 창고에서 열었던 전시를 yBa 그룹의 출발점으로 본다. 이후 이들은 작품 구성, 홍보, 마케팅까지 획기적인 방식으로 전시를 성공적으로 이끌었다. 이것이 계기가 되어 yBa(young British artists)는 이후 1990년대 세계미술계를 이끌었다고 할 만큼의 명성을 얻고 같은 지향점을 가진 작가 그룹으로 받아들여졌다. 1997년 이들이 주축이 된 《센세이션(Sensation)》전은 오랜 불황, 긴축재정으로 미술에 대한 정부의 지원 감축 상황에 대해 충격적인 미술작품으로 화답했다. 이 전시에 참여한 대부분의 작품들은 이후 찰스 사치(charles Saatchi)의 콜렉션이 되었다.

센세이션 전에 고야의 동판화 〈전쟁의 참상 (The Disaster of War/Los desastres de la Guerrà)〉(1810-20)의 82장면을 플라스틱 인형

---

32 Jonathan Harris, *Insdie the death drive: Excess and apocalypse in the world of the Chapman brothers* (Tate Liverpool: Liverpool UP, 2010).

Great Deeds against the Dead
http://jakeanddinoschapman.com/works/great-deeds-against-the-dead-2/
(file source: 작가 웹사이트)

들로 재형상화 한 **〈죽은 자에 대한 위대한 행위(Great Deeds against the Dead)〉(1994)**와 어린아이들의 몸을 붙이고 성기를 얼굴에 표현한 **〈접합적 가속도, 유전공학적, 탈승화적 리비도 모델(Zygotic Acceleration, Biogenetic, De-sublimated libidinal model)〉(1995)** 등을 전시했다. 고야는 끔찍하게 절단된 신체의 이미지를 판화로 제작했다. 이것을 입체 인형들로 전환한 채프만의 작품은 전쟁으로 본 인류 역사에 대한 묵시록이란 평가를 받았다.

채프만 형제는 "고야는 근대 작가 중 인간 심리를 투영한 작가로… 이전까지는 종교적 회화가 주였다면 그로부터는 인간 심리의 어두운 면이 담겼다….고야의 판화작품을 조각 버전으로, 그의 에칭을 우리 식대로 바꿨다….계몽은 이성을 맹신하게 했지만 고야는 그러지 않았다. 우리도 이성에 치우친 방식을 취하지 않는다."[33]

채프만은 고야의 〈전쟁의 참상〉과 판화집 〈로스 카프리초스〉에서 많은 영향을 받았다. 1814년부터 프랑스와 스페인 간의 6년 전쟁에서 살인, 고문, 화재, 강간, 강도 등 끔찍한 일이 곳곳에서 벌어졌고 죽은 자들에게도 다시 폭력을 가하는 사람들의 잔인성, 프랑스, 스페인인 구분 없이 자행되는 극악함이 이들의 주제가 되었다. 이성보다는 어두운 감정, 환영과 증오, 그리고 환멸과 복수심이 팽배했고 이런 이미지는 초현실주의가 개인의 꿈과 무의식을 다루는 방식과도 구분되는 것이었다.

채프만의 대표작 **〈지옥(Hell)〉(1999)**은 2인치(5.08cm) 크기의 채색된 인물 인형 3만 개로 이루어진 정교하고 디테일이 뛰어난 작품이다. 파이버글래스, 플라스틱, 혼합매체 등을 사용하여 나치 복장을 연

---

33 Philip Shaw, "Abjection Sustained: Goya, the Chapman brothers and the Diasaters of War," *Art History* 26:4, 2003.

Zygotic Acceleration, Biogenetic, De-sublimated libidinal model
http://jakeanddinoschapman.com/exhibitions/zygotic-acceleration-biogenetic-de-sublimated-libidinal-model-enlarged-x-1000victoria-miro-gallery-london/(file source: 작가 웹사이트)

상시킨 군인들이 서로 신체에 끔찍한 만행을 자행하는 모습을 상세히 묘사했다. 큰 나무 판으로 무대를 만들고 나무와 언덕 같은 배경을 군데군데 넣지만, 이 일이 벌어지는 장소, 시간, 상황 등에 대해서는 구체적으로 알 수 있는 내용이 전혀 없이 그저 잔인한 살생의 풍경만이 보일 뿐이다.

살아 움직이는 해골, 돌연변이로 돼지머리를 한 지옥전사들, 피터 브뤼겔, 히에로니무스 보쉬(두 작가 모두 15~16세기 활동한 네덜란드의 대표적 작가들로 많은 상상력을 동원, 현실과 가상 세계에 대한 풍자와 비판을 담아내고 때로는 그로테스크한 이미지를 제작했다.)의 도상을 가져와 상상력과 기괴함이 가미된 이미지들을 제작했다. 엄청난 양의 인물 인형들과 세밀한 묘사와 자극적인 표현은 거대함에서 오는 상대적 스펙타클이 아닌, 디테일을 통한 일종의 압도감을 준다는 점에서 매우 인상적이다.

끔찍한 장면, 몸에 가해지는 엄청난 폭력, 살생으로 얼룩진 이미지는 역사의 순간이기보다는 인간 내면의 폭력성의 가시화라 할 수 있다. 또한 작은 인형으로 표현함으로써, 캐릭터나 피규어 수집, 게임, 만화 속의 장면 같은 동시대 시각문화의 취향을 반영한다. 무엇보다 자극적이고 선정적인 이미지에 익숙한 대중들에게 강렬한 강도를 통해 시각성을 완성하는 새로운 방식을 보여주었다. 그의 작품은 관객들에게 비인간적으로 느껴지는 거부감과 강렬한 자극에서 오는 매력을 동시에 선사한다.

이들이 보여주는 시각적 흡입력이 고야로부터 이어진 일종의 전통적인 것인지는 알 수 없지만, 괴팍한 취향이 주는 고통의 미학이 존재한다고 볼 수 있다. 채프만 형제는 이런 어두운 본성이야말로 진짜 자신들의 세계관이며, 이상화, 미화 없는 현실반영이라고 주장해왔다.

Hell
http://jakeanddinoschapman.com/works/hell/
(file source: 작가 웹사이트)

로얄 아카데미에서 열린 종말론을 주제로 한 전시 《묵시록: 현대미술에서의 미와 공포 Apocalypse : Beauty and Horror in contemporary art》(2000)에 마이크 켈리, 리차드 프린스, 제프 쿤스, 뤽 투이만, 카탈란, 등과 함께 참여한 채프만 형제는 〈지옥〉(1999)을 전시했다. 원본이 2004년 화재로 소실되자 작가는 **〈끔찍한 지옥(Fucking Hell)〉(2008)**을 다시 제작했다.

2003년 터너상(Turner Prize) 후보가 되면서 고야의 판화에 광대 얼굴을 덧입히거나 낙서 같은 표현을 더하는 방식의 〈부상에의 모욕(Insult to Injury)〉(2003), 〈성과 죽음(Sex and Death)〉(2003) 등을 선보였다. 〈부상에의 모욕〉은 고야의 〈전쟁의 참상〉을 훼손하는 것으로 일종의 반달리즘적 태도를 보인 작업이다. 작가는 십자가 위에 달린 맥도날드의 대표 캐릭터, 광대를 입체로 제작하는 등 〈맥도날드〉 시리즈를 만들었다. 가장 대중적인 패스트푸드로, 인간에게 더 많은 자유를 준다고 시작되었지만, 오히려 인간의 삶을 제한하고 있다고 할 수 있다. 이들은 맥도날드 로고와 캐릭터를 다른 작품 안에 부분적으로 끼워 넣고, 자본주의와 대기업에 대한 비판적 시각을 나타내면서도, 마치 그 캐릭터를 하나의 종교 도상처럼 만드는 우상화를 동시에 시도했다.

같은 맥락의 초상화 시리즈 〈어느 날, 당신은 더 이상 사랑받지 않을 것이다(One Day you will no longer be loved)〉(2008~)도 죽음, 변형, 기괴함을 다룬다. 고전 초상화의 얼굴을 훼손하거나 이상하게 왜곡시키는 작품이다. 작가들은 파괴를 통한 재창조를 주장하지만 친밀함과 보편적 기대를 무너뜨리는 방식은 일관되게 등장한다. 이들은 비평가나 언론과 잦은 마찰을 일으키고, 사회적으로 공유되는 이성적 태도에도 반하는 행동을 해서 빈축을 사기도 했다.

Fucking Hell
http://jakeanddinoschapman.com/works/fucking-hell/
(file source: 작가 웹사이트)

채프만 형제는 학살, 신체 절단 같은 파괴적 행위를 비롯, 삶에 내재하지만 바라보고 싶지 않은 이미지들을 극대화하고, 그를 통해 묘한 시각적 즐거움을 제시했다. 이들의 예술은 바타이유(Bataille)가 주장한 "낮은 유물론"과 일맥상통한다고 볼 수도 있다.[34] 초현실주의 이론에서 발현되었듯이, 인간이 이성적, 이상적, 미학적 존재만이 아니며 이로부터 가려진 물적 존재들, 특히 더럽고 추하고 피하고 싶은 물적 흔적들과 공존한다.

반-이성적 존재이기도 한 인간의 어두운 단면을 감각적이고 자극적으로 드러내 줄 뿐 아니라, 사회, 경제, 역사 안에서의 그 실체를 지적한다는 점에서 이들의 작품은 묵시록적 시각을 강조한다. 그러나 이런 작품이 사회적 종교적 철학적 현실에 대한 반성을 촉구하기보다는 단순한 시각적 충격요법이 주는 선정성에 머무는 것도 사실이다.

---

34 Georges Bataille, *Visions of Excess: selected writings, 1927-1939*, trans. Allan Stoekl (Minneapolis: U Minnesota P, 1985).

Keywords of Contem- porary Art

6.

미술과 디자인
Art and Design

미술과 디자인 Art and Design
: 융합과 변형, 새로움 창출의 가능성 J

본디 응용 장르였던 디자인은 19세기 이후로 순수미술과의 긴밀한 연관성을 강조하면서 예술의 지위로 격상을 시도하였다. 19세기 후반 영국의 미술공예운동(arts & crafts movement)을 필두로, 아르누보와 아르데코를 거쳐 바우하우스에 이르며 단순히 장인의 기예로 평가받았던 디자인은 이제 스스로 아방가르드 미술의 한 축을 이룰 수 있음을 주장하게 된다. 그러나 이러한 경향은 20세기 중반을 기점으로 조금씩 수그러들게 된다. 재료와 형태를 과감하게 실험하던 러시아 아방가르드가 소비에트 연합의 정치적 이익을 대변하는 역할로 제한되면서, 사회적이면서도 실용적인 기능을 지향하던 새로움의 추구라는 맥락을 상실한다. 비슷한 시기에 독일의 바우하우스 역시 나치의 압박에 의해 자유로운 예술적 동력을 상실하고 교육체계까지도 와해되는 과정을 겪게 된다. 외부로부터의 일련의 압박에 의해 모더니즘 미술이 형식적인 측면을 강조하게 되면서 디자인을 비롯한 미술 전반은 탈정치, 탈일상의 경로를 밟게 되고 실질적인 경제적 생산 분야와 결별하게 된다.

그러나 1980년대에 이르자 이러한 경향에 변화가 생겨나며 디자인과 미술이 결합하는 새로운 방향이 모색되기 시작한다. 당시 조성된 두 가지 조건에 의해 더욱 활기를 띠게 되는데, 그중 하나는 개념미술을 거치면서 미술에 있어 재료와 매체의 다양성이 확보되었다는 것이며, 다른 하나는 디자인과 미술, 두 장르 사이에 자리했던 감상의 제도적(institutional) 장벽이 제거되었다는 점이다. 이미 최고의 권위를 자랑하던 미술관에서 디자인 관련 제품 전시가 열리고, 관객을 끌어들이기 위한 대중적 소재의 전시도 이어지고 있다. 미술관은 모던한 디자인 결과물을 비롯, 그래픽 디자인, 패션, 가구, 탈것(모토사이클, 자동차, 기관차) 같은 프로덕트, 약, 인형, 작품 프레임 등 다양한 소재들로 전시의 범위를 넓히고 있다.

이뿐 아니라 이제 순수미술 작가들 역시 디자인 분야에 참여하기 시작하였다. 이미 올덴버그(Oldenburg) 같은 팝아트 작가들은 자신의 작품을 판매하는 상점을 운영했고, 워홀(Warhol)은 **《American Supermarket》전(1964)**에서 실재 상품과 그것을 모티브로 제작한 작품들을 함께 전시했고, 키스 해링(Keith Haring)은 작품의 이미지를 일상적인 상품으로 제작해서 상점을 열어 판매하기도 했다. 한국에서도 순수 미술가의 이미지를 가전제품을 비롯한 여러 장르의 상품에 결합시키는 시도를 해왔다. 이는 미술과 디자인이 다르다는 것을 강조하여 오히려 상품 가치를 상승하게 하여 판매율을 높이는 전략을 채택하는 것으로,[35] 두 장르 간의 융합 시도는 앞으로도 계속될 것으로 예상된다.

문화도 경제 논리로부터 자유로울 수 없는 '문화산업'의 거대한 흐름 안에 놓여있기에 순수미술도 점차 자본의 선택에 의해 평가받고 있다. 그러한 상황을 부인하면서 동시에 상업적 이득을 꾀하려는 전략하에서 미술의 일상 용품과의 접목이 이루어지고 있다. 해외에서도 유명 작가와 패션 브랜드의 활발한 협업이 이루어지고 있다. 카우스와 유니클로, 무라카미 다카시, 리처드 프린스, 야요이 쿠사마와 루이비통, 마크 로스코와 질 샌더스, 제프 쿤스와 스텔라 매카트니 등, 예는 너무나 많다.

"현대 담론에서 디자인의 출현은 기술과 예술 간의 간극을 연결시켜주는 가교이다 (...) 디자인은 '새로운 대안적 세계를 생산'할 수 있다"는 디자인 이론이 있는가 하면 다른 한편에서는 디자인을 "생산물, 생산체계, 생산자, 소모품, 소비에 관한 것"으로 보고, 그것이 기존의 미

35 Hal Foster, *Design and Crime* (NY: Verso, 2002).

American supermarket
https://www.artsy.net/artwork/henri-dauman-andy-warhol-the-american-supermarket-nyc-1964
(artsy.net)

술이 위치한 자리를 탐하며 그 순수성을 전복시키게 될 두려운 존재로 해석하며 우려를 내비치는 이론가들도 있다.[36]

우리 시대의 디자인은 분명히 문화적으로 뿐만 아니라 경제적으로도 권력에 가깝게 놓여있지만, 자기 비평의 대상에서 제외되어 있다고 할 수 있다. 현대 디자인을 구성하는 것은 자본과 소비이고, 상업적 가치로 평가받기 때문에 그것의 변화의 기저에는 오직 대중의 선택이 있을 뿐이다. 끊임없이 새로움을 시도 해야하기 때문에 디자인 안에는 자본주의의 성격인 정신 분열증적 표상이 내재할 수밖에 없다.[37]

미술에서 탈-경계 및 탈장르에의 시도는 꾸준히 존재해왔다. 이미 20세기 전반부터 '총체미술(Gesamtkunstwerk)'이 음악, 연극, 패션, 디자인 등과의 연합을 시도했다. 개념미술을 전후하여 이런 경향은 더욱 왕성해졌고, '실시간', '현재성'이라는 연극적 요소와 공간적, 매체적 혼성 등이 자주 시도되었다. 앞서 살펴보았듯이, 이후 디자이너들이 소비에 적절한 기능을 배제한 방식의 작품을 제작하기도 하고, 반대로 미술가들이 디자인 영역에 참여하여 결과물을 내기도 한다. 대표적인 탈-형식적 타이포그래피의 대가인 데이비드 카슨(David Carson)은 가독성을 포기하거나, 기능적 타이포그래피를 거부하였고, 제품디자인으로 잘 알려진 에토레 솟사스(Ettore Sottsass)와 멤피스 그룹(Memphis Group) 등도 기존의 보편적 디자인 공식에 위배되는 작품들을 제작했다. 스위스 건축가인 피터 줌터(Peter Zumptor)는 낡은 건물 잔해 등을 부분적으로 남겨두고, 불을 질러 건물의 내벽을 완성하는 등, 기존의 건축에서 시도하지 않았던 제작 방식과 결과물을 완성해낸다. 건축을 전공한 고든 마타 클락(Gordon Matta Clark)을 비롯한 '아나키텍처(anarchitecture)' 그룹은 개념미술에 동참하여 건물을 해체하는 과정을 미술로 담아내는 탈권위적, 탈관습적 시도, -예를 들어 **〈바로크 오피스(Office Baroque)〉**(1972)

---

36 위와 같음.

37 진휘연, 「미술과 디자인의 통합: 무라카미 다카시의 미술상품과 욕망」『미술사와 시각문화』7, 2008.

로 주목받았다.

앞으로 미술과 디자인의 결합은 더욱 확대될 전망이다. 그러나 융합이나 교차에는 영역 간의 실체와 본질에 대한 규정하기 어려운 애매함에 대한 저항이 내재할 뿐 아니라, 동시에 두 영역 간의 완전한 섞임 자체가 불가능하기에, 한쪽의 이론적 또는 실천적 주도로 이루어지는 일종의 포섭 현상을 벗어나기 어렵다. 그렇다고 해서 제3의 형식이 발생할 가능성도 낮은 것으로 보인다. 오히려 통합의 흐름 뒤에서 분열과 분리, 각 장르의 개별성이 더욱 강조될 수도 있다. 그러나 이와 같이 경계를 가로지르는 작품들이 분명히 존재하고, 이들이 동시대 미술의 한 경향을 보여준다는 점에서 의의를 갖는다고 할 수 있다. 산업이 주도하는 자본 중심적 실천과 실제 작업에 사용되는 오브제들의 발달에 대한 미술계의 반응이 다양한 방식으로 드러나고 있다. 본문에서는 특히 이 분야에서 선도적인 몇몇의 작가들을 논의하고 있다.

장 미셸 오토니엘 Jean Michel Othoniel (1964~)
: 공주님의 목걸이, 그 안에 깃든 아픔
공예, 디자인, 신화가 빚은 상징물 J

물질의 승화, 변화, 메타포를 강조함으로써 서사를 넘어서는 상징성을 부각시키고, 화려하고 공예적인 장식성을 강조하는 오토니엘은 장인의 전통과 21세기의 단순한 미감의 균형을 갖고 있다. 그는 1992년 카셀 도큐멘타에서 유황(sulfer)을 이용한 조각 작품을 전시하면서 널리 알려지게 되었다. 유리와 유황은 모두 열에 녹고 변형, 가공되면서 다양한 모양으로 재탄생한다는 점에서 그의 작품을 대표하는 소재

Office Baroque
https://www.macba.cat/en/exhibitions-activities/exhibitions/gordon-matta-clark-office-baroque-portfolio (MACBA 사이트)

이자, '기억과 여행'이라는 작가의 개인적인 개념을 상징하고 감각적인 아름다움을 나타낸다.

오토니엘은 공예, 디자인, 미술에 뿌리를 두고 가구/건축/조각/장신구 등 여러 장르의 특징을 통합시킨다는 점에서 흥미로운 작가이다. 장르 간 통합 -공예, 건축, 순수미술, 디자인, 조각, 기념물-과 범주와 경계를 가로지르는 탈-장르, 탈-규범성을 갖는다. 성 정체성과 관련된 자전적 이야기와 그를 둘러싼 역사를 작품의 주제로 부각하면서 개인적이고도 공동체적인 서사를 복합적으로 구축했다. 가장 개인적인 주제를 표현하고, 전통적인 미학적 범주 안에서의 예술을 구현하여 장식적이고 키치스러워 보이면서도 종교적인 의미가 강조되고, 개별적이면서도 공유된 취향이 내재한다.[38] 목걸이, 배, 침대, 꼬인 매듭 등이 작품의 주요 형태가 되는데, 작가는 화려한 색색의 유리들로 덮인 침대와 나무, 계단과 난간, 왕관처럼 올라간 덮개 등을 통해 위엄을 나타내거나 권력을 대표했던 상징물에 버금가는 이미지로 변형시켰다. 유년기 읽었던 동화 속 장면을 연상시키는 그의 작품들은 관객들에게 과거로의 여행을 또는 임시적으로 존재하는 환상의 공간을 제공한다.

오토니엘은 생테티엔느(saint-Etienne)에서 출생, 파리에서 작업하고 있다. 그는 미술고등학교를 졸업하고 1992년 카셀 도큐멘타에 참여하는 등 작가 활동을 시작했다. 주재료인 유황(soufre)은 숨(souffle), 고통 받다(souffirir), 허약한 (souffreteux) 등과 유사하게 발음된다. 작가는 단어의 의미를 신중하게 받아들여서 그가 선택하는 제목, 소재, 형식에 일관성을 강조해왔다. 또 다른 주요 소재인 유리도 숨을 불어넣어 만드는 작업 방식에서, 하나님이 흙으로 사람을 만들고 그 코에 생기를 불어넣었다는 창세기 구절과의 유비를 갖는다. 동성애자로서 개인적 고통이나 소수자로서의 불안정한 위치는 가변성과 유연함, 열과 호흡, 생명력 등의 또 다른 이름, 유황과 유리에 투

---

38 Edmund White, "Jean-Michel Othoniel, The Interpretation of Desires," *Parkett* 52, 1998.

사되고 작가가 의도한 가장 중요한 개념을 상징적으로 대변해준다.

오토니엘은 1997년 베니스 페기 구겐하임 미술관의 전시를 준비하면서 무라노 섬의 유리장인들과 협업했고, 미술관의 정원을 전시장으로 사용하면서 자신의 작품과 어울리는 중요한 성격을 깨닫게 된다. 그의 유리작품은 자연 안에서 더 많은 광채와 투명함, 그리고 신비한 아름다움을 만들어냈다. 그는 페기 구겐하임 미술관 정원의 나무들에 자신의 거대한 목걸이를 걸었고 1996년 로마의 빌라 메디치의 대나무 정원에도, 1999년 그라나다의 알함브라 궁에서도 이 작품을 걸었다. 〈**목걸이(Necklace)**〉**(1997)**는 수메르 이슈타르(생명 여신) 신화에 기초하여 여신이 착용한 보석으로 보호와 치유, 생명을 암시한다. 또한 성경의 창세기에 등장하는 금단의 과일과 유사한 것으로 간주하여, 내부에 생명을 포함하고 있다고 보았다. 그 생명력이 나무와 주변 풍경으로 확장되고 서로 간의 유기체적 통합을 이룬다.

인공적이고 장식성이 강한 오토니엘의 작품이 근본적인 생명 주의로 변환된다는 주장은 매우 주관적이라 객관성을 갖는지는 판단하기 어렵다. 이런 부족한 논리성을 만회해주는 부분이 작가의 개인적 삶이다. 동성애자인 작가는 상처, 아픔이라는 화두를 제시하면서 1997년 "흉터 목걸이"를 제작했는데 작고 붉은 유리 목걸이를 만들고 누구라도 원하면 그것을 착용하고 자부심을 느낄 것을 권했다. 그가 목걸이를 제작하게 된 계기는 1997년, 펠릭스-곤잘레스 토레스 사망 1주기를 추모하면서부터였다. 런던에서 열린 유로프라이드에 토레스를 추모하는 퍼포먼스를 기획한 오토니엘은 퍼레이드에 참여한 8시간 동안 자신의 트럭에 오르는 모든 이들에게 목걸이를 걸어주고 그

Necklace
http://www.imagine-art-services.com/clients/2782/fichiers/photos/5175753oe1898.jpg (file source: image art service사이트)

Necklace
https://www.perrotin.com/artists/Jean-Michel_Othoniel/g/necklaces-tree/15632 (Perrotin gallery)

들의 사진을 찍었다.[39]

성에 대한 작가의 이해가 반영된 **〈헤르마프로디토스(L'Hermaphtodite)〉(1993)**는 "잠자는 헤르마프로디토스"라는 2세기 조각(루브르 소장)에서 기본 형체를 가져오고, 성 정체성 담론에 기초해 어떤 성적 특징으로도 귀결되지 않는 특이한 인체를 작품으로 제작한 것이다. 신체 기관 중 특정 부위만 노출되고 자웅동체의 형상이기도 하고, 위치에 맞지 않는 육체 기관이 나타나는데, 예를 들어 여러 개의 유두들이 몸통 중앙에 집합을 이룬다. 오토니엘의 모호하며 추상적이고 혼성된 이미지는 개인의 상상력과 욕망을 결합한 결과이며 동시에 자신의 성 정체성의 억압되고 분열된 단면에 대한 저항을 드러낸다고 하겠다.

2000년, 파리 지하철 개통 100주년을 맞아 오래된 역의 입구를 재구성하는 작품 선정이 열렸고, 여기서 최종 선발된 오토니엘은 파리의 루브르 미술관 역 출입구에 〈밤의 정자(Kiosque des Noctambules)〉를 만들었다. 그는 유리와 알루미늄으로 만든 큰 왕관 2개와 벤치를 디자인해서 역 입구를 전혀 다른 공간으로 전환시켰다. 지상과 지하, 어둠과 빛, 밀폐된 곳과 열린 공간 등의 경계를 이어주는 지하철역의 이미지와 밤의 느낌을 결합시킨 오토니엘은 공예적 디테일을 통한 모던한 느낌 전달에 성공했으며, 공공미술의 일반적 기대를 장식성을 통해 풍성하게 충족시켰다. 또한 아르 누보를 연상시키는 곡선과 유기체적 이미지는 과거로의 화려한 여행을 유도하고, 이는 마치 관객들의 유년기 유희로 돌아가는 듯한 향수를 자극하기도

---

39 대규모의 동성애자 퍼레이드로, 트럭에 올라 목걸이를 걸고 찍은 사진이 모두 1001장이었다. 당시 프랑스에서는 동성커플간의 결합을 공인하는 "시민연대협약(PACS: pacte civil de solidarité)" 법안의 통과를 위한 투표를 앞두고 있었다. 작가의 시도는 이런 공론화에도 도움을 주었다고 하겠다.

L'Hermaphtodite
https://www.perrotin.com/fr/artists/Jean-Michel_Othoniel/g/lhermaphrodite/15494
(file source: Perrotin gallery)

했다.

2003년 카르티에 재단 전시와 마이애미 모카(MOCA)를 위해 제작한 **〈크리스탈 궁전(Crystal Palace)〉**은 유리 세공기술의 섬세한 표현을 최대한 발휘한 그의 대표작으로서, 조각, 디자인, 공예, 순수미술의 요소가 하나로 통합되었다. 화려한 색의 유리 구슬로 만들어진 침대와 난간, 지붕 장식은 동화의 현현이자 성적 오브제, 또는 연금술의 상징으로 보인다. 카르티에 재단 미술관 건물의 특성상 유리창을 통해 외부에서 바라보면 오토니엘의 작품은 투명한 공간 안에 존재하는 실체 없는 환영처럼 보일 정도로 몽환적이고 베일처럼 가볍다. 마치 로코코 회화의 장식성을 입체로 구현한 듯하다.

그가 꾸준히 사랑받는 것은 유리 작업의 미적 완성도가 매우 높고 다양한 형태와 색감을 자유롭게 구사하는 그의 상상력 때문이다. 화려하면서도 투명한 유리 공예의 아름다움은 어떤 관객이라도 매력을 느낄 만하다.

오토니엘은 점차 미술의 범주가 확장되고 이질적인 소재, 형식, 표현들이 융합되는 시기에 장신구를 연상시키는 소재의 적절한 사용으로 큰 반응을 불러왔다. 유리로 된 목걸이나 구슬의 연결이 여성의 가슴이나 과일을 연상시키기도 하고 전통적인 의미로 풍요와 다산을 의미할 수 있지만, 실제 그의 작품이 상징적 역할을 하는지는 의문이다. 그보다는 지나치게 화려함과 공예와 순수미술의 경계를 왕래하는 생경함이 그의 작품을 관통하는 인상에 가깝다. 아르누보를 비롯해서 미술사에서 디자인과의 경계가 모호한 장인적인 작업들이 존재했음을 기억하면, 오토니엘 작품이 이런 경향의 계보를 잇는다고 할 수 있다. 파스텔 톤의 환상적 꿈을 직접 경험하는 듯한 작품들에서 오토니엘의 감각과 철저한 신념을 통한 의미 부여의 결과를 느낄 수 있

Crystal Palace
https://www.gettyimages.ca/detail/news-photo/the-crystal-palace-of-jean-michel-othoniel-at-the-news-photo/110970174
(file source: gettyimages 사이트)

으며, 그의 작품이 현대미술의 혼성성의 측면을 부각시키고 있음은 자명해 보인다.

호헤 파르도 Jorge Pardo (1963~)
: 트로피칼 색상의 이국적 환상이 기능과 규범을 무의미하게 만들다 J

파르도는 건축, 가구, 제품, 인테리어 디자인의 영역을 순수미술과 결합시키고 유용성의 차원을 넘어선 특이함, 개별성을 획득한다. 미술과 미술이 아닌 것, 가구와 가구가 아닌 것, 장식과 장식이 아닌 것 사이에 존재하는 그의 작품은 미국 서부 미술 전통과도 결부되어서, 미술창작의 양식적 규범으로부터 비교적 자유롭고 밝고 화려하면서도 친근한 모습을 갖는다. 특히 조각/디자인/건축이 융합된 그의 작품은 장식성이 강하고도 심미적 형상을 갖춘 채 미술관을 벗어나 인테리어의 일부이자 건물의 구조로 기능하기도 한다. 램프, 타일, 스크린, 벽지, 액자 프레임, 의자, 난간, 블라인드 등 실용적인 용품을 만들고 전시장과 일상 공간 간의 경계의 와해와 새로운 경험의 장을 제공한다.[40]

1967년 쿠바, 하바나 태생인 작가는 시카고의 일리노이 대학에서 생물학을 공부했다. 이후 LA의 아트센터(art center)에서 회화를 전공하고 1988년 졸업 후, 강의와 학교 도서관 사서를 병행하면서 작품을 제작하기 시작했다. 1980년대 후반은 개념미술의 강한 흐름 안에

40 Michelle Granber, "Jorge Pardo: Living without Boundaries," *Sculpture* 16:10 (Dec. 1997)

Pier
https://www.skulptur-projekte-archiv.de/en-us/1997/projects/24/

있었던 시기로 파르도는 미술의 탈 영역, 탈 범주를 연구하고 이를 바탕으로 작업했다. 초기부터 그는 공간에 대한 실험과 구체적 오브제의 제작에 집중했는데, 미술관의 도서 열람실을 위해 만든 c형 탁자, 전등, 의자, 1997 뮌스터(Münster) 조각 프로젝트를 위해 40미터에 달하는 **〈부두(Pier)〉** 등을 만들었다.

쿠바 태생인 작가는 열대의 느낌을 전하는 캔디 칼라(사탕을 연상시키는 원색)를 사용하여, 고전적인 세라믹 타일, 사이키델릭한 패턴이 들어간 벽지와 유기적 조형성을 갖는 램프를 만들거나, 베니어합판을 이용한 선이 가늘고 끝이 날카로운 가구 등을 제작했다. 1990년대 후반부터는 이런 소재를 이용하여 대학도서관, 식당, 바 등에 영구 설치 작품을 발표했다. 파르도 작업의 특징을 잘 보여주는 것으로 2000년 뉴욕 디아 아트센터에서 열렸던 전시 **《프로젝트(Project)》**를 꼽을 수 있다.

파르도는 디아 아트센터 2천5백 피트의 미술관 로비와 전시 공간 입구, 서점을 다시 디자인했다. 이미 존재했던 알바스 알토(Alvas Aalto)의 환자의 방과 옷장, 폭스바겐 뉴-비틀 자동차, 그리고 책장과 가구들이 놓여있는 상태에서 자신의 스타일로 로비와 책방을 다시 만들고 전시를 위한 공간을 디자인하면서 이들을 모두 통합하는 불가능해 보이는 작업을 시도했다. 파르도는 쿠바의 아열대기후가 보여주는 경쾌하고, 화려하고, 흥분된 듯 보이는 색채의 세라믹 타일을 전체 바닥과 기둥에 붙였다. 이들이 공간 간의 연결과 통일성, 그리고 시각적 강조점을 제공해주었다. 이에 맞춰서 벽과 전시물들은 간략화하고 기존에 존재하던 가구나 오브제를 배치함으로써 이국적인 느낌의 새로운 공간으로 변화시켰다. 이 모든 것 뒤로 보이는 벽면은 다른 작가의 작품이 더해질 수 있는 빈 공간으로 남겨놓았는데, 알록달록하게 장

Project
https://diaart.org/media/w1050h700/webimages/par-project-2000-vw-crop.jpg
(file source: 디아아트센터 사이트)

http://www.jorgepar-dosculpture.com/imag-es/bookstorelotran.jpg
(file source: 작가 사이트)

식된 다른 부분에 비해 존재성이 더욱 부각되었다. 파르도의 공간 디자인은 이후 디아 아트센터의 몇몇 전시에서도 계속 유지되었고, 다른 작가들과의 협업으로도 소개되었다.

파르도의 작품은 당시에 지나치게 가벼워 보였고, 오브제나 대상들을 '이어주는 작업'이란 개념 자체가 매우 이색적이었으며, 주로 노랑과 주황이 주도하는 원색의 조합도 생경했다. 추상회화나 조각도 아니지만 온전히 실용성이 부각 되지도 않은 점에서 파르도의 시도는 분명한 장르를 벗어난 것이었다. 기존 영역으로 수렴될 수도 없고, 미학적 수준이나 평가도 애매하여 어떤 것으로도 규정될 수 없는, 장르와 규범의 적용에 대한 도전으로 보였다. 그 이질성이 수용되는 데에는 이후 일어난 건축/디자인/미술/공예, 기타 분야 간의 영역파괴 흐름이 도움을 주었다.

파르도는 작고 사소하여 작품을 위한 부수적인 환경으로 인식되던 바닥과 벽의 타일을 작품으로 부각시켰다. 8개의 색채와 4개의 크기로 세라믹 타일의 생산은 정해졌지만, 조합과 구성을 선택할 수 있어서 배치의 변화가 가능했다. 예를 들어, 바닥 타일의 길고 가느다란 틈새에 작은 조각(piece)들을 끼워 넣어 단순한 반복과는 구분되는 유동적인 변화를 이루었고 공간의 분리와 통합을 이루는데 중요한 요소로 활용했다.

오렌지 톤이 주도하는 도자기 타일로 덮인 기둥들은 그것이 지지하는 무게나 육중함을 가려주면서 시각적으로 커튼이나 추상회화와 유사하게 보이는 효과를 주었고, 마르셀 브로이어의 바우하우스 의자들과 테이블의 여러 모양, 서가의 책들, 방문자들의 옷차림 등 다양한 변수들과도 잘 어울렸다. 이로써 순수 분야와 실용의 경계를 허물면서 일상의 기능적 공간에 작가 정신을 투입시켰다는 평가를 끌어냈다.

그러나 이런 설명은 오히려 그의 작품을 축소시키는 듯 하다. 파르도는 디자인의 독자성을 모호하게 만들었다. 그의 작품에서 디자인을 하나의 구성요소로 설명하는 것 자체가 무의미하다. 파르도는 디자인과 순수미술의 관계가 아니라 전시장 전체를 사용하여 공간적 감성의 실현에 초점을 두고, 통일된 특징을 도출하는 어떤 규범으로부터도 자유롭기 때문에 장르나 요소들 간의 관계에 대한 분석이 크게 의미 없다. 디자인과 순수미술의 특징을 나열하고, 기능과 탈 기능으로 양분하는 것은 전통적인 분류방식이다.

파르도는 장르뿐 아니라, 재료의 성격, 기능, 효과 등에서 관습적 시각을 벗어나고, 전시장을 전체적으로 폭넓게 사용하였으며 장소-특정성(site-specificity)을 고려하지만 그 곳의 의미나 작품의 목적에 초점을 맞추기보다 감각적인 설치작업을 지향한다는 데 개성이 있다. 그의 작업을 통해 책방의 독립성과 로비, 전시장 간의 개별성, 통일성이 공존하게 되었고 전체 미술관은 낯선 특이한 장소로 변신했다.

파르도는 경계를 오가며 미술의 통합적 성격을 탐구함으로써 그것을 위한 구체적 틀과 사용자가 직면하는 공간의 문제에 관심을 보였다. 1998년 LA MOCA의 커미션으로 제작한 주택 **〈홈 워크(Home Work)〉**는 전통적인 건축, 디자인의 요소에 충실하기보다는 나무가 주로 쓰인 조각, 오브제에 가까운 작품이다.

이 건물은 공공성을 지니는 사적 공간으로서, 전시장이기도 하지만 미술품이 없는 그냥 건물이기도 하다. 미술관의 제도적 상황- 제복을 입은 경비원, 관람 시각 알림판 등-은 존재하지만, 미술작품인지 알 수 없는 모호하고 기능이 불투명한 건물을 제시한 것은 건축과 오브제, 미술작품 간 경계에 대한 우리의 편견을 해체해 준다.

현재 시각적 다양성과 물질적 풍요를 만끽할 수 있는 LA에 거주하고 있는 파르도는 작품을 진행할 때 가변적, 즉흥적인 방법을 자주 쓴다. 한국에서 열린 개인전에서는 회화와 컴퓨터 드로잉 17점, 조명 설치 작품과 타일, 디지털 드로잉 벽화 등 다양한 장르와 매체의 작품들을 선보인 바 있다. 멕시코 유카탄 정글에 **〈테코(Tecoh)〉**건축이

Home Work
https://www.artforum.com/print/199809/home-work-jorge-pardo-32418 (artforum)

라 불리는 집을 지었는데, 고대 마야 문명의 도상과 자신의 모든 예술적 스타일을 적용한 유토피아적 예술관을 반영한 종합적 작품이자 건물이다. 제작에 약 6년 간의 시간을 들인 파르도 예술의 집약이라 할 수 있다.[41]

파르도의 작품은 어떤 것으로도 환원되기 어려운 '사이 존재'이다. 특징적인 속성, 기능이 부각되기도, 무효화되기도 한다. 그의 작품들 하나하나가 이전과 다른 담론을 요구한다는 점에서 관객이나 사용자들과 각각 개별적인 관계를 형성한다. 이런 특수성의 경험과 담론화를 지향하는 파르도가 가장 동의하지 않는 것이 삶과 미술, 사적, 공적, 미술과 실용품 등의 이분법적 분류일 것이다. 단순히 디자인의 확산을 지향하지 않는 그는 따라서 이들과 타 장르 간의 융합을 원하지도 않는다. 파르도는 심각하고 진지한 규정 자체에 대해 반대하고 있기 때문에, 그의 작업은 탈 범주와 탈경계에 가장 적절한 예가 된다고 하겠다.

안드레아 지텔 Andrea Zittel (1965-)
: 생태적 삶과 미니멀리즘 취향의 개념적 디자인 Y

지텔의 작업은 기본적으로 한곳에 정주하지 않고 돌아다니고 싶은 사람을 위해 가구와 집, 운송 수단을 만드는 것이다. 미니멀한 삶을 위해 간결한 도구나 이동하기에 편한 도구를 디자인한다. 이 도구들

---

41 Diane Solway, "Jorge Pardo: A World of His own," Wmagazine, 2013.10.8. http://www.wmagazine.com/story/jorge-pardo-tecoh-artist-and-architect (2017.1.6. 접속)

Tecoh
https://www.wmagazine.com/story/jorge-pardo-tecoh-artist-and-architect
(file source: W magazine)

은 보통 A-Z 라는 명칭을 달고 있는데 마치 그 도구의 기능에 대한 모든 것을 담고 있는 것 같다. 그도 그럴 것이 지텔이 이러한 도구를 만드는 이유는 삶을 유지하기위해 필요한 공간이 그 자체로 자족적이어야 하고 사용하기 쉬워야 한다는 철학 때문이다. 한편에서 볼 때 지텔이 만든 작업은 개념적 디자이너의 것이라고 보일 수도 있다. 그러나 이미 예술과 디자인 사이에 경계가 사라지고 있는 오늘날 지텔의 작업을 이해하기 위해서는 그가 만드는 것이 쓸모 있는 것인지 아닌지에 주목하기보다는 왜 그렇게 이동하기 좋은 수단을 만드는지 이유를 찾는 것이 중요하다.

지텔은 남을 위해 이동하는 집을 만들기도 하지만 스스로도 이동하면서 살고 있다. 1994년 뉴욕의 브루클린에 만들었던 〈A-Z East〉는 모던하면서도 기능적인 가구로 된 실내로 가구들은 다른 기능으로 바꿀 수 있게 되어 있었다. 이곳은 그가 직접 살기도 했지만 찾아오는 관객도 공간을 경험할 수 있었다. 최근에 만든 〈A-Z West〉는 미국 서부 모하비 사막 한 가운데에 만들어진 집이다. 사실 거창한 집이라기보다 언제든지 해체해서 이동할 수 있는 소규모의 간이식 주거공간이다. 그러면서도 그 안에는 그녀가 사용하는 침실, 부엌, 작업공간이 모두 갖춰져 있고, 작은 공간에 적합한 식기, 가구가 갖춰져 있다.

〈A-Z West〉와 더불어 설치된 〈A-Z Wagon Station〉은 원래 캠핑용 차량 스테이션 웨건에서 비롯된 것으로 바퀴는 없지만 스테이션 웨건처럼 그 안에 사람이 임시 거주할 수 있는 시설과 공간을 확보한 시설이다. 이미 제작된 것만 17개가 넘는데, 이 시리즈는 각각의 시설이 주문자의 요구에 따라 특수하게 디자인될 수 있으며, 사용하지 않거나 이동하고자 할 때는 접었다가 필요할 때 다시 설치할 수 있게 되어 있다. 각각의 모델은 1-4명 정도가 들어가 잠을 잘 수

A-Z West
https://www.zittel.org/az-west

있으며, 일단 완성이 되면 주문자에게 보내기도 하고 지텔의 〈A-Z West〉가 설치되어 있는 모하비 사막에서 게스트하우스처럼 활용되기도 한다.

이러한 기능성 장치를 만들려면 새로운 재료와 제작 방법을 연구하고 개발하는 것은 필수적이다. 이때 고려해야 할 것은 장치의 이동성 외에도 날씨, 온도, 예산, 용이성 등과 같은 여건, 그리고 주문자의 개성도 포함된다. 따라서 지텔의 작업은 우리가 보통 알고 사용하는 집과 캠핑용 차가 아니라 특별한 고객을 위해 제작된 것으로 지텔과 그 고객이 공유하는 가치는 언젠가 우리가 자원과 공간이 한정된 환경에 처할지 모른다는 우려, 미래에 대한 적극적 대비라고 할 수 있다.

처음에 자신이 사용할 도구와 공간을 디자인하면서 시작된 지텔의 호기심은 점차 인간의 삶의 여러 측면을 연구하고 그 연구를 통해 인간을 위한 공간 탐구로 이어지고 있다. 그녀에게 창작이란 바라보는 대상이 아니라 사용하고, 즐기고 새롭게 바꿀 수도 있는 것으로 우리의 삶의 공간에서 할 수 있는 모든 일을 의미한다.

지텔은 1990년 로드 아일랜드 스쿨 오브 디자인(Rhodes Island School of Design)에서 석사 학위를 받은 후 1992년 'A-Z Administrative Services'를 설립하면서 현재 프로젝트를 시작하였다. 이것은 일종의 회사로 이 회사를 운영하면서 지난 20년간 만든 가구, 장치, 임시주거 공간 등이 나왔다. 도시 공간과 소유의 욕망에 갇힌 현대인에게 역으로 미니멀리스트적인 도구와 장치들을 선보이면서, 그러한 정주와 욕망의 현재로부터 탈출할 수 있는 가능성을 보여주는 동시에 대안적 삶을 제시한다.

따라서 지텔의 철학은 삶이 인간 개개인의 자유를 실현할 수 있는 토대가 되어야 하며, 한 인간이 가진 소유물과 주거환경은 그 인간의 가치관과 행위에 영향을 미치기 때문에 인간을 속박하는 공간과 소유물로부터 탈피할 수 있어야 한다는 것이다. 그가 제작한 모든 것들은 바로 이러한 탈출과 새로운 대안적 삶을 원하는 이들을 위한 해결

책이기도 하다.

이 제작물은 소규모로 특별히 창안한 것이라는 점에서 기존의 예술과 다르다. 그의 작업은 제도 속에 갇힌 예술이 아니라, 광활한 사막에서 자연과 벗삼아 인간이 최소한의 재료로 최소의 노동을 거쳐서 저렴하면서도 기능적인 공간을 사용할 수 있고, 그 안에서 자연의 변화와 환경에 대처하는 도구를 제공하는 데 목적이 있다. 이때 예술, 건축, 디자인이 융합되면서 과거에 볼 수 없었던 혁신적인 면모를 보여준다.

그녀가 하는 일 중에는 옷을 만드는 일도 있다. 상품으로 만든 옷을 구매하는 것이 아니라 직접 손으로 짠 옷을이다. 날마다 갈아입으며 소유물을 과시하고 이미지를 모방하는 도시인의 삶이 아니라 자신의 노동과 창의력을 투여한 옷을 통해 몸을 보호하고 자신을 드러내는 기본 장치를 보여준다.

그 외에도 지텔은 2002년부터 '하이 데저트 테스트 사이트(High Desert Test Sites)'를 진행하고 있는데 자신이 자주 머무르는 모하비 사막 인근에 다른 예술가를 초대하곤 한다. 사막지대에서 실험적인 예술 프로젝트를 진행하며 이 지역에 대한 관심을 이끌고 있다.

"나는 항상 운송 컨테이너가 가진 모듈 형식에 관심이 많았다. 컨테이너는 사막 지역의 집이라면 보통 뒤뜰에 다 있는 것이다. 집에 물건이 많아지면 운송 컨테이너를 구해서 그 안에 물건을 보관한다. 거의 쓰레기장 같다. 그러나 나는 바로 그렇게 쓰레기 더미처럼 쌓인 지역 특색이 밴 건축물에 관심이 많이 갔다. 왜냐하면 그것들을 보기 좋게 만들려면 노력을 많이 해야 하기 때문이다." (지텔, 2011년 인터뷰에서)

카우스 Kaws (1974~)
: 순수 미술계의 균열 또는 대안
상품에서 끌어낸 자본을 하이아트로 연결시킨 캐릭터 장인 J

브라이언 도넬리(Brian Donelly), 또는 카우스(Kaws)로 불리는 그는 애니메이터로 시작했지만 그래피티 작가로 활동하면서 자신의 영역을 회화, 조각(입체작품), 장난감, 의류, 운동화, 스케이트보드 데크, 가수의 앨범 자켓 등으로 넓혔다. 1990년대부터 시작한 캐릭터 작업을 일본의 장난감 회사 바운티 헌터(Bounty Hunter)가 대량 생산하면서 대중에게 알려지게 되었다. 이후 상업 분야와 순수미술 사이에서 활동했는데 유럽과 아시아 미술관에서 전시를 이어가기도 하지만 자신의 캐릭터 장난감을 웹사이트에서 계속 판매하기도 한다. 그의 작품을 소장한 유명인들과의 교류로 인해 지명도가 올라갔고 그의 소셜미디어 팔로워 규모(약 400만명)가 커지면서 영향력을 인정받고 있다. 파렐 윌리암스(Pharell Williams), 퓨디파이(PewDiePie 유튜버), 스위즈 빗(Swizz Beats 음악 프로듀서), 한국의 BTS 등이 그의 작품을 다수 소장했다. 예술계에서는 그를 대량 생산물을 파는 사람, 젊은이들이나 좋아하는 가벼운 인물로 보았지만 그가 디자인한 유니클로 티셔츠 라인이 판매 개시되었을 때 중국에서는 거의 폭동 수준의 광경이 벌어졌다. 서로 옷을 잡기 위해 난투극을 벌였다. 카우스 현상이 존재하는 것이다.

그를 세계적인 작가의 반열로 올려준 것은 2019년 홍콩 아트페어에서의 작품 판매였다. 일본의 대중 예술가이자 카우스와 깊이 교류하고 있는 니고(Nigo)가 자신의 소장품 **〈카우스 앨범(The Kaws Album)〉(2005)**을 판매 의뢰했고 소더비 경매에서 1억 1590만 홍

The Kaws Album
https://news.artnet.com/market/kaws-auction-record-sothebys-1505122
(artnet)

콩 달러 (미화 약 1470만 달러/당시 약 180억원)로 예상가의 약 15배가 넘는 가격에 판매되었다.이 사건을 계기로 그는 미술관, 갤러리에 전시되는 작가로 변신했고 특히 2021년 브루클린 미술관에서 그의 첫 뉴욕 개인전 《카우스: 어떤 파티 KAWS: What party》가 열렸을때 주말 표는 전부 매진되었다. 카우스는 브루클린에 2개의 스튜디오에 조수만 약 120명을 두고 있는데 흥미롭게도 작가가 직접 붓을 들고 그림을 그리는 점이 이슈가 될 만큼 작품 제작에 직접 참여하고 있다.

카우스는 뉴저지 태생으로 뉴욕의 스쿨 오브 비주얼 아트(SVA)에서 일러스트레이션을 전공했다. 졸업 후 애니메이터로서 몇 편의 상업영화에서 배경을 그리는 일들을 주로 맡았다. 그는 고등학교 시절부터 자신의 예명 카우스(KAWS)를 건물 지붕에 그렸는데 대중과의 접점, 인터페이스를 통해 자신을 광고했다는 것이 놀랍다. 작가는 이때부터 친구들과 어울려 밤마다 자신이 살던 저지시티(Jersey City) 바닷가에 그래피티를 몰래 그렸다고 한다. 이런 전력으로 그래피티 작가로서의 활동을 이어갔고 거리의 광고판, 버스정류장, 역, 전화 부스 등에 그래피티를 그렸다.

1990년대부터 자신만의 캐릭터를 반복적으로 사용하기 시작하는데, 미쉘린 타이어의 미쉘린 맨(Michelin Man), 미키마우스를 비롯한 디즈니 캐릭터, 어린이 프로그램인 세서미 스트리트(Sesame street)에 등장하는 인형들, 아톰, 스폰지 밥, 스누피, 피노키오 같은 만화 캐릭터 등을 차용하여 자신의 기호로 변경하는 방식을 쓴다. 그것은 간단한데 기존 이미지에 귀 또는 뼈를 얼굴 옆에 날개처럼 대칭되게 키우고 눈에 X자를 그리는 것이다.

특히 〈동지(Companion)〉는 그의 대표적 캐릭터인데 미키마우스

Companion
https://en.wikipedia.org/wiki/Kaws#/media/File:The_sculpture_%22Companion_(Passing_Through),%22_by_the_artist_KAWS_(Brian_Donnelly)_at_the_Modern_Art_Museum_of_Fort_Worth,_Texas_LCCN2013650780.tif

의 큰 신, 반바지, 장갑의 복장과 큰 얼굴 등을 가져오고 머리에 귀(또는 뼈)가 길고 대칭되게 양쪽에 붙고 눈을 X로 표시했다. 이후 이 캐릭터가 인기를 얻으면서 메이시 백화점의 추수감사절 퍼레이드에도 참석하게 되었다.

〈동지(Companion)〉(Modern Art Museum of Fort Worth)는 동작, 크기, 모양이 변형되며 무수한 버전으로 탄생했는데, 유리섬유, 알루미늄, 목재, 청동, 철, 화학소재 등을 이용하여 작은 것부터 약 10미터에 이르는 것까지 제작했다. 이것은 작가의 대표작이자 캐릭터이고 그의 브랜드 로고이며 작가의 미술작품 전체를 상징하는 성공적인 기호가 된다. 이후 거대한 크기로 제작되어 호수에 띄우는 형태가 한국에서도 전시되었다. 2018년 7월 서울 석촌 호수에는 28미터에 달하는 그의 거대한 **〈동지〉**가 떠 있었다.

그는 다수의 회화도 제작하는데 캐릭터들을 소재로 그리는 구상화도 있고 패턴이 강조된 원색적 추상화도 있다. 주로 아크릴화 또는 스크린 프린트인데 그래피티로부터 출발해서인지 통일성 보다는 이미지가 파편적이거나 이질적인 내용이 섞여 있고 자유로운 구성이 특징이다.

입체 작품, 조형물은 캐릭터의 활용에 주로 국한되지만 카우스의 상업적 활동 리스트는 매우 길고 다양하다. 2013년 도쿄에 문을 연 "Original Fake"는 그의 장난감, 의류, 판본 등 여러 작품을 판매한다. 한국에서도 그의 상품을 판매하는 웹사이트가 제법 많다. 그에게 가장 영향을 많은 준 사람은 일본의 패션 디자이너, 디제이, 기업가, 레코드 프로듀서, 스트리트 웨어 디자이너인 니고(Nigo)다. 니고의 "A Bathing Ape"(Bape/베이프, 의류 업체), Medicom Toy(메디콤, 피규어 업체), Santastic(의류 업체) 등과 협력하여 많은 디자인 제품

Companion
https://mobile.newsis.com/view.html?ar_id=NISX20180719_0000368638#_PA

을 생산했다. 일본의 준 타카하시(Jun Takahashi)의 〈Undercover〉를 비롯, 〈Dior〉, 〈Supreme〉, 〈Burton〉, 〈Comme des Garcons〉, 〈Uniqlo〉, 〈Undefeated〉 등의 의류 업체와도 많은 협업을 했다.

〈Dos Equis〉, 〈Hennessy〉 같은 주류업체, 〈Nike〉 〈Vans〉, 〈DC Shoes〉 등의 운동화 업체, 화장품 업체 〈Kiehl's〉, 〈New Yorker〉, 〈Clark Magazine〉, 〈iD〉 등의 잡지와도 협업했다. 유명 음악가들과의 친분은 유독 많은데, 존 메이어(John Mayer), 칸예 웨스트(Kanye West), 토와 테이(Towa Tei), 쉐리(Chérie), 클립스(Clipse), 트레비스 스콧(Travis Scott), 한국의 BTS, J-Hope 등의 앨범 커버 디자인을 했고, 파렐 윌리암스(Pharell Williams), 드레이크(Drake), 제이지(Jay-z) 등이 카우스가 디자인한 옷을 입고 활동했다.

2017년 뉴욕 현대미술관(MoMA)은 카우스의 〈동지〉 피규어를 한정 수량으로 미화 200달러에 판매했는데, 시작과 함께 전례 없는 트래픽 폭주로 모마 디자인 스토어 웹사이트가 다운되기도 했다. 미술 경매에서도 크게 성공했는데, 2017년 영국 경매회사 필립스(Philips)는 〈앉은 동지(Seated Companion)〉(2011) 청동조각을 411,000 달러 (약 5억 4천만원)에 판매했다. 2018 중국 쇼핑단지에 26피트 높이의 대형 〈Companion〉, BFF 조형물, 2019 브루클린 그린포인트에 〈Waiting〉 조형물을 설치했다.

작가는 자신의 모든 작업이 과거 그래피티와 연결된다고 믿으며 공공미술, 대중과의 넓은 접점을 중요시한다고 말했다. 그는 최근 자신의 캐릭터들이 빛, 온도, 날씨에 반응하는 실제와 같은 이미지를 생성하는 증강현실 앱을 개발하고 있다. AR 방식이고 디지털 공공미술의 범주에 속한다고 할 수 있는데 앱은 무료로 제공된다. **〈Holiday Space〉(2020)**

Holiday Space
https://acuteart.com/artist/kaws/
(acuteart)

다만 이 기술을 이용하여 정품 인증서와 함께 25개 에디션의 가상 조각품도 판매한다. 카우스는 판매에도 깊이 관여한다.

카우스가 미술계의 헤드라인을 장식한 일은 단연 2019년 홍콩 경매이다. 그가 예상치를 훨씬 웃도는 가격으로 회화작품을 판매했을 때 미술계는 당황했다. 니고가 내 놓은 카우스와 협업한 운동화 두 켤레(BAPE 제품)는 125,000 HKD, 한 켤레에 약 $7,950(약 천만원)를 기록했다. 예상가보다 15배 높은 가격에 판매된 〈카우스 앨범(The Kaws Album)〉은 원래 1967년 발표한 비틀스의 〈사전트 페퍼(Sgt. Pepper's Lonely Hearts Club Band)〉 앨범 자켓을 경유하여 심슨스의 〈심슨 노란 앨범(The Simpsons Yellow Album)〉(1998)을 차용하여 만화 인물들을 자신의 캐릭터로 약간씩 변형한 작품이다.

비평가 중에 애니 쇼는 "카우스가 위대한 예술가가 아닌 이유"에서 "브라이언 도넬리의 그림은 소더비에서 1480만 달러에 팔렸지만 그는 개념적으로 파산했다. 그는 여전히 거리예술가이며 (스트리트 패션을 빗댄 듯) 작품은 그만큼의 가치가 없다"고 선언했다.[42]

좀 더 심층 취재한 밀러는 "카우스의 놀라운 상승"에서 도넬리는 블루칩 아티스트가 되었으며 점점 더 모호해지는 상업 예술과 순수 예술 사이의 경계를 넘나든다. 그러나 작품은 문화적 가치가 아닌 억만장자들의 투자처로서의 상황을 보여줄 뿐이다."란 비교적 설득력 있는 평을 내렸다.[43]

미술계는 여전히 카우스를 온라인 인플루언서 정도로 대하는 듯하다. 시장은 이상하고 역사는 아무 의미가 없다라고 한탄한 어느 미술 관계자의 독백은 지금 미술시장을 볼때 크게 틀리지 않다. 브루클린 미술관의 개인전에서는 초창기 그래피티 관련 드로잉, 노트북, 스케치, 거대 설치작업, 가구 등 고전적 미술 전시의 요소를 가져오려고

---

42 Anny Shaw, "Why Kaws is not a great artist?" *The art newspaper*, 2019.4.3

43 M.H. Miller, "The Surprising Ascent of KAWS." *The New York Times Magazine*, 2021.2.9.

최선을 다한 듯 보인다.

〈동지〉는 현재 전 세계에 퍼져있다. 공공장소뿐 아니라 하이앤드 미술관들도 많이 소장하고 있다. 쉽고 재미있고 새롭다고 느껴지는 부분이 이 시대 대중의 욕망과 요구가 투사된 점이자 상품의 논리에 부합하는 지점이라고 하겠다. 카우스에 대한 미술계의 논란은 그의 유명세가 장난감을 판매하거나 의류 디자인에 집중함으로써 형성되었다는 데에 있다. 상업성이 짙은 미술이 아니라 그저 상품이었다는 것, 미술관이나 갤러리 보다는 상점에서 먼저 대중들과의 접점이 생겼다는 점이다. 분명 카우스의 출발은 미술계의 어법, 제도, 평가, 기관 밖에 존재했다. 오늘날 예술가들이 상업 분야에서 활동하고 유명 브랜드와 협력하는 것은 흔한 일이다. 미술관이 스트리트 브랜드와 협력하는 일도 드물지 않다.

그럼에도 카우스를 비추는 애매한 시선은 그가 완벽하게 미술계의 일원이라고 보이지 않기 때문일 것이다. 관객은 이제 자신의 호불호로(취향에 따라) 카우스를 바라볼 뿐이다. 다만 완벽히 객관적이거나 순수한 취향은 없기에 유명인들, 스타, 인플루언서의 선택이 큰 영향력을 미치고 있다. 무엇을 보고, 어떻게 볼 것인가가 권력과 무관하지 않다는 점에서 이 시대 시각 권력이 어디에서 나오는지 카우스는 잘 알고 있는 듯 하다. 대중을 움직이는 셀럽과 인플루언서들을 자기 편에 가져온 그가 이 시대의 가장 상업적인 시각예술의 중심에 서 있는 작가임에는 분명하다.

7.

네트워크

Network

네트워크 Network
: 우리는 늘 연결되고 싶어 한다 Y

인간은 자신과 비슷한 인간과 모여서 살아간다. 그러다가 다른 집단과의 교류를 통해서 그리고 인간이 만든 공간과 또 다른 공간 사이의 연결을 통해 문명을 성장시키고 그 문명은 다시 우리를 인간답게 만든다. 마케도니아의 문명을 널리 퍼뜨리고자 아시아로 진격한 알렉산더 대왕, 침략을 알리는 봉화, 주말마다 열리는 벼룩시장, 사망한 사람을 위한 노란 리본 달기까지 인간이 하는 일은 혼자 하는 것이 아니라 '우리'라는 관계망을 전제로 한다. 따라서 인간은 그 관계망의 확산 속도가 빨라질수록 삶의 변화가 빨라진다는 것을 체감해 왔다. 특히 근대에 들어서 기술이 발전하자 인간의 접촉을 늘리고 상호 거리를 좁히기 위한 기술이 더욱 경쟁적으로 등장한 것은 당연한 일이다. 신속히 소식을 전달하던 전보, 그리고 통신의 일상화를 이룩한 전화, 대중문화의 확산을 초래한 텔레비전, 실시간으로 타지역의 뉴스를 볼 수 있는 인터넷 등은 인간의 관계망을 구축하는 주요한 기술이면서 현대적 삶의 토대가 되었다.

예술가와 예술도 관계망 속에서 존재한다. 예술을 보여주고 감상하고 판매할 수 있는 네트워크, 즉 일종의 망 속에서 예술가로서 인정받고 다시 작업할 수 있는 용기를 얻는다. 아무리 시골 한적한 동네에서 작업하는 작가라도 비슷한 감수성을 가진 창작인과 어울리게 되고 막걸리라도 한잔하며 세상과 예술가의 삶에 대해 이야기하며 공감대를 형성한다. 리처드 롱(Richard Long)처럼 페루의 고원이나 스코틀랜드의 광야를 걸으면서 자신이 걸은 길을 기록하는 작가도, 뉴멕시코의 시골 마을로 들어가 TV도 전화도 없이 살았던 아그네스 마틴(Agnes Martin)이 고독 속에서 그려낸 회화도 미술계에 선보일 때야 자신의 작업이 어떤 의미를 보유하고 있는지 확인할 수 있다.

일부 예술가는 인간과 인간 사이의 관계망을 예술창작의 토대로 본다. 특히 인간 사이에서 자료와 정보를 유통시키는 예술을 '네크워크'의 예술이라고 할 수 있다. 넓게 본다면 네트워크 예술은 예술 공간의 확장, 관객의 참여를 독려하는 작업을 포함하나 엄밀하게 보면 1960년대 개념미술 작가들이 우편과 전보, 전화 등을 통해 동료 예술가, 또는 특정인에게 메시지를 전달하던 메일 아트(mail art), 텔레비전 방송이나 라디오를 활용하여 선보이는 작업, 그리고 1990년대 인터넷의 보급으로 통신과 정보교환 체계가 크게 도약하면서 웹페이지, SNS, 블로그 등 인터넷 기반의 예술을 지칭한다. 이보다 더 협소하게 본다면 웹페이지, SNS, 블로그 등 인터넷을 기반으로 한 '넷 아트(Net art)' 또는 '인터넷 아트'에만 국한시킬 수도 있다. 왜냐하면 네트워크라는 개념이 현대미술에서 중요하게 부각된 것도 바로 이 시기 이후였기 때문이다. 따라서 네트워크를 인터넷과 같은 매체지향적 관점에서 볼 것인가, 아니면 형성되는 관계의 측면에서 볼 것인가에 따라 관점이 달라진다고 할 수 있다. 필자는 후자의 측면을 지지한다.

네트워크 예술은 산업혁명, 20세기의 기술문명을 거치면서 확장된 인간의 상상력이 낳은 산물이다. 전화, 전보, 텔레비전뿐만 아니라, 레이더, 디지털 컴퓨터 기술, 사이버네틱스, 인공위성 등의 이론과 기술은 예술가의 상상력을 자극했고 새로운 기술에 대한 낙관주의적 태도를 낳았다. 네트워크 예술가에게 기술이란 물감과 붓처럼 중요한 수단이라고 할 수 있다.

다양한 기술과 예술을 융합하는 예술가는 종종 인간의 일상적 가치에 초점을 두고 작업한다. 1950년대 이후 플럭서스, EAT(Experiments in Art and Technology)을 중심으로 활동한 작가들은 자유롭게 기술을 활용하는 창의적 인간과 인간의 존재와 일상에 대해 성찰하고자 했다. 1970년대 호주의 예술가 스텔락(Stelarc)은 인간의 신경계를 연장하는 기계장치를 사용하기도 했다.

네트워크 예술의 가장 큰 장점은 기존의 예술과 달리 예술작품 제작에 들어가는 재료, 전시할 공간의 제약에 구애받지 않는다는 것이다. 테크놀로지의 최첨단 수단을 통해 최소의 물질과 정보를 사용하여 최대로 많은 관객/대중과의 만남을 꾀할 수 있다. 많은 관객과 소통할 수 있다는 점은 여러 가지 가능성을 제시한다. 정보를 픽셀로 변형시켜 다양한 방식으로 시각화할 수 있고 인터넷을 통해 공통의 정치적 관심사, 특히 미술계의 주요 문제 등을 널리 알리면서 집단적 네트워크를 구축할 수도 있다. 특히 후자의 경우는 평면, 입체 작업의 물질성을 담보로 상업적 미술시장에서 고가의 가치를 인정받는 시대에 물질과 거리를 두고 정보라는 비물질적 속성을 유통시킨다는 점에서 미술의 상품화에 대한 일종의 저항방식으로서 기능하기도 한다. 또한 정보의 유통을 통해 개념주의적 작업을 손쉽게 가동시킬 수도 있다. 이러한 가능성은 기존의 보수적인 예술 개념을 점점 와해시키면서 '공동체를 위한 장'으로서의 예술이라는 개념을 촉진시킨다.

네트워크 아트의 단점이라면, 메일 아트, 넷 아트 등 기존의 기술적 수단을 활용하면서 성장했다는 점이다. 새로운 기술적 수단의 장점을 등에 업고 주목을 받았기 때문에 계속해서 더 새로운 기술적 수단을 찾아야 한다는 강박에 빠질 수 있다는 것이다. 혹여 미디어 장치가 가동이 안될 경우, 또는 그러한 장치를 사용할 수 없는 경우에는 작업 자체가 존재 불가능하게 된다.

새로운 테크놀로지를 토대로 제작되기 때문에 네트워크 아트는 필연적으로 미디어 아트와 어느 정도 겹치는 부분이 있다. 네트워크 아트는 현대 사회의 변화를 고스란히 반영하면서 디지털 시대의 예술의 가능성을 모색하고 있다. 또한 기존의 예술의 인식론을 확장하면서 장르와 매체에 대한 상식을 깨는 동시에 세상의 변화를 이끌 수 있는 예술을 표방한다는 점에서 계속해서 젊은 예술가의 주목을 끌 것이다.

0100101110101101.org (1995-)
: 합법과 불법의 경계를 넘나들며 Y

이탈리아 출신의 작가 에바 매트(Eva Mattes)(1976-)와 프랑코 매트(Franco Mattes)(1976-)가 공동으로 운영하는 그룹명이자 웹사이트의 주소이다. 두 사람은 스페인의 마드리드에서 처음 만나 의기투합하고 지금까지 공동 작업을 하고 있다. 현재 뉴욕에 거주하며 전 세계를 돌아다니며 작업하는 데 인터넷 아트뿐만 아니라 개념적인 설치와 미디어 작업까지 아우르며 논란이 될 만한 작업을 선보이고 있다.

초기 작업 중에서 유명한 것은 전 세계의 미술관을 돌아다니면서 마르셀 뒤샹, 칸딘스키, 알베르토 부리, 요셉 보이스, 제프 쿤스 등 유명한 예술가의 작업의 부분(천조각, 도기 조각 등)을 훔친 후 유리장 안에 넣어 전시한 **〈훔친 작업들(Stolen Pieces)〉(1995-97)**이다. 그들은 훔치기 위해 미술관에 들어간 모습을 영상으로 담기도 했는데, 정작 훔치는 순간에 카메라는 다른 곳을 향한다. 이외에도 〈후쿠시마 텍스춰 팩(Fukushima Texture Pack)〉(2016)에서는 방사능 누출로 접근이 어려운 일본 후쿠시마에서 버려진 집과 물건들의 표면을 사진으로 찍고 그 사진 이미지를 인터넷에 올려 사람들이 마음대로 다운로드해서 사용하게 하기도 했다.

이렇듯 웹은 두 사람에게 중요한 매체이다. 해커들과 함께 컴퓨터 바이러스를 만들어 49회 베니스 비엔날레 개막식 전날 전세계에 퍼트리기도 하고 온라인 비디오게임 내에서 퍼포먼스를 벌이기도 했다. 〈No Fun〉(2010)은 웹캠으로 찍은 영상을 채팅 사이트 chatroulett.com에 올린 것이다. 프랑코 매트가 직접 자신이 마치 목을 매는 것과 같은 파격적인 장면을 연출하며 촬영하였고 이 영상은 고스란히 웹사이트로 관객들에게 전해졌다. 그는 천정에 줄을 매고 자살 장면을 보여주는데 사실은 자살처럼 흉내를 낸 것이다. 그러나 그 행위를 본 수백 명의 관객은 흉내라는 사실을 모른 채 공포와 충격에 휩싸였다. 때

Stolen Pieces
http://0100101110101101.org/stolen-pieces/

로 웃으면서 박수치는 십대들도 있었고, 심지어 그에 자극을 받아 은밀한 자신의 욕망을 드러내기도 하는 등 보통의 예측을 넘어서는 반응이 나오기도 했다. 경찰에 신고를 한 사람도 있었다고 한다.

1998년 진행된 〈vaticano.org〉는 로마 교황청의 웹사이트를 패로디한 작업이다. 바티칸의 홈페이지와 유사한 명칭인 사이트 vaticano.org를 구매한 후 그 안에 기존의 사이트에 있는 교황과 추기경들의 경구를 수정하여 마약과 사랑, 그리고 팝송에 나오는 가사로 바꾸어 올렸다. 마치 악동들처럼 종교의 권위를 조롱하는 한편 바티칸의 권위에 도전한 것이다. 예술의 자유에 성역이 없다는 신념을 보여준다.

〈타자들(The Others)〉(2011)은 1만장의 슬라이드를 보여주는 작업으로 각각의 이미지들은 다른 사람들의 개인 컴퓨터에서 훔친 것들이다. 작가들은 우연히 다른 사람들의 개인 컴퓨터 하드 드라이브에 접근할 수 있는 파일 공유 프로그램을 접하고, 이를 통해 100여 명의 컴퓨터를 해킹하여 무작위로 수집한 사진, 동영상, 음악들을 빼냈다. 그리고 그 이미지들을 결합해서 갤러리에서 보여주는데, 친구와 찍은 사진, 개인의 은밀한 모습을 찍은 셀카 등 광범위하다. 타인의 이미지를 훔쳐서 공개하는 것은 이러한 보여주기가 사진의 주인들을 창피하게 만들려는 것이 아니라, 마치 보통 사람들이 페이스북(facebook)에 자신의 일상생활을 사진으로 보여주듯이"일상의 삶을 축하하고자"기획된 것이라고 주장한다. 이미 보여주는 행위와 보는 행위에 익숙한 현대인의 행태가 자연스러워진 현재를 그대로 드러낸다는 것이다.

이처럼 0100101110101101.org에는 두 사람이 그동안 해킹과 조롱, 관계의 확장을 통해 인간이 살아가는 현실과 그 현실을 지배하는

The Others
http://0100101110101101.org/the-others/

미디어의 세계, 그리고 추가된 웹의 가상세계를 넘나는 작업이 담겨 있다. 장 보들리야르가 말한'시뮬라크라'의 의미를 부각하고 그로 인해 가능한 세계를 실험하면서 부조리와 어리석음까지 다양한 인간의 모습을 담아낸다고 하겠다. 사회가 다양한 욕망을 가진 존재들로 인해 온갖 부조리와 이념이 충돌하는 장이라면, 가상의 공간 역시 그러한 욕망의 존재들이 그대로 투영된 공간임을 보여주는 것이다. 특히 컴퓨터에 접근할 수 있는 사람이라면 누구든지 들어갈 수 있는 인터넷의 세계는 기존의 미디어의 세계보다 훨씬 더 개인적이며 은밀한 차원의 상상력이 드러날 수 있는 자유가 허용된다. 때로 그 상상력은 그동안 미디어에서 보던 극한 모습보다 훨씬 더 잔인하거나, 황당하며, 민망한 모습으로 표출되기도 한다. 소위 B급이나 소수라고 할 수 있는 취향도 가감 없이 드러나는 곳이다. 에바 매트와 프랑코 매트는 바로 그러한 공간을 가능하게 한 디지털 시대에 현실과 허구의 사이를 파고들어 비이성적일 정도로 혼란하면서도 적나라한 모습을 포착한다.

두 작가의 작업은 충격과 조롱, 선정성과 파격을 오간다. 최근 작업 〈자유(Freedom)〉(2010)는 인터넷상으로 'Counter Strike'라는 총쏘기 게임을 통해 인간의 폭력적 모습을 드러낸다. 게임에 참여한 에바 매트는 아바타로 등장하여 활동하다가 적을 죽일 기회를 얻는다. 보통 게임 유저였다면 당장 상대방에게 총을 쏘았을 것이나, 에바는 죽이기를 거부하고 상대방에게도 자신을 죽이지 말라고 애걸한다. 이런 요청에도 불구하고 상대방은 그 에바에게 잔인하게 총을 쏘고 결국 에바의 아바타는 게임에서 사망하게 된다.

익명의 사람들과 소통하는 열린 장이자 놀이터인 인터넷을 기반으로 작업을 하는 두 사람은 현실보다 더 잔인하고, 황망한 모습을 드러내면서도 정작 인터넷의 미래에 대해 낙관적이다.

Freedom
http://0100101110101101.org/freedom/

"우리는 어떻게 하면 비디오 게임을...퍼포먼스의 터전으로 삼을까 고민하고 있다. 비디오 게임에서 퍼포먼스를 하는 것이 외양만 있고 본질은 없다고 보는 사람이 있을지도 모르겠다. 그러나 사실 그 반대이다. 실제 세계에서 어떤 사람의 나이, 피부, 목소리, 옷 등만 보고 "진짜" 모습을 볼 수 없으며, 그 사람에 대해 판단해야 하는 것은 그 사람의 뇌가 생산해내는 것이다. 비디오 게인에서 우리는 신체가 없는 뇌를 상대하게 된다. 그리고 나는 신체보다 뇌를 좋아한다." (에바 매트와 프랑코 매트, 2010년 인터뷰에서)

메리 플라네건 Mary Flanagan (1969-)
: 사이버 문화 속에서 꿈꾸는 예술의 변화 Y

메리 플라네건은 여성 작가이자 이론가로 2018년 다보스에서 열리는 세계경제포럼(World Economic Forum)에서 유망한 문화 리더로서 선정된 바 있다. 디지털 예술과 사이버 문화를 오랫동안 연구해왔고 인터넷과 게임 기술을 이용한 작업을 해왔다. 여성이라는 주체가 사이버 문화에서 어떻게 활동할 수 있는가에 대해서 고찰하고 여성을 위한 프로그램을 개발하기도 한다.

플라네건은 컴퓨터를 토대로 한 영상작업부터 게임 디자인까지 다양한 활동을 하고 있다. 플라네건의 게임은 상업적 목적의 오락, 폭력적인 내용을 제작하는 일반 게임과 달리 '착한' 게임을 만들어 공공의 이익을 위해 기여하겠다는 포부를 담고 있다. 플라네건이 2003년 설립한 실험실 '틸팩터(Tiltfactor)'는 인간을 위한 가치를 장려하는 게임을 디자인하는 곳이자 그의 이상을 실천하는 곳이기도 하다.

그의 **〈컬렉션(Collection)〉**(2002)은 일종의 어플리케이션이다. 이 기능이 장착된 네트워크에 연결된 컴퓨터로만 작동시킬 수 있다. 일단 네트워크에 연결이 되면 사용자의 하드 드라이브로부터 여러 데이터(이메일, 사진, 웹 이미지, 편지, 음성파일 등)를 수집하기 시작하며, 수집된 데이터는 네트워크의 중앙 서버에 모이게 된다. 그리고 여러 참여자의 데이터가 혼합되는데, 혼합된 자료에서 뽑은 데이터는 일종의 데이터 지도를 만들어 간다. 이 지도는 자료 간에 순위를 두지 않고 자유롭게 형성된다. 또한 자발적으로 참여에 동의한 컴퓨터에서만 작용하기 때문에 어느 정도 사생활을 보호하게 된다. 따라서 모인 데이터는 파편화되고 서로 섞이면서 일종의 집단적 무의식의 자료처럼 혼합되어 나타난다.

인간의 기록이 사이버문화로 흡수되는 오늘날 개인의 개성과 독특함은 어떤 의미를 지닐까? 한 개인이 다른 개인과 유사점이 있을까? 있다면 무엇일까? 그리고 추상적인 공간에서 인간의 관계는 어떻게 나타나는가? 네트워크로 연결되는 현대에 제기될 수 있는 문제들이다. 댓글로 달았던 문장, 인터넷에서 복사한 이미지, 화면을 캡쳐한 웹페이지부터 주고받은 이메일 등 한 개인이 남긴 기록은 무한하다. 그러나 그러한 자료의 주인은 누구이며, 어디까지 권리를 행사할 수 있을까? 〈컬렉션〉은 그러한 질문을 제기하면서 거대한 자료 저장소를 만들어 그 저장소 안에서 중첩되는 인간의 개별성을 예술가의 상상력으로 포착한다.

〈XYZ〉(2009)는 플라네건이 게임 디자이너들의 협조를 얻어 제작한 작업이다. 컴퓨터 게임처럼 유저들이 인터페이스를 작동하면, 3개의 컴퓨터가 플라네건이 쓴 시들을 재생하는데, 일종의 인터랙티브 게임과 같다. 전시장에는 비디오 화면을 통해 유저들이 작동하는 화면을 볼 수 있다. 마치 문장을 쪼개서 단어들을 파편화하듯이 유저들은 게임기를 작동하면서 플라네건이 입력한 텍스트를 자유롭게 편

Collection
https://artport.whitney.org/v2/exhibitions/biennial2002/flanagan.shtml

XYZ
http://maryflanagan.com/work/xyz/

집, 혼합, 또는 선택적으로 골라서 자신만의 시각적 논리에 따라 새로운 텍스트를 만들며 놀 수 있다. 그리고 각각의 참여자가 만든 텍스트들은 화면에서 모인 후 결합되며 또 다른 새로운 맥락을 만들어낸다.

최근에 만든 〈초현실주의 디너 파티(Surrealist Dinner Party)〉(2021)는 보드게임으로 파티에 손님를 초대하거나 손님이 되서 음식, 와인, 디저트을 대접하고 대접받으며 참여한 이들을 만족시켜야만 하는 게임이다. 이 게임을 실제 상품으로 제작되어 아마존 닷컴에서 판매되기도 했다. 이외에도 가상현실 프로그램을 이용한 〈다트머스의 어두운 비밀(Dark Secrets of Dartmouth)〉(2018), 성폭력이나 스토킹이 벌어지는 상황에서 개입하기 어려운 상황을 극복할 수 있는 질문으로 만들어진 디지털 게임 프로그램 〈마인드플록(Mindflock)〉(2017) 등도 있다.

플라네건은 창작뿐만 아니라 이론 연구에도 많은 노력을 기울이고 있는데, 《리로드: 여성과 사이버문화 재고(Reload: Rethinking Women and Cyberculture)》(2002) 등의 책을 공동 편집했으며, 《비판적 놀이: 급진적 게임 디자인(Critical Play: Radical Design)》(2009)과 같은 저서에서는 그동안 부각되지 않았던 게임의 역사를 발굴하고 그 연장선에서 대안적 게임의 필요성을 주장한다. 그의 이론의 핵심은 인간의 문화는 기본적으로 '플레이컬쳐(Playculture 놀이문화)'라는 것이다. 오늘날 대중문화는 컴퓨터를 기반으로 한 활동으로 점철되어 있어서 직장이나 집에서 쉽게 컴퓨터를 접하는 일상화 속에서 과거의 일상성이 점차 가상의 공간으로 넓혀가고 있다. 즉 건물과 물건에 둘러싸여 손으로 만지며 놀던 문화가 인터넷이라는 새로운 놀이공간으로 이동하고 있다는 것이다.

그리고 그러한 공간에서는 장소보다 '놀이문화'가 장려되며, 그 놀이문화는 기존의 사회적 관습을 답습하게 된다. 따라서 과거의 연장선에서 컴퓨터 게임을 개발하는 것보다 그동안 권력에서 소외되었던 주체들을 위한 게임이 필요하다는 것이다. 따라서 플라네건이 페미니스트(여성주의자)의 시각에서 여성과 소녀들도 참여할 수 있는 의식

있는 컴퓨터 게임을 개발하는 것이 중요하다고 주창하는 것은 놀라운 일이 아니다. 뿐만아니라, 기존의 사회적 관습을 넘어서 창의적인 표현, 새로운 개념을 표현하는 도구로서의 게임, 즉 컴퓨터 게임 매체의 최전선에서 인류의 문제를 다루는 게임이 필요하다고 주장한다. 따라서 플라네건의 주장은 정보통제, 에이즈와 같은 전염병, 기아, 난민 등의 세계적 문제를 해결하는 행동주의의 도구로서 게임이 사용될 수 있는 여지를 제시했다는 데 의의가 있다.

> *"기본적으로 전에 본 적이 있는 것을 만드는 것은 창의적이지 않다...모든 게임과 놀이에 영웅과 적, 점과 황금별이 필요하다고 보지 않는다. 너무 단순하다. 나는 계속해서 인간의 문제를 다루는데 적절한 게임 모델을 창안하고자 노력한다."*
> *(플라네건, 2013년 인터뷰)*

히스 번팅 Heath Bunting (1966-)
: 탈계급과 탈경계의 영토를 향하여 Y

히스 번팅은 영국의 작가로 넷 아트의 창시자이자, 사이버 공간, 책 등 다양한 매체와 장소에서 작업을 하는 행동주의 작가이다. 인터넷이 인간의 잠재력을 타진할 수 있는 새로운 장으로 부각된 1990년대 많은 예술가들이 인터넷을 매개로 한 예술을 시도했는데, 번팅은 그 중에서도 선구자에 속한다. 넷 아트의 선구자답게 그는 독특한 경력을 가지고 있다. 정규 미술 교육을 받은 바 없으나 14세에 이미 컴퓨터를 조립하는 기술을 배웠으며, 불교 신자이며, 한때 스테인드 글래스 공예가였고, 그라피티를 그리는 길거리 예술가로 활동했다. 그러나 그는 점차 인터넷 예술가의 삶에 매료되었다.

일찌감치 일상을 통해 예술을 배워서인지 그는 기존의 예술가와 달리 도전적이며 실험적이다. 1980년대 말 컴퓨터를 사용하기 시작한 이후 가상 공간인 인터넷에 자신과 비슷한 사람들을 연결하거나 모으는 네트워크를 만들어 왔다. 그 결과 초기 인터넷 아트 중에서도 적극적으로 자본과 투자로부터 인터넷이라는 네트워크를 수호하고자 노력했던 '넷 아트(net.art) 그룹'의 멤버로 활동하기도 했다. 이 그룹은 1994년경부터 인터넷 상의 메일링 리스트에 개입하여 기존의 소통 흐름을 방해하기도 하고, 개인적으로 스팸 이메일을 통해 작업을 하면서 인터넷이 대중화되던 초창기에, 획일화, 상업화로 변모하던 환경에서 다양한 목소리와 사회적 책임을 강조한 바 있다. 그러한 선구적인 활동과 net.art라는 명칭 때문에, 이후 인터넷을 기반으로 한 예술을 언급할 때 종종 넷 아트라고 부르곤 한다.

번팅은 인터넷이 가진 가능성 중에서도 가상의 공간에서 예술가뿐만 아니라 해커, 경찰관 등 상반되는 위치를 점하는 사람들이 모두 동등하게 소통할 수 있다는 점에 주목했다. 정돈된 질서와 규범을 강조하는 사회의 관습에 밀려 그늘에 남아 있는 사람들에게도 주목했다. 그리고 일군의 동료들과 함께 1990년대 초 비영리 단체이자 웹사이트 **irational.org**를 창립했다. 그들은 오프라인 모임보다 웹사이트와 서버를 통해 의사소통을 하며 주요한 사항을 결정하고, 의견을 나눈다. 2016년경 이 단체의 웹사이트에는 자신들을 소개하며 "유랑자와 배회자를 위한 '비합리적'정보, 서비스, 상품을 제공하는 국제 조직" 이자"비판적인 정보 시스템이 필요한 독립적인 예술가와 단체를 후원"한다고 명시했었다. 거대한 자본과 기업이 장악하고 있는 인터넷 상에 사회적 공간으로서 기능하며 유목민들을 독려하고 그들의 네트워크를 형성하는 데 기여하는 단체라고 할 수 있다. 한때 웹사이트에는 5명이 모인 '서버 컬렉티브(server collective)'라고 소개하며 번팅, 이나리 위시키(Inari Wishiki), 바히다 라무즈키(Vahida Ramu-

---

irational.org
https://irational.org/

jkic)의 이름과 연락처를 공개한 바 있으나 현재는 대부분의 인터페이스와 내용이 불완전하게 노출되거나 내용이 사라지고 없다.

번팅은 2000년대 들어서도 주목할 만한 인터넷 프로젝트를 진행하고 있다. **〈보더싱 가이드(BorderXing Guide)〉 (2002-2003)**는 테이트 미술관의 후원으로 만든 웹사이트이다. 그런데 그 안에 담긴 내용은 오늘날 여러 국가에서 긴장할만한 내용이다. 그는 국경을 통과할 때, 이민국이나, 세관, 경찰이 감시하지 못하는 곳을 직접 답사해서 기록물을 만들어 웹사이트에 올렸다. 이런 기록들은 불법이민과 난민이 빈번한 오늘날 그들에게 유용한 정보이면서 동시에 일부 국가에는 민감한 자료일 수 밖에 없다. 그래서 이 웹사이트는 누구나 접속할 수 없도록 설계되었으며, 접속을 원하면 관리자에게 신청서를 보내서 허가를 받거나 정해진 장소에 가서 열람할 수 있게 고안되었다. 현재 http://www.irational.org/borderxing에 접속하면 경고 사인이 뜨고 그 사인을 클릭하면 짤막한 설명과 함께 자세한 내용을 원할 경우 연락할 수 있는 이메일 주소가 있다.

번팅은 뉴욕의 뉴 뮤지엄 (New Museum)의 기금을 받고 카일 브랜든(Kayle Brandon)과 함께 〈위상 프로젝트(Status Project) 〉 (2005)를 진행한 바 있다. 그는 이 프로젝트를 설명하면서 인간(Human being), 자연인(Natural person), 인위적 인간(Artificial person)이라는 3가지 층위를 설정하고 이 세 층위 사이에 작용하는"인간을 관리하는 계급제도를 살펴보고 이 제도가 어떻게 움직이는가를 보여주는 논리와 개인적 초상화를 모은 영향관계 지도와 도표를 제작"하는 것이라고 설명한다. **http://status.irational.org/** 에 자세한 내용이 들어 있다.

〈위상 프로젝트〉는 번팅이 보는 현대 인간의 정체성에 대한 탐구라

The Status Project
http://status.irational.org/

고 할 수 있다. 지식과 자산을 보유한 상위 계급과 그에 비해 자산이 없는 계급은 정체성이 다를 수밖에 없다는 전제에서 출발한다. 예를 들어 보통 사람은 인간이면서 하나의 자연인을 보유하는 반면에, 상위 계층은 여러 개의 자연인과 인위적 인간의 층위를 확보할 수 있다는 것이다. 이러한 전제를 증명하기 위해 그는 인터넷에서 접한 정보들과 데이터베이스나 웹사이트에 접근하기 위해 제공한 자신에 관한 정보들을 모아서 사이버 공간에서 인간이 어떤 것을 선택하고, 어떤 영향을 받으며, 어떻게 행동하는가에 대한 지도를 만든다. 우리가 종종 구글, 아마존 등 국제적 검색 엔진이나 상업 사이트를 사용하며 자연스럽게 활동 범위가 지역을 넘어 국제적 경계선을 넘어가는데, 그때마다 우리가 제공한 신상 정보는 거대한 제도 속에서 일련의 지식의 지도를 만들어낸다. 때로 그 지도는 기업과 정부가 활용하는 자료가 되기도 한다는 점을 드러낸다고 할 수 있다.

> *"나는 특히 연결지점에 관심이 있다. 어떻게 사물이 연결되고, 한 사물에서 다른 사물로 어떻게 이동할 수 있는가? 이론상 사람은 모두 자신들이 움직이는 단계를 인식하고 있으며 어떻게 사람들이 자신을 인지하는지 알고 있다. 그런 매카니즘을 이해하게 되면 그 매카니즘을 갑자기 바꿀 수도 있다. 예를 들어 나에게 워키 토키가 있는데, 그 물건은 내가 누구인지, 내가 무엇을 하는지에 대해 어떤 것을 말해줄 것인가? 그 물건이 이동전화가 아니기 때문에 이상하게 보일 수도 있다. 어떤 사람은 나를 아나키스트로 볼 수도 있다. 그러나 내가 워키 토키를 꺼내는 순간, 나는 권위있는 네트워크의 일부가 될 수 있다. 나는 사람들이 이처럼 다른 것들과의 접촉지점, 참조체, 연합을 꾀하고 있다고 본다…" (번팅, 2011년 인터뷰)*

Keywords of Contem- porary Art

8.

시장/반시장
Market and anti-market

시장/반시장

Market and anti-market Y

미술시장의 구조와 논리는 당혹스럽고 불편할 때가 많다. 예술가는 자신의 정성과 에너지를 들여 만든 작업에 금전적 가치가 매겨진다는 사실 자체가 불편하기도 하고 그런 관습에 익숙해지더라도 상상을 초월하는 가격으로 팔리거나 기대하는 가격도 받지 못하는 경우에 갖는 심적 부담감이 있기 때문이다. 그보다 더 중요한 것은 예술가가 예술을 하는 이유가 자신을 표현하고자 하는 것이지 돈을 버는 것이 목적이 아닌 경우가 허다하기 때문일 것이다. 최근 종종 볼 수 있듯이 미술시장에서 살아있는 예술가의 작품이 죽은 예술가의 작품보다 더 대접을 받고 화폐로 환원할 수 있는 가치 앞에서 과거에 알고 있었던 미술작품의 가치와 의미가 사라질 때 예술가가 갖는 불편함은 소외감으로 변하기도 한다.

그럼에도 불구하고 자본주의 경제 제도 속에서 미술이 존재하는 한 미술은 시장경제를 피해갈 수 없으며 미술시장은 이미 미술 제도에서 중요한 위치를 차지한다. 그러한 현실을 마주한 예술가는 두 가지 태도를 보일 수 있다.

첫 번째는 예술가의 존재 이유와 예술의 가치를 무력화하고 상품 가치로 만들어버리는 시장에 저항하는 것이다. 이러한 태도를 반시장적 태도라고 할 수 있다. 반시장적 예술가는 기본적으로 근대 이후 구축된 예술과 예술가의 독립된 영역을 고수하면서 창작의 자유를 손상하거나 위협하는 어떤 요인도 허용하지 않으려고 한다. 시장의 논리와 포식적인 성향에 저항하는 한편 자본주의 체제 자체에 대한 저항과 비판을 작업의 내용으로 취하는 경우가 많다. 또한 사회적 비판은 예술가의 권리라고 믿고 작품의 형식에 얽매이지 않고 시장의 포식성을 극복할 수 있는 방안을 찾는다. 그러한 방안 중에는 아예 시장에서 상품화하기에 껄끄러운 작업, 즉 일회성 퍼포먼스나 인터넷 아트, 개념적 미술, 또는 길거리에 낙서를 하는 그라피티 등을 하는 경우도 있다. 길거리 낙서 그림으로 유명한 영국의 뱅크시(Banksy)는 인지도가 높아지면서 길거리 담벼락에 그린 자신의 작업이 건물에서 분리되어 거래되자 아무도 자신의 작업을 사지 않았으면 좋겠다고 표명하기도 했다.

두 번째 태도는 시장의 논리를 적극적으로 포용하는 것이다. 근대 이후 미술시장의 역사는 사실 미술의 역사와 맥을 같이 하며 미술의 역사에서 주요한 예술가는 미술시장에서도 그 가치가 증명되었기 때문이다. 또한 1960년대 일군의 예술가가 등장하여 설치, 해프닝, 기록사진, 퍼포먼스 등의 형식을 통해 시장이 선호하는 회화와 조각을 탈피하고자 했지만 이후 미술시장은 그에 아랑곳하지 않고 그들의 작업을 수용하여 유통시키는데 성공했다는 점도 탈시장이 불가능하다는 인식을 가능케 한다.

시장을 인정하는 작가들은 시장경제 속에서 유통되는 이미지와 사물의 매카니즘을 자신의 예술작업에 그대로 적용한다. 슈퍼마켓에서 흔히 볼 수 있었던 캠벨 스프, 코카콜라 등 상품의 이미지를 활용했던 앤디 워홀(Andy Warhol), 만화 이미지를 차용했던 로이 리히텐스타인(Roy Lichtenstein) 과 같은 팝 아트 작가는 바로 이러한 시장경제의 유통구조 속에서 작업의 영감을 찾았으며 미술시장에서도 좋은 반응을 얻은 바 있다. 최근 워홀을 이어 대중적 인기를 누리는 제프 쿤스(Jeff Koons)도 풍선 토끼, 강아지, 루비 반지 등 쉽게 이해할 수 있으면서도 소비사회의 단면을 보여주는 물건을 견고한 재료의 작품으로 만들고 있는데 그는 살아있는 작가임에도 불구하고 고가로 작품이 거래된다.

두 번째 태도를 지향하는 작가는 종종 기업과의 '콜라보레이션(collaboration)'을 진행하기도 한다. 무라카미 다카시(Murakami Takashi)는 루이 비통사의 가방을 디자인한 바 있으며, 다니엘 뷔렌(Daniel Buren)은 마크 제이콥스와 헤르메스 브랜드의 상품디자인을 한 적이 있다. BMW 자동차는 1975년부터 '아트 카' 프로젝트를 진행하면서 알렉산더 칼더(Alexander Calder), 앤디 워홀, 로버트

라우센버그(Robert Rauschenberg)와 같은 작가들과 협업을 해오고 있다. 이외에도 많은 작가들이 패션산업과 기업의 초청으로 협업을 하고 있는데 모두 시장구조에 대한 거부감이 없이 자유롭게 창작의 범위를 넓히려는 시도라고 볼 수 있다. 기업의 입장에서도 식상한 상품디자인보다 새롭고 창의적인 예술적 감각을 도입하여 소비자에게 차별화된 브랜드라는 인식을 심을 수 있다는 잇점이 있다.

이러한 2가지 태도를 지향하는 예술가의 작업이 전시되는 곳도 서로 다른 편이다. 첫 번째 태도의 작가는 주로 거리, 야외, 대안공간 등에서 전시를 하며 종종 비엔날레를 중심으로 전시한다. 토마스 허쉬혼(Tomas Hirshinhorn), 알프레도 자(Alfredo Jaar) 등 자본주의와 소비사회를 비판하는 작가들은 1990년대 이후 글로벌 미술을 선보이는 비엔날레에서 매우 선호되는 작가들이다. 반면에 두 번째 태도의 작가는 주로 상업 갤러리, 대중성을 지향하는 미술관과 공공장소 그리고 아트 페어에서 찾을 수 있다. 2000년대 들어서면서 미술시장은 글로벌 자본이 드나드는 대형 시장으로 성장하는데 특히 갤러리가 모여서 만드는 '아트 페어'는 짧은 시간에 많은 예술작품을 용이하게 '쇼핑'할 수 있다는 점에서 인기를 모으고 있다. 런던의 프리즈(Frieze), 뉴욕의 아모리 쇼(The Armory Show), 이외에도 역사적인 아트 바젤(Art Basel), 그리고 아트 바젤이 다국적 사업으로 확장한 마이애미 바젤(Miami Basel), 홍콩 바젤(Hong Kong Basel) 등은 점점 그 거래 규모가 커지고 있으며 현대 예술가가 무시할 수 없는 현실로 다가온다. 2022년에는 프리즈가 서울에서 열려 글로벌 아트 페어의 열기를 이어갔다.

최근에는 큐레이터들이 미술시장을 거부할 수 없는 현실로 직시하고 그러한 현실을 전시의 주제로 삼기도 한다. 2007년 큐레이터 젠스 호프만(Jens Hoffmann)은 상업 갤러리에서 〈판매함(For Sale)〉이라는 전시를 기획한 바 있다. 그동안 창의적인 개념을 전시의 주제로 삼는 큐레이터, 특히 독립 큐레이터는 대안공간이나 미술관, 비엔날레 등 비영리를 추구하는 기관과 공적 지원을 받은 전시에서 활동하는 것이 관행이었다. 따라서 상업 갤러리는 주된 활동의 장이 아니었으나 미술시장의 확산으로 인해 늘어나는 상업 갤러리를 마냥 거부할 수도 없는 상황을 반영한 것이었다. 호프만이 선택한 주제 '판매'는 전시를 판매하겠다는 것으로 화랑이 작품을 판매하고 예술가가 작품을 판매하듯이 큐레이터도 전시를 판매할 수 있다는 관점을 표명한 것이다. 호프만은 참여한 작가에게 상업 갤러리에서 판매를 위한 전시를 할 것이라고 미리 공지하고 그 결과 나온 작품을 모두 판매하고자 했다. 하지만 개별 작품을 사는 것과 달리 패키지로 수십 명의 작업을 한꺼번에 사는 것은 부담스러운 구매이기 때문에 판매보다도 큐레이터의 전시판매라는 개념이 더 부각된 전시로 끝났다.

제프 쿤스 Jeff Koons (1950~)
: 유치의 미학, 기념비가 된 일상의 유물들 J

미국을 대표하는 작가 중 하나인 제프 쿤스는 대량 생산되거나 가치를 갖기 힘든 일상적 소재를 포착, 쉽고 친숙한 이미지를 시각적 스펙타클의 범주로 끌어올렸다. 쿤스는 일상적인 소비물이나 싸구려 물건들의 크기를 바꿔서 거대하게 만들고 재질을 바꾼 점에서 클래스 올덴버그(Claes Oldenburg)와 팝아트의 전통에 빚을 지고 있다. 동시에 이들을 마치 숭배의 대상처럼 투명 상자에 올려놓거나 좌대에 앉히는 등 물신주의를 드러내었고, 대량생산품이 고상하고 고유한 유물을 대신한다는 첨단 자본주의 경향을 가시화한 작가이다. 동시에 사진작가 아트 로저스(Art Rogers)의 〈강아지〉(1985) 작품을 그대로 차용하여 입체로 만든 〈강아지들(String of Puppies)〉(1988)을 1988 소나밴드의 《일상》전에 전시하면서 미술계 저작권 문제의 중심에 서기도 했다.[44] 타인의 저작물이 '나'의 예술작품 안에서는 큰 의

---

44 아트 로저스의 사진이 엽서로 제작되었고, 이 과정에서 저작권 보호 대상으로 정해졌기에 쿤스의 이미지 사용은 저작권법 위반이었다. 1992년 미국 법원은 쿤스

미나 권리를 갖지 못한다고 본다면 엄청난 모순이고, 더욱이 이로 인해 차용한 작가가 돈과 명성을 얻게 되는 문제는 미술계의 고질적 병폐의 하나가 되었다.

쿤스와 그의 작품은 찬반양론의 중심에 서 있다. 권위나 역사에서 자유롭지만 키치(kitsch)로 대표되는 저급한 소재와 극단적인 표현의 확장에 기여했기 때문이다. 그의 작품에 유머와 풍자가 더해진 듯 느낄 수는 있지만, 쿤스는 자신의 작품 안에 어떠한 숨은 의미나 비판적 시각이 없다고 단언한다. 화려하고 단순한 매력을 뿜어내는 풍선으로 된 강아지, 튤립을 비롯한 꽃, 동물, 인물 등의 금속 버전 제작에 초점을 맞추면서 쿤스는 사람들이 좋아하는 편하고 예쁜 시각적 결과물, 마치 선물 같은 작품으로 그 범위를 수렴해가고 있다. 그가 자본주의와 물질문화, 그 안에서 생활하는 대중들의 가장 보편적 욕망을 담아내는 것인지, 상업성에 압도되어서 유치하고 저급한 상황의 재생산에 몰두하는 작가인지는 관객의 평가에 달렸다.

1955년 펜실바니아 주 요크의 평범한 중하층 집안에서 태어난 작가는 어릴 때부터 초현실주의 작가 달리(Dali)에게 크게 매료되었고 청년 시절엔 달리의 콧수염을 그리고 다닐 정도로 그의 상상력과 이미지를 흠모했다. 시카고 미술학교와 매릴랜드 미술학교(MICA)에서 회화를 전공하고, 뉴욕으로 이주한 후 미술과 상관없는 여러 일들을 하다가, 1980년대 중반 이후부터 크게 이름을 날리는 작가로 성장한다. 현재 맨해튼 다운타운 작업실에서 약 100여 명의 조수를 둔 그는 색을 숫자로 치환한 체계를 이용하여 누가 그리거나 색칠하든 동일한 모습의 작품이 제작되도록 스튜디오를 운영하고 있다.

작가는 지금까지 아주 다양한 시리즈를 제작했다. 초기에는 평범한 소모품들을 그대로 전시장에 가져다 놓거나 약간의 변형-크기

의 작품이 사진원작을 정당한 이유 없이 사용했다고 원고 승소 판결을 내렸고 쿤스는 로저스에게 많은 돈의 위자료를 지불했다. https://www.copyright.gov/fair-use/summaries/rogers-koons-2dcir1992.pdf
(2023.12.10 접속)

나 전시방식-을 시도하는 것이 대다수였다. **〈불어서 만든 꽃과 토끼 (Inflatable Flower and Bunny)〉(1979) (부는 시리즈)** 같은 작품이 대표적이다. 이후 〈넬슨 자동 밥솥(Nelson automatic cooker)〉(1979)을 비롯, 주방용품들을 그림처럼 공중에 매단 "pre-new" 시리즈, 〈새 후버 카펫 청소기(New Hoover Deluxe Rug shampooer)〉(1979) 같이 새로운 가전제품, 특히 청소기를 아크릴 상자에 넣고 조명을 더해 전시한 "the New" 시리즈, 농구공을 소금물에 띄우고 진열 상자에 넣은 "평형 연작"(1985)등을 제작했다. 또 '술'을 중심으로 한 회화작품 "화려함과 굴욕(Luxury and Degradation)" 연작에선 〈Aqui Bacardi〉(1985)를 비롯, 다수의 술 광고의 이미지를 그대로 회화로 옮겼다. 유명 연예인과 대중에게 잘 알려진 아이콘을 입체로 제작한 것들과 자신의 전 부인인 이탈리아 포르노 배우, 치치올리나를 모델로 한 평면 작품(회화 또는 사진 프린트 등)의 "천상(made in heaven)" 연작이 있다. 유리, 도자기로 만든 입체 작품에선 성교를 매우 상세히 묘사하기도 했다.

이후 가끔 회화를 구사하는데, 방식은 거의 극사실주의(Hyper-realism)에 가깝고, 콜라주한 듯 조각난 이미지의 결합을 강조하는 구성을 보여준다. 쿤스는 1986년, 초기작 홍당무 먹는 〈토기〉를 금속의 스텐레스 스틸 조각으로 변환시키고 크기를 키움으로써 자신만의 개성 있는 도상으로 만들었다. 〈토끼〉(1986)는 뉴욕 메이시 백화점이 주관하는 추수감사절 퍼레이드에 등장할 만큼 한동안 그의 대표적 아이콘이 되었는데, 이후 스테인레스 스틸 소재 적용은 활발해진다. 〈토끼〉(1986)가 2019년 경매에서 9천1백만달러 이상(약 1183억)에 판매되면서 생존 작가 최고가의 기록을 세우게 된다. 1미터가 안 되는(3피트) 이 작품으로 쿤스는 명실상부 미국에서 가장 상업적으로

Inflatable Flower and Bunny
http://www.jeffkoons.com/artwork/inflatables/inflatable-flower-and-bunny-tall-white-pink-bunny
(file source: 작가 웹사이트)

성공한 작가가 되었다.

쿤스는 처음부터 상품 자체에 대해 깊은 관심을 가졌다. 그는 현대 생활의 소모품이 우리 일상과 시각적 경험의 대부분을 규정한다고 보았고, 광고를 비롯한 시각이미지를 여러 매체를 통해 다루면서 매혹적으로 표현하려했다. 상품 자체가 제목이 되고 그들을 마치 미니멀리즘 조각처럼 전시 상자/진열장에 넣고 경배의 대상처럼 보이게 하는 전략도 썼다. 플라스틱 몸체와 전선을 가진 일상적 기구들이 마치 종교 도상처럼 좌대 위, 진열장 안에 놓이는 것은 기발함을 떠나서 동시대 유물주의의 극단을 보여주는 것 같기도 하다.[45]

〈강아지(Puppy)〉(1992)도 최근까지 꾸준히 제작되고 있는 작품이다. 공공미술에 가까운 크고 거대한 프로젝트로 누구나 좋아할 익숙하고 유쾌한 소재를 부각시켰다. 이 작품은 스테인레스 스틸과 나무 구조를 세우고 외부에는 꽃을 심어 생화로 된 강아지를 보여주는데, 내부에는 경작을 위한 수로를 만들어 관리를 편하게 했다. 스페인 빌바오 구겐하임을 비롯해서 몇몇 유명 장소에 작품이 영구 소장되어있다.

쿤스는 표면 반사 정도가 매우 뛰어나고 화려하게 채색된 스테인레스 스틸을 이용한 풍선 시리즈를 비롯한 여러 친근한 소재, 유아적 대상들을 표현해왔다. 밀도 높은 스테인레스 스틸의 표면효과를 높이기 위해 많이 정련-갈아냄-함으로써 주변을 반사하는 깔끔하고 원색의 색감이 뛰어난 작품을 제작한다. 광을 낸 분채 스테인레스 스틸로, 부활절 계란, 리본 단 심장, 강아지, 사탕, 반지, 꽃처럼 선물의 의미를 갖는 소재들을 주로 표현한다. 이보다 더 진부할 수 없는 대상은

---

45 Peter Schjeldahl, "Selling Points: A Jeff Koons reptospective," *The New Yorker*, 2014.7

Jeff Koons' 'Rabbit' Fetches $91 Million, Auction Record For Work By A Living Artist

https://www.npr.org/2019/05/16/723888420/jeff-koons-rabbit-fetches-91-million-auction-record-for-work-by-living-artist (npr)

반짝이고 무게가 느껴지지 않는 세련된 모습으로 변화하면서 키치에서 가장 값비싼 유물로 전환되었다. 이런 결과물을 낳기까지 거울같은 표면 효과를 위해 많은 노동력이 집중되어야 하고, 이는 장인정신의 투여라는 전통적 미덕과 크게 다르지 않다고 긍정적인 평가를 내리는 비평가도 있다.

그의 작품은 포스트-팝(post-pop)의 경향을 내포하는데, 상품이나 대중 매체에서 많이 다루는 유명 인물이나 특정 상품에서 점차 아이들에게 익숙한 유아적 친근함의 대상을 선택함으로써 관객들의 가장 순수한 시절, 따뜻한 기억, 그리고 심리적 평안의 상태를 자극한다. 쿤스의 개성과 취향이 상업적 전략과 접점을 이루는 부분이다.[46]

쿤스는 2013 팝가수 레이디가가의 〈아트팝(artpop)〉 앨범을 디자인 하고, 그녀를 모델로 사진을 제작하며, 레이디가가의 아트레이브(artrave)에서 작품을 전시하기도 했다. 일종의 유명인과의 협업은 팝아트의 전통에서 보면 낯설지 않다. 그의 이런 행보, 특히 대중적 유명인사가 되었다는 점에서 쿤스는 분명 워홀의 후계자로 보인다. 쿤스는 키치라는 전형성을 꾸준히 발달시켜서, 오브제를 단순히 싸구려 복제품들로 이루어진 값없는 소비물 더미로 두지 않았다. 키치에서 시작했지만 그는 관객들이 미술에서 요구하는 것이 무엇인지 간파하고 있는 듯 하다. 그는 자신의 작품들을 관람하기 좋고, 편하고, 때로는 재미있는 것, 그래서 어떤 장소에서도 쉽게 접근할 수 있는 대상으로 만들었다. 그의 작품에 과도한 부가가치가 발생하는 것은 팝아트 이후 그에게 거는 미국의 기대 때문으로 보인다. 결국 그의 작품은 가장 미국적인 소비와 생활의 단순한 목표와 방향성, 그리고 예술에 대

---

46 Thomas Crow, "American Idol: Jeff Koons," *Artforum International*, 53:1, 2014.

Puppy
http://www.jeffkoons.com/artwork/puppy
(file source: 작가 웹사이트)

한 대중의 이해를 잘 충족시켜주는 것이라 하겠다. 실제 그의 작품들은 생존 작가 중에 경매가 최고 가격대를 형성하고 있다. 2019년 〈토끼〉외에도 2013년 스텐레스 스틸로 만든 **〈오렌지색 풍선 개(Balloon Dog, Orange)〉(1994-2000)**가 거의 600억 (58,400,000 달러)에 팔렸다. 그의 또 다른 작품 〈매달린 심장〉은 2007년 소더비에서 약 250억(23,000,000달러)에 팔려 당시 경매 최고가를 기록한 바 있다.

꾸준히 대형 프로젝트를 맡고 있는 쿤스는 평면작품, 오브제, 입체, 조각, 공공 프로젝트 등을 제작하며 현재 가장 활발하게 활동하는 작가이다. 그는 소비재의 단순 찬양에서 시작해서 생활의 단상들을 -의식주, 대중문화와 성생활- 미화하거나 우상화해왔다. 점차 자신의 소재를 화려한 재료와 결부시킴으로써 그만의 동시대성을 비판 없이 가시화하고 있음은 현대미술의 반-비판성, 자본적 압도와 이론의 유명무실함 하에 놓인 현실을 잘 보여 준다고 하겠다. 그러나 비판 없는 소비, 그늘 없는 물질문화에 대한 지루함이 언젠가 그의 '흠 없어' 보이는 작품에 대한 거부로 등장할 날이 오지 않을까 예상해본다.

가브리엘 오로즈코 Gabriel Orozco (1962-)
: 사물을 무한대로 재맥락화하다 Y

예술가가 일상을 들여다보는 시각은 확실히 보통 사람과 다르다. 이중섭이 1950년대 한국에서 자신이 피우던 담배 상자 내지인 은지에 드로잉을 하면서 가난과 외로움을 예술로 승화했다면, 오로즈코는 글로벌 시대의 예술가답게 비행기 탑승권에 드로잉을 하고, 버려진 물건을 주워 모으며, 소소한 일상 속에서 창작의 영감을 얻는다.

Balloon dog, Orange
https://www.christies.com/en/lot/lot-5739099

오로즈코는 멕시코 출신으로 스페인에서 공부했으며 현재 도쿄와 멕시코 시티에서 살고 있다. 그는 1990년대 이후 주목받기 시작한 작가 중의 한명으로 드로잉에서 조각, 사진, 건축까지 다양한 매체를 넘나들며 작업한다. 물질과 비물질, 형식주의와 개념주의 등 서로 상반될 것 같은 태도도 자유롭게 넘나드는 작가이다. 그의 작업 중에서도 일상에서 발견한 물건이나 재료를 가지고 간결하면서도 경제적이며, 개념적으로 접근한 작업이 돋보인다. 마치 고가의 재료와 물질에 거부감을 표현하듯이 우연히 마주친 물건들을 재배치하여 사진으로 찍거나 실제로 수집하여 새로운 맥락으로 배열하기도 한다. 그런 점에서 오로즈코는'포스트-프로덕션'의 방식을 쓰는 동시에 개념적 작업을 지향한다고 할 수 있다. 또한 미술시장의 요구에 부응하지 않고 사라지거나 가변적인 물질을 순간적으로 포착하여 재맥락화한다.

〈미친 여행자(Crazy Tourist)〉(1991)는 브라질의 한 재래시장의 텅 빈 가판대 위에 올려놓은 오렌지를 사진으로 찍은 것이다. 그는 사랑하는 여자를 만나기 위해 간 브라질에서 특별한 목적이 없이 돌아다니다가 사람이 모두 떠난 시장 한 켠에 버려진 상한 오렌지들을 보게 된다. 그리고 그 오렌지를 하나씩 가판대 위에 배치한 후 이를 사진으로 찍었다. 이를 본 상인 일부가 그를 '미친 여행자'라고 불렀고 그렇게 작품의 제목이 만들어졌다.

이 작업은 시장이라는 공간과 사람들이 철수한 한가한 저녁이라는 시공간의 특수성을 포착하고, 그 장소에서 찾을 수 있는 썩은 오렌지라는 지극히 평범한 물건을 통해 예술의 겸손함과 저력을 보여준다. 그동안 예술은 로댕의 청동, 폴록의 물감, 브랑쿠지의 대리석 등 물질의 축복 속에서 벌어지는 축제와도 같았다. 오로즈코는 일상의 공간에'개입'하여, 그 공간의 질서에 작은 제스처를 더하고, 장소에 구체

Crazy Tourist
https://www.artnet.com/artists/gabriel-orozco/crazy-tourist-IkVYCN-obHAi4goi8yt7NgA2

적인 작업을 실현한다. 그러한 모든 과정은 예술의 물질주의와 그 물질주의에서 상품적 가치를 찾는 시장의 기대를 저버린다.

그는 이후에도 현재라는 시간과 여기라는 장소의 특수성을 토대로 작업하고 있다. 그리고 거대하거나, 스펙터클을 지향하는 작업이 아니라, 요구르트 병뚜껑처럼 작은 일상의 소소한 디테일에 주목하고 그 안에서 발견한 것들을 과대 포장하지 않고 소박하게 제시한다. 2000년대 초반에 나온 오로즈코의 사진들 역시 사진이라는 형식을 통해 감상할 수밖에 없으나 사실은 위와 같은 겸손한'개입'의 결과로 나온 것들이다. 테킬라를 마시던 테이블에 놓인 라임 조각들을 재배치한 〈레몬 게임(Juego de Limones)〉(2001)이나 선인장 나무의 잎에서 뽑은 섬유질을 활용한 〈혼합체(Mixiotes)〉(2001)와 같은 입체작업도 있다. 이러한 작품들은 미술의 물질성을 넘어서 재기발랄한 개념적 과정을 부각하여 예술과 삶의 거리가 멀지 않다는 것을 보여준다.

오로즈코의 비상업적이며,'포스트-프로덕션'적 태도는 최근 뉴욕 구겐하임 미술관에서 전시한 바 있는 〈Asterisms〉 프로젝트에 잘 드러난다. 이 프로젝트는 설치와 사진 작업이 주를 이룬다. 그중에서 **〈샌드 스타(Sandstar)〉**는 오로즈코가 멕시코의 바닷가에서 주운 크고 작은 물건들 1200점을 모아서 만든 설치 작품이다. 그 물건들은 주로 빈병, 플라스틱 조각, 전구, 나무 조각, 조개껍데기, 돌 등으로 오로즈코의 손을 거치면서 재질, 색체, 크기에 따라 배열된다. **〈어스트로터프 별자리(Astroturf Constellation)〉**은 뉴욕시의 한 운동장 주변에서 발견한 물건들을 모은 설치이다. 〈샌드 스타〉의 물건들보다 작은 것들로, 씹다 버린 껌, 사탕 포장지, 담배꽁초와 같은 것이다. 이 두 설치작업은 각각 바닥에 물건들을 배열하여 마치 현대문명

Sandstar
http://db-artmag.de/cms/upload/71/onview/asterisms/02_oro.jpg

의 잔재가 바다와 지구 위를 돌아다니다가 다시 발견될 때까지의 긴 여정을 그대로 보여준다. 그러나 혼돈된 배열이 아니라 작가의 손을 거치면서 일정한 질서가 부여되며, 가지런한 물건들은 다시 사진으로 찍혀서 격자무늬 패턴으로 배열된다.

이러한 오로즈코의 작업은 예술의 신비화를 탈피하며 마치 뒤샹처럼 기존의 물건을'발견'해서 재맥락화하는 데 목적이 있다. 사람들의 시선과 관심에서 멀어진 온갖 종류의 폐기된 또는 상실된 물건에 애정을 두며, 분류 과정을 통해 새로운 질서를 부여하고, 자신이 살아가는 문명의 폐해를 다시 예술로 승화한다. 그러나 그의 모든 작업이 비상업적인 것은 아니다 그 역시 상업화랑에 속해 있으며 유명세를 통해 작품이 판매되기도 한다. 다만 그의 작업중 일부가 상대적으로 매력적인 재료를 눈에 띄게 사용하고 과대 포장하는 시각적 전략을 선호하는 시장 지향적 작업과는 거리가 멀게 보인다는 것이다.

"예술에서 중요한 것은 현실을 다르게 볼 수 있다는 가능성, 즉 사물을 새로운 방식으로 볼 수 있다는 것이다. 사물은 깨달음을 위한 도구일 뿐이다." (오로즈코, 2009년 인터뷰)

무라카미 다카시 Murakami Takashi (1962~)
: 21세기 문화예술기업인의 자화상 J

무라카미 다카시는 전후 일본의 포스트모던 문화의 여러 키워드를 설명하는데 가장 적절한 작가로 평가받는다. 두 차례 원자폭탄이 투하된 지구 유일의 피해국, 일본 전후세대의 상처, 미국에 대한 경배와

Astroturf Constellation
http://exhibitions.guggenheim.org/storylines/api/content/uploads/2015/05/41846201.jpg

적개심, 막강한 하위문화(서브컬쳐)의 발달과 소비와 생산 중심체로서 활동하는 오타쿠 문화 등과 모두 밀접한 작가이다.

피해자이자 서구의 타자로서 일본인의 정체성과 팝아트를 극대화한 게임/만화/광고 이미지의 혼용, 하위문화 특유의 극단과 조악함 속에 내재한 쉽고 부담 없는 유머와 일상성을 무라카미는 작품에 간직하고 있다. 동시에 상업디자인 체계를 강조하고 미술의 소비재적 성격을 이해하여 자생력 없는 후기모더니즘 미술의 병폐를 극단적으로 드러냈다는 비난도 함께 받을 수 있다.

그는 회사-카이카이 키키(Kaikai Kiki co.Ltd)-를 동경과 뉴욕에 설립하고, 만화와 애니메이션, 예술기획 전반, 광고디자인, 상품 제작 등 다양한 일을 함으로써 미술의 영역을 확대해왔다. 회사는 시각문화관련 사업뿐 아니라, 만화나 애니메(만화 영화)를 제작하기도 하고, 열쇠고리, 티셔츠, 노트, 마우스패트, 배지(badge) 등의 일상 용품을 제작, 판매했다. 무라카미의 작품을 활용한 이런 일상 용품은 동네 만화 가게나 사탕 가게, 편의점에서도 판매되었다.

무라카미 경력의 최절정기는 '루이비통' 가방을 디자인한 시기(2003)로 이후 그는 세계적 작가로 부각 되었고, 작품가격도 급상승했다. 2007년 엘에이 현대미술관(MOCA)의 개인전에서 전시장 내부에 루이비통 샵을 개설,[47] 상품을 판매했다는 점에서 그는 미술과 비미술, 상품의 경계를 적극적으로 해체한 역할을 수행했다.[48] 워홀이 예견한 대로, '미래에는 미술관이 백화점이 되는 것이 아니라, 백화점

---

47 2007년 미국 엘에이 모카 (Geffen Contemporary at LA MOCA)에서(10.29~2.11, 2008) 열린 무라카미의 개인전에서 루이비통 상점이 전시장 2층에 마련되었다. 샵의 실제 인테리어와 진열방식을 그대로 적용하고, 무라카미가 디자인한, 전시를 위해 특별히 생산된 루이비통 가죽 용품들 – 무라카미의 작은 가방은 전시장에서 $925에 판매됨–을 팔았다.

48 2003년 패션 디자이너 마크 제이콥스와 제휴해서 한정판으로 만든 $5,000짜리(약 500만원) 루이비통 핸드백을 디자인했는데, 매우 높은 판매고와 엄청난 제품 홍보효과를 올렸다. Rothkopf, "Murakami Takashi: Company man," Paul Schimmel ed., ©*Murakami*, (LA: MOCA, 2007), 130.

이 미술관이 될 것'이라는 주장이 구현된 듯 보였다.[49] 루이비통 매장의 미술관 침입은 오히려 관객들에게는 신선하다는 반응을 불러왔다. 미술품에서 해소되지 않았던 욕구가 소비상품을 통해 만족되었고, 미술이 내세웠던 권위와 순수성을 전제로 했던 독자성(autonomy)이 스스로 그 경계를 파괴함으로써 카타르시스를 제공했다고 볼 수도 있다.

미술과 상품의 경계가 모호해진 것뿐만 아니라, 미술이 상업화된 환경 안에서 작동하게 되었다는 점은 주목할 부분이다. 무라카미는 《예술기업론》[50]을 출판하고, 작품의 본질은 상업적 성공임을 천명하고, 기업론의 본질과 미술을 구분하지 않았다. 그는 성공하는 예술가의 자화상을 제시하면서 부와 명성의 획득을 위한 구체적인 방법을 자세히 설명하고 있는데, 이후 일본 미술가들에게 많은 영향을 미쳤다. 무라카미는 자신의 작품을 '팝(pop)'과 '오타쿠'가 결합된 '포쿠(poku)'라 명명하고, 그의 미학을 '수퍼플랫(superflat)', 즉 전통과 새로운 매체의 평면성을 대표하는 미학의 가시화라고 주장했다.[51] 무라카미는 만화 캐릭터를 변형시킨 자신의 대표적 아이콘들 (DOB/ 카이카이, 키키/ 타원 부처/ 웃는 꽃, 버섯 등)을 만들고 이들을 작품에 적용, 귀여운 이미지부터 괴물로 변해가는 모습까지 다양하게 변형시켜서 작품화했다. 〈Mr. DOB〉(1993)

평면성은 단순히 형태의 특징이 아니라 그가 문제 삼고자 하는 정

---

49 Warhol, cited in Grunenberg et al., *Shopping : a century of art and consumer culture* (Ostfildern-Ruit: Hatje Cants, 2002).

50 무라카미, 『예술기업론』, 도쿄: 幻冬舍, 2006.

51 Murakami, "The Superflat manifesto," in *Superflat* 전시도록 (Tokyo: MADRA Publishing, 2000), 5,20.

Mr. DOB
https://www.artsy.net/artist-series/takashi-murakami-mr-dob
(file source: artsy.net)

치적 사회적 모순의 상징이자 극복 방식이기도 하다. 그의 '수퍼 플랫(super flat)'은 모더니즘의 형식을 넘어서 새로운 개념으로서의 평면성을 보여주기에 아방가르드하고 오리지널하다고 주장했다. 즉 자신의 미술은 서구의 형식주의 발달보다 앞서서 형식과 내용에서 모두 혁신적이고 해체적인 시도를 했다는 것이다.

무라카미는 **〈수퍼플랫 미술관(Super-Flat Museum)〉(2003)**을 제작, 자신의 입체 작품을 작은 미니어처로 제작, 증명서와 함께 넣은 세트를 편의점에서 판매했다. 구입 금액은 약 10000원 정도였다. 실제 작품을 구매할 수 없는 관객들이 어디서나 쉽게 작품을 구매하거나 경험할 수 있도록 했다고 말하지만, 막상 자신의 작품을 종류대로, 여러 버전으로 만들어서 콜렉션 하도록 한 점에서 그의 판매 전략은 결코 순수하지 않았다.

무라카미의 대표작으로 꼽히는 **〈나의 외로운 카우보이(My Lonesome Cowboy)〉(1998)**가 2008년 5월14일, 뉴욕 소더비 경매에서 약 158억에 판매되면서 무라카미는 아시아의 최고가 생존 작가 반열에 올랐다. 누드로 정액을 마치 카우보이의 밧줄처럼 흔드는 소년의 모습은 일본 만화 속 인물을 연상시킨다. 키치라고도 하기 힘든 이 작품은 성적이지만, 나이를 알 수 없고, 목적이 분명하지 않은 탈-맥락적 캐릭터에 가깝다. 늘씬한 몸에 소년 같은 얼굴, 덜 발달 된 체형의 남성은, 외설적이면서도 동시에 이해할 수 없는 순진무구함과 유머를 엿보게 한다. 가려진, 억눌린, 욕망을 분출하듯 체액을 터뜨리며 만화적 상상력 안에 놓인 소년의 모습은 현실 밖에서 만나는 일본 남성의 성적 환상을 표상한다. 소녀의 순진한 얼굴에 가슴을 잡고, 젖을 뿜어내는 여성형인 **〈히로폰(Hirophon)〉(1997)**과 짝을 이루어 전시되곤 한다. 성인이지만 귀여움을 지향하는 일본인들의 모호한 연령

Super-Flat Museum
https://media.mutualart.com/Images/2009_07/24/0319/695668/4fba0099-f2c5-42fd-9894-bcc3bf-14d7aa_g_570.Jpeg
(file source: mutual art)

My Lonesome Cowboy
https://uploads1.wikiart.org/images/takashi-murakami/my-lonesome-cowboy-1998.jpg
(file source: 위키 아트)

정체성의 욕구를 반영하는 sado-cute(사도-큐트)한 작품이라고 설명된다. 이 이미지는 오타쿠 문화에서 태생한 것으로, 무라카미가 일본 하위문화의 성적 이미지로부터 많은 영향을 받았고 작품에도 반영된 점은 분명하다.

무라카미가 미술시장에서 인정받게 되면서 자신의 이미지를 강조하는 자화상을 평면과 입체로 제작하면서 하나의 아이콘으로 만들려 했다. 2012년 도하에서 열린 《무라카미 이고(Ego)》전이 대표적이다. 도하 전시에서 작가가 일본 대지진의 희생자들을 위로하려는 **〈500 나한상(500 Arhats)〉(2012)**을 그려서 조국의 슬픔과 상처를 위로했다. 동시에 전시 전반에 자신을 모티프로 개인 이미지를 하나의 도상으로 정립하려 하기도 했다.

최근 작가는 '웃는 꽃'을 을 이모티콘처럼 사용하여 다양한 NFT로 제작하여 판매하고 있다. 업체 RTFKT와 협업하여 2022년 약 2만 여 개의 꽃 이미지 NFT를 생성했고 판매 첫 주에 약 2천만달러 (약 260억원)의 매출을 올렸다. **〈Flower〉(2022)**

무라카미가 NFT시장에 뛰어든 것이 재정적인 이유라고도 하지만, 그의 예술이 언제나 미술시장과 현실에 가장 민감하게 반응하고 있기 때문이기도 하다. 그는 만화 같은 도상을 중심으로 작업해왔지만 동경예술대학에서 일본 전통화 (니혼화)로 박사학위를 받은 경력으로 인해 전통과의 연결도 강하다. 도안적인 화면구성은 일본 목판화에서. 화려하고 금속적인 색채 사용은 장식화(후시마 페인팅)에서, 강한 평면성과 특이한 공간 구성은 정물화 병풍이나 풍경화 등으로부터 영

Hirophon
https://www.artnet.com/artists/takashi-murakami/hiropon-dMN_gUQNrw4mGMprX-peWBg2 (file source: artnet)

Hirophon/ My Lonesome Cowboy
http://bit.ly/3u8vgca

500 Arhats
http://www.japantimes.co.jp/wp-content/uploads/2015/11/p7-tokyo-murakami-a-20151104-870x390.jpg (file source: japantimes)

Flower
https://biz.crast.net/takashi-murakamis-nft-art-is-the-coolest-thing-weve-seen-this-year/

향을 받았다고 할 수 있다.

그런 점에서 가장 일본적이다라는 평가가 무색하지 않다. 그는 전통 회화부터 애니메이션, 성문화, 코스프레, 오타쿠 등 일본의 여러 문화 예술 장르와 연결되어있다. 또한 상품과 미술을 왕래하며 일상 속에서 자신의 작품과의 접점을 높이려했다는 점에서 예술 작품이 보편적 소비 대상에 속한다는 그의 신념을 보여준다. 무라카미는 자신의 소비자를 양산하고, 소비층을 확대함으로써 제작자이자 브랜드로서 자신의 이름을 각인시켰다. 소비가 생산으로 이어지는 직접적인 생산 욕망의 단계를 미술을 통해 가시화한 작가라는 점에서 무라카미의 역할은 예술가이기 이전에 시장과 소비자를 이해한 기업인이다.[52]

수퍼플랙스 Superflex (1993-)
: 자본으로부터 자유로운 예술과 세상을 그리며 Y

누군가는 물건을 만들어 팔아서 이익을 만들고, 누군가는 기꺼이 무보수로 일하며 자원봉사를 하기도 한다. 자본주의 사회에서 예술은 어느 편에 서야 할까?

덴마크 작가 야콥 펭거(Jakob Fenger), 라스무스 닐슨(Rasmus Nielsen), 그리고 뵤른스텐 크리스티안슨(Bjørnstjerne Christiansen)이 결성한 수퍼플랙스 그룹은 1993년부터 이익을 추구하는 상업주의에 대항하는 대안적 경제 활동을 모색하고 있다. 그들의 작업은 개념적이면서 동시에 '관계 미학'의 가치를 공유한다. 덴마크 왕립미술아카데미 학생이던 그들은 그룹을 만들어 사회를 바꾸는 '도구'로서의 예술을 꿈꾸기 시작했다. 이후 지금까지도 반시장적 전략을 주로 사용한다. 때로 자신들의 주장을 강조하고자 대기업을 비판하거나 패로디하는 경우도 있는데 이 때문에 법적인 소송에 휘말린 적도

52 진휘연, 「미술과 디자인의 통합: 무라카미 다카시의 미술상품과 욕망」 『미술사와 시각문화』 7, 2008.

있다. 그들이 주로 만드는 것은 사람들이 직접 사용할 수 있는 물건이나 서비스로 바이오 가스, 치약, 초콜릿, 카페인 음료와 맥주, 의자, 인터넷 TV 등이 포함된다.

〈사회적 푸딩(Social Pudding)〉 (2003-4)은 수퍼플랙스와 티라바니자가 공동으로 진행한 프로젝트이다. 라이프치히와 로스엔젤레스 등에서 전개된 이 작업은 푸딩재료를 99센트(한화 1200원 정도)에 파는 한편 현장에서 관객들이 손쉽게 먹을 수 있도록 준비된다. 전시장에 쌓인 푸딩재료 박스에는 오렌지와 코코넛 향이 나는 두 종류의 분말이 들어있으며 각각의 재료를 컵에 담고 물을 부어 식히면 맛있는 푸딩이 된다. 99센트라는 싼 가격과 현장에서 먹을 수 있도록 준비가 되어있다는 점은 〈사회적 푸딩〉이 장사꾼처럼 이익을 실현하는 작업이 아니라는 것을 알려준다. 판매자와 구매자 사이에 가격을 두고 팽팽한 긴장 관계가 형성되는 기존의 상업 행위와 달리 〈사회적 푸딩〉은 판매자와 구매자라는 관계를 형성하는 상징적 제스춰로서 99센트를 설정하고 고소한 푸딩은 그 푸딩을 나누어 먹는 관객들이 대화를 나누며 소통하는 실마리가 된다.

〈과라나 파워(Guarana Power)〉 프로젝트(2003)는 브라질 아마존 지역의 농부들이 생산한 과라나 열매가 다국적 대기업의 독점 계약으로 싼 값에 팔리고 제대로 된 가격을 받지 못하는 현실을 고발한 작업이다. 대기업은 경쟁사가 없다는 이유로 점점 더 싼 값에 과라나를 구매하고 정작 음료 시장에서는 제대로 된 가격을 받곤 했다. 이에 항의하는 과라나 재배 농가들과 수퍼플랙스는 협업으로 대기업의 음료에 대항하는 과라나 음료를 만들어 판매하기 시작했다. 대기업 중심의 시장에 윤리적이며, 공정한 거래의 필요성을 강조한 프로젝트라고 할 수 있다.

Social Pudding
https://superflex.net/works/social_pudding

Guarana Power
http://www.superflex.net/works/guarana_power

〈공짜 맥주(Free Beer)〉 프로젝트(2004)는 수퍼플렉스와 코펜하겐의 한 대학의 학생들이 함께 추진한 오픈소스 맥주 프로젝트이다. 마이크로소프트가 윈도우 프로그램을 비싼 값에 팔자 이에 대항하는 리눅스 프로그램이 공짜로 유포된 바 있다. 이러한 프로그램을 FOSS(-free and open-source software)라고 하는데, 〈공짜 맥주〉도 바로 그러한 개념을 토대로 맥주라는 일상적 음료에 적용한 것이다. 유럽의 여러 지역에는 오래전부터 내려온 맥주 제조법이 있다. 수퍼플랙스와 학생들은 맥주를 만들고 그 맥주의 제조법을 저작권을 공유하는 크리에이티브 커먼스(Creative Commons)에 등록한 후 그 제조법과 라벨을 다운로드할 수 있는 웹사이트를 제작하여 맥주 제조 방법을 완전히 공개했다. 관심있는 사람들은 제조법과 라벨 파일을 다운로드하여 직접 맥주를 만들 수 있으며'공짜 맥주'라는 라벨을 병에 붙일 수 있다. 실제로 많은 사람들이 공개된 제조 방법에 따라 맥주를 만들기도 했다. 그들은 2004년 처음 공개된 제조법으로 첫 번째 '공짜 맥주'를 제조한 이후 2010년 공짜 맥주 4.1 버전을 제조한 바 있다. 저작권을 보호하려는 기존의 상업활동과 달리 개방된 무료 사용을 허용한다는 사실 덕분인지 전 세계의 유수한 비엔날레 뿐만 아니라 정치 모임에서도'공짜 맥주'가 시음되곤 한다.

〈복제 가게(Copyshop)〉(2005-7) 역시 저작권과 복제물에 대한 인식을 다시 생각하게 하는 프로젝트이다. 수퍼플랙스는 2005년 코펜하겐에 복제 가게를 열었는데, 이 가게에는 지적소유권을 지키지 않은 상품을 판매하였다. 예를 들면, 원판을 살짝 수정하거나 고쳐서 완전히 새로운 원본으로 만든 것들이다. 이 가게에서 판매된 물건 중에는 티셔츠, 운동화, 메카 콜라, 사회적 푸딩 등이 있다.

〈복제 가게〉뿐만 아니라 수퍼플랙스의 다수의 작업은 아무리 사소

Free Beer
https://superflex.net/works/free_beer

한 아이디어라고 해도 시장에서 가치가 있으면 가격을 올리고 원판을 보호하려고 지적소유권을 발동하는 현재의 경제 논리에 도전하는 것이다. 어느 날 지적소유권 때문에 길거리에 음악이 사라지고, 간단한 학교 숙제를 위해 인터넷에서 이미지를 함부로 사용할 수 없게 된 사회의 경직성을 고발하고 있다. 실제로 이 가게에서 판매된 티셔츠가 자사의 제품을 도용하고 있다는 지적과 함께 법적 소송을 할 수도 있다는 협박에 시달리기도 했다.

> *"나는 그것[우리 작업]이 자본주의에 순응하는 시민에 저항하는 행위라고 생각합니다. 자본주의 내에서 우리는 조련된 소비자이어야 하며 직접 물건을 만들거나 지어서는 안됩니다. 그래서 우리가 '모든 사람이 잠재적 사업가이다'라고 말할 때, 그 말은 우리 모두 큰 기업을 시작해야한다는 의미는 아닙니다. 오히려 순종적인 소비자가 아니라 자신만의 작업을 할 수 있는 창의적 소비자라는 의미를 건드리고 있습니다."*
> *(닐슨, 2010년 인터뷰)*

9.

디지털 아트/NFT 아트

Digital Art/NFT Art

디지털 아트/NFT 아트 Digital Art/NFT art
: 정보 자본주의의 또 다른 권력화
새로운 기회이자 소외의 시작 J

디지털 아트는 컴퓨터 기술이 바탕이 되어 전자 매체를 통해 제작된 작품을 가리키는 용어로 1960년대부터 시작되었고 멀티미디어 아트, 뉴미디어 아트 등으로 불리기도 한다. 엄밀히 컴퓨터의 소프트웨어를 이용하거나 연결된 기기들을 통해 사진을 스캔 또는 다운받은 정보들을 사용해서 작품을 제작한다. 음악, 조각, 건축 등의 타 분야의 내용을 함께 사용하여 감각적 확장을 이루었고 관객의 참여에 의한 웹 아트(web art), 넷 아트(net art), 상호성을 담보로 한 인터렉티브 아트(interactive art) 등의 다양한 이름을 갖게 되었다. 온라인상에서 연결된 다수와의 협업은 물론 열린 구성과 불특정 다수의 참여를 연결시킬 수 있기에 시간과 공간의 경계가 사라진 작업도 가능하다.

2차 세계대전을 기점으로 컴퓨터의 활용이 증대하면서 그래픽이 발달했는데 수학자이자 물리학자인 게오르그 니즈(Georg Nees)가 컴퓨터 그래픽을 본격적으로 사용하여 알고리드믹 아트를 발표했는데 그리드와 프랙탈 등으로 추상적인 드로잉을 만들었다. 존 휘트니(John Whitney)는 컴퓨터 그래픽의 선구자이자 애니메이션 기법으로 그래픽 영화에서 주목받았는데 〈카타로그(Catalog)〉(1961), 〈순열(Permutation)〉(1968), 〈아라베스크(Arabesque)〉(1975) 등 다양한 애니메이션을 만들었고 상당한 완성도를 보여주었다. 컴퓨터 그래픽은 이후 영화에서 특수효과의 중요한 부분을 담당했고, 휘트니는 컴퓨터 그래픽의 아버지로 불렸다. 1963년 이반 서덜랜드(Ivan Sutherland)가 사용자와 상호성을 갖는 컴퓨터 그래픽 도구 스케치패드를 발명했다.

미술계에서 전자기술을 적극 수용한 첫 시도는 EAT(Experiment Art and Technology) 그룹이라 할 수 있다. 빌리 클루버(Billy Klüver), 줄리 마르탱(Julie Martin), 프레드 왈드하우저(Fred Waldhauser)와 로버트 라우센버그(Robert Rauschenberg)가 의기투합하여 선도적인 기술과 미술의 연결 가능성을 탐구했는데, 1966년 《9 밤: 공연과 기술(9 Evenings: Theatre and Engineering)》에서 예술가와 기술자들이 다양하고도 구체적으로 협업했다. 10명의 예술가들의 퍼포먼스에 당시로선 첨단의 여러 기술들을 사용한 작품들을 발표했고 비교적 많은 관객들을 불러 모으고 언론의 주목을 받았다. 이후 컴퓨터 기술이 크게 돋보인 제시아 라이카르트(Jasia Reichardt)가 큐레이팅한 《사이버네틱 세렌디피티(Cybernetic Serendipity)》가 런던(ICA)(1968), 미국의 워싱턴 DC와 샌프란시스코에서(1969) 순회전시 했다. 이 전시는 예술 제작의 주체로서 컴퓨터를 부각시키려는 의도로 기계가 만드는 시, 에세이, 하이쿠(일본 단가), 영화 등이 전시되었다. 기계미학의 탐구자로서 백남준의 〈로봇 K-456〉, 자동으로 그림 그리는 장 팅글리의 〈그림 그리는 기계〉(1959), 관객과의 인터렉션을 구현한 고든 패스크(Gordon Pask)의 〈움직이는 대화〉등을 전시했다.[53] **웬 잉 차이(Wen-Ying Tsai) 〈시스템 1(System 1)〉(1968)**

1970년부터 컴퓨터는 일반인들에게도 수용되기 시작했고 앤디 워홀은 개인용 컴퓨터 코모도로 아미가(Commodore Amiga)를 사용하여 디지털 아트 연작을 만들기도 했다. 컴퓨터 이미지를 입체적 공간으로 표현하고 놀이를 접목시킨 제프리 쇼(Jeffery Shaw)는 〈읽을 수 있는 도시 : 맨하탄(The Legible City : Manhattan)〉(1988)에서 관객이 자전거 페달을 밟고 핸들을 움직이면 눈앞에 도시가 펼쳐지면

---

53 Frank Dietrich, "Visual Intelligence: The First Decade of Computer Art (1965-75)," *Leonardo*, v.19-2 (1998),159-169.

System 1
https://en.wikipedia.org/wiki/Cybernetic_Serendipity#/media/File:Tsai_system1MoMA.jpg
(wikipedia.org)

서 마치 자건거를 타고 구경하는 듯한 참여형 디지털 공간 설치 작업을 보여주었다. 인터렉티브 작품은 이후 가상현실(VR), 현실과 가상의 공존을 경험하는 증강현실(AR) 아트 등으로 발전했고 몰입형 환경을 제공하고 사운드가 확충되면서 여러 감각을 자극하는 방식도 시도된다. **제프리 쇼 〈읽을수 있는 도시〉(1988) (ZKM)**

1990년대부터는 VR(가상현실 Virtual Reality)/ AR(증강현실 Augmented Reality) 등이 크게 유행하면서 작가들에게 새로운 도전이 되었다. 이런 작업을 위해서는 작가가 컴퓨터 기술자와 협업하거나 기술자나 엔지니어를 고용하기도 하고 이들과 협업으로 진행하기도 한다.

최근 인공지능의 발달과 실생활의 적용이 확대되면서 디지털 아트는 인간이 수용할 수 있는 범위 밖의 엄청난 양의 정보를 다루는 방향으로 흐른다. 정보의 연결과 재구성이 중요해지고 결과물은 통합적인 측면을 갖는다. AI를 이용한 작업은 이미 1960년대부터 있었지만 최근에는 알고리즘 간 경쟁을 통해 더 빠르게 학습하도록 하는 머신-러닝 방법을 쓰면서 반 고흐, 렘브란트 등 유명 작가의 작품을 그들 스타일로 창조하기에 이르렀다.

디지털 아트가 기술적인 새 매체임에는 분명한데 대다수의 동시대 작가들도 작품 제작 과정에서 컴퓨터를 이용하여 자료 분석부터 이미지 구성과 전시 공간 계획 등을 디지털 단계로 거치는 것이 보편적이다. 작품 제작 과정에서 컴퓨터를 이용한 이미지 제작이나 데이터 수집과 변형 등을 포함한다면 동시대 무수한 작가들이 부분적으로 디지털 아트를 경유한다고 하겠다.

작품의 디지털 이미지가 플랫폼에 공유되는 과정이나 전시장의 홈페이지에 올라오는 것을 생각한다면 모든 예술 작품은 디지털 아트의

The Legible City
https://zkm.de/en/artwork/the-legible-city-o

한 부분에 참여하고 있으며 결국 모든 매체는 디지털로 수렴되고 그것이 포스트 미디엄 시대의 특징을 나타낸다고 하겠다. 데이터 기반, 네트워크 기반, 가상공간 기반, 상호작용 기반, 다감각 기반 등 디지털 아트의 분류도 가능하다.

디지털 매체의 개성을 강조해온 작가들, 매체의 특성을 잘 살린 작가들은 상당수가 있는데, 인간 청력의 가장자리에 있는 주파수를 사용하며 소음에 가까운 소리를 전시장에 뿜어내며 QR코드 안을 걸어다니는 상황을 재현해주며 빠른 비트로 디지털 이미지를 변형시켜서 심장을 자극하는 이케다 료지(Ryoji Ikeda), 건축물이나 기존 예술작품을 컴퓨터상에서 해체하여 전혀 다른 이미지로 재구성하는 이태리 작가 다비드 콰욜라(Davide Quayola), 작가 그룹을 이끌며 기술 축적적인 애니메이션을 제작하는 모리스 베나윤(Maurice Benayoun) 등이 대표적이다. **베나윤 〈대서양 아래 터널(Tunnel under the Atlantic)〉(1995)**

디지털 아트의 가장 중요한 측면은 변화하는 일상성의 기반이 되는 디지털기기의 발달과 그로 인한 온라인 문화의 변화하는 시각성이다. 온라인 문화의 여러 현상을 미술이 포용하기도 한다. 대표적인 것이 밈과 데이터인데 밈은 인터넷 문화이자 유행 콘텐츠(원래 mimesis+gene으로 모방의 유전자)의 자기복제 또는 재생산을 의미하고 리처드 도킨스(Richard Dawkins)에 의해 만들어진 단어이다. 짧고 인상적인 장면이 반복적으로 등장한다. 그는 저서 《이기적 유전자》에서 문화적 요소들이 마치 유전자처럼 자신을 복제하며 진화한다고 주장했는데, 그의 가설에서 출발한 밈이라는 개념은 인터넷에서 유행하는 요소들을 일컫는 표현으로 자리 잡았다. 흥미로운, 재미있는, 자랑하고픈, 보여주고픈 영상이나 이미지를 계속 퍼 나르며 재생산하

Tunnel under the Atlantic
https://benayoun.com/moben/1995/09/14/the-tunnel-under-the-atlantic/
(작가 사이트 benayoun.com)

는 방식을 의미하는 밈 경제학은 디지털 문화 중 하나이자 주된 성격이 되었다.

NFT 아트 열풍

NFT 아트는 일반적인 디지털 아트에 NFT 채굴 과정만 추가된 형태로 제작된다. 암호 화폐에 대한 투자가 가속화되면서 그 일환으로 미술작품을 NFT로 만들어 유통시키려는 흐름이 급작스럽게 과열되었다. 작품은 어떤 매체였든 간에 기존 디지털 아트의 형식인 JPEG, MP4, GIF 파일과 같은 디지털 이미지 파일로 제작해 따로 저장하고 이 파일에 대한 소유권 증서를 NFT로 발행하는 방식이 NFT 아트이다.[54] 그러므로 예외도 존재하지만, 대부분의 NFT 아트는 디지털 아티스트들에 의해 제작되었고 원본 이미지는 요구하지 않으면 구매자에게 굳이 주지도 않는다. 특별한 의미가 없기 때문이다. 즉 디지털 이미지는 누구에게나 개방되어있지만, 증명서만이 그것의 소유권을 밝히고, 그래서 기존 유명 작가들도 이 시장에 뛰어들어서 자신의 작품을 NFT 증서로 유통시키고 있다. 기존 디지털 아트와의 차별점은 NFT 블록체인을 통해 소유권 뿐만 아니라 모든 거래기록까지 증명하는 방식에 있다. 누구나 온라인에서 볼 수 있는 작품이지만 해당 파일의 거래 기록이나 소유권은 위조나 변조가 불가능한 고유한 정보를 부여받게 된다는 점이 차이다.

기존의 디지털 아트와 같은 이미지 저작물을 NFT화 하는 것을 민팅(Minting)이라고 부르는데, 이를 위해서는 일종의 수수료가 필요하다. 최근 한국의 엔터테인먼트 회사들이 NFT사업으로 나간다고 선언하는 것은 연예인들의 관련 상품을 NFT화, 즉 민팅하여 부가가치를 높이려는 것이다. 결제는 비트코인보다는 이더리움(Ethereum)의 ERC-721 기반의 블록체인 기술을 활용한다. 이더리움은 탈 중앙화된 분산형 앱을 만들고 운영할 수 있는 일종의 '플랫폼'으로 기능

54 박대민, 「NFT 아트: 예술계의 탈중앙화와 흔적의 아우라」, 『한국언론정보학보』, Vol 109 (2021), 133.

하는 동시에 이 플랫폼의 자체 통화로 사용된다. 특히 비트코인이 결제나 송금 등의 '화폐'로서의 제한된 용도를 갖는 것과 달리 이더리움은 일반적인 프로그래밍에서 많이 활용하는 언어인 C++, Java, 파이선, Go 등 대부분의 프로그래밍 언어를 지원하는 범용성도 갖추고 있다.[55]

앞서 언급한 '민팅'과정에서 제작자는 '가스(Gas)'라고 불리는 일종의 수수료를 코인으로 지불하게 되고, 작품명, 작품 설명, 고화질 이미지 링크, 작품이 판매될 때마다 받을 수 있는 로열티 비율, 에디션 개수 등을 임의로 입력할 수 있다.

NFT 아트에 대한 평가의 핵심은 탈중앙화인데 화랑, 옥션이나 미술시장 등과의 네트워크를 통해 유통이 이루어지던 방식에서 벗어나 누구라도 자신의 작품을 온라인 플랫폼에 올려놓고 대중의 선호에 의해 평가받게 된다. 작품의 소유권에 대한 비가역적 기록이 더해지지만 일종의 직거래에 가깝다. 이더리움으로 유통되고 NFT 취급 사이트 (플랫폼) 안에서만 거래될 수 있다. 유명 작가의 고가 NFT 작품은 크리스티나 소더비 같은 예술경매 전문회사가 거래해서 양극화가 벌어지고 있지만 아직은 극소수이다. 대표적 플랫폼으로는 가입비나 가스비(NFT 발행시 수수료) 없이 누구든지 작품을 올릴 수 있는 오픈씨(OpenSea), 기존 사용자가 초대하여야 가입할 수 있는 파운데이션(foundation), 참여가 어렵고 조건이 까다로운 수퍼레어(SuperRare) 등이 대표적이고 이외에도 니프티 게이트웨이(Nifty Gateaway), 래리블(Rarible), 테조스(Tezos) 등의 사이트들이 있다. 판매 조건이나 작품 성격에 차이가 있지만 이곳은 관객, 콜랙터, 소비자의 선택으로 평가가 이루어진다는 점에서 소통이 매우 직접적이고 즉각적이다. NFT에 대한 과열은 가라앉는 추세지만 제도권과 상관없이 진입장벽을 낮출 수 있는 미술 플랫폼의 양산이란 점에서는 앞으로도 유지되고 발전할 수 있다. 그러나 이곳에서도 작품 가격이나 인기는 개인차

---

55 https://www.mk.co.kr/premium/life/view/2021/06/30294/ (2023.12.10 접속)

가 있고 그 차이는 작품의 완성도나 신선도 못지않게 기존의 소셜 미디어 상의 인기나 개인적 네트워크에 따라 발생한다. 어디를 가나 모든 것이 제로에서 시작할 수는 없다.

디지털 아트가 이제까지는 예술적 표현을 완성시키는데 큰 만족을 불러오지 못했고 예술에 대한 관객들의 호응을 얻는 데에도 한계가 있었다. 새로운 매체, 기술적 도구, 동시대성의 표현이란 측면을 강조했지만 컴퓨터와 온라인 상태가 일반적 조건이 되기 시작한 지 30년이 흐른 이후에는 오히려 가장 익숙한 툴, 장치, 표현의 매개가 될 수 있다. 점점 많은 소프트웨어와 알고리즘를 편하게 사용하는 세대에선 디지털 아트는 물론 인공지능에 의한 새로운 방식의 예술이 주류를 이룰 수 있다. 오픈 소스들의 확산도 주목할 일이고 소셜 네트워크 상의 어법이나 소통방식도 디지털이라는 매체의 보편성을 전제로 더욱 확산 될 수 있기에 디지털 아트는 훨씬 더 친숙한 또는 편안한 예술의 툴로 자리 잡을 수도 있을 것이다.

케빈 아보쉬 Kevin Abosch (1969-)
: 비물질적 가치와 물질적 가치의 결합 Y

아일랜드 출신 아보쉬는 원래 생물학을 전공했다. 1990년대 CBS 레코드에서 일하고 있던 중 회사에서 사진을 찍을 사람이 필요하자 자원봉사로 사진을 찍게 되었고 그 대가로 촬영비를 받게 된다. 이후 좋아하는 일로 돈을 벌 수 있다는 점에 이끌려 사진작가의 길을 가기 시작했다. 조니 뎁(Johnny Depp), 요코 오노(Yoko Ono) 등 유명 인물의 초상 사진으로 명성을 얻었으며 나중에는 실리콘 밸리의 유명 CEO들의 초상을 찍게 된다. 대부분 검은색을 배경으로 인물의 얼굴의 디테일을 살려 표정을 통해 개성을 포착한 초상화였다.

그가 유명인에게만 관심을 둔 것은 아니었다. 어느 날 그는 땅에서 막 파낸 듯 흙이 묻어있는 감자 1개를 사진으로 찍는다. 마치 앤디 워홀이 캠벨 수프 깡통을 거대한 이미지로 만들어 물질주의의 도상으로 표현했던 것처럼 그도 감자라는 물체의 현존을 통해 예술의 의미를 고민한 것이다. 그의 사진 〈감자 345(Potato 345)〉(2010)는 감자를 통해 '인간 경험의 존재론적 연구'를 하고 있다고 강조하는 작가의 설득력 덕분인지 2015년 한 사업가에게 1백만 유로에 판매되기도 했다.

그는 여러 기술을 활용하며 기발한 생각을 실천으로 옮기곤 했다. 특히 그는 예술과 과학의 접목에 관심이 많았다. 인간의 자아를 포착하고자 fMRI 기계를 머리에 차고 뇌 사진을 촬영한 적도 있다. 그러던 중 데이터를 함부로 위변조할 수 없는 기술이라는 블록체인 기술이 등장하자 그에 관심을 두게 된다. 그리고 자신의 사진 이미지를 블록체인화 해야겠다는 결심에 이른다.

2018년 아보쉬는 블록체인 플랫폼 GIFTO와 손을 잡고 〈영원한 장미(The Forever Rose)〉를 제작한다. 발렌타인 데이를 맞아 이 회사가 블록체인 기술 서비스의 마케팅 차원에서 경매를 진행하면서 아보쉬의 사진을 블록체인으로 만든 '크립토-아트(crypto-art)'를 내놓은 것이다. 이미지는 아보쉬의 이전 작업과 유사하게 검은 배경에 붉은 장미 한 송이가 탐 스럽게 중앙을 차지한 것이다. 다른 점이 있다면 종이에 인쇄된 사진이 아니라 디지털화된 이미지였다.

이 작품은 이더리움(Ethereum) 블록체인으로 제작된 것으로 경매에 나오자 수백 명이 응찰하는데 결국 10명의 컬렉터가 공동으로 낙찰 받게 된다. 블록체인으로 만든 예술작품에 걸맞게 구매자 10인은 실물 화폐 1백만 달러에 해당하는 비용을 암호화폐로 지불했고 각각 10분의 1의 가치를 소유하게 되었다. 10명의 구매자는 대부분 디지털 자산이나 블록체인과 관련된 기업이나 개인들이었다. '영원한 사랑'을 상징하는 장미의 사진을 영구히 디지털화함으로서 블록체인이

Potato 345
https://fortune.com/2016/01/25/photograph-potato/

향후 선물, 예술 등 여러 가지 서비스로 활용될 수있는 가능성을 보여 주고자 의기투합한 셈이었다.

당시 아보쉬는 한 언론과의 인터뷰에서 작품의 가치를 이렇게 설명했다. “사람들은 오래 전부터 보고 만질 수 있는 것들을 소중히 여겨 왔죠. 그러나 가장 소중한 것, 예를 들어 사랑과 같은 것은 보지 않고 느낄 수 있는 것입니다. 예술의 핵심으로 들어가면 개념이죠.‘ 즉 예술의 가치는 물질이 아니라 예술이라는 개념이라는 의미였다.

이렇게 빠르게 블록체인 기술과 만난 그는 이후 더 기발한 생각에 도달한다. 바로 **〈나는 코인이다(IAMA Coin)〉(2018)**로 자신과 가상 자산을 연결하는 작업이었다. 그는 유리관에 자신의 피를 뽑아 100개의 실물 작업과 그 작업을 ERC-20 토큰으로 만든 가상 작업 1천만 개를 제작한다. 실물 작업은 그가 자신의 피를 이용해서 영어와 문자로 구성된 1천만 개 이더리움 블록체인의 연결 주소(0xD1cdB25428b-F06f52bfe3af777C9B1e848f08A37)를 스탬프로 찍은 것이다. 그의 가상 작업을 소유한 사람들은 더 작은 단위로 쪼개어 타인과 공유할 수도 있다. 필자가 최근 확인한 바에 따르면 그의 〈IAMA Coin〉은 현재 3십만 스위스 프랑(한화 4억 4천만 원 정도)에 거래되고 있다.

실물 세계와 가상 세계의 접목을 통해 예술의 가치와 자본주의의 게임을 연결하는 그는 이후 위와 유사하게 유명한 자동차 람보르기니의 상징을 블록체인 연결 주소를 네온으로 만든 〈Yellow Lambo〉(2018)을 만들어 실제 자동차 가격보다 비싸게 팔기도 했고 최근에는 일본의 사케 회사와 협업하는 등 상품의 가치를 활용하는데 적극적이다. 그러나 그가 워홀처럼 소비사회의 표상에만 몰두하는 것은 아니다. 최근 작업 **〈Control〉(2022)**에서는 권력과 인권이 충돌하는 문제를 다루기도 한다. 미국에서 낙태를 가능케 하는 약이 불법이 되

IAMA Coin
https://www.iamacoin.com/

Control
https://www.rightclick-save.com/article/kevin-abosch-is-a-crypto-artist

자 이에 대한 그의 생각을 담아 약과 기호를 중첩시켜 만든 작업이다.

> *"종종 NFT의 초상업화에 대한 질문을 받습니다. 그러나 블록체인이 예술 시장에 가져온 효율성이 기존의 긍정적 그리고 부정적 요소들을 확장할 수 있다는 것은 놀라운 일이 아닙니다. 당연히 이러한 활동 대부분이 전통적 예술 시장에 토대를 둔 탈중앙화된 도박 게임이기는 하나 지금은 눈이 충혈된 키보드 투기꾼들이 적은 마찰로 게임을 하는 길이 생겼다는 것이죠. 즉 2021년 전에는 예술을 살 생각이 없었던 사람들을 이쪽으로 끌어왔다는 것입니다. 그래서 열성 컬렉터이기도 하고 예술가이기도 한 저는 블록체인 기술이 예술가와 컬렉터에게 준 힘에 더없이 감사하게 느낍니다."*
> *(2022년 미콜 엡(Micol Ap)과의 인터뷰에서)*

비플 Beeple/ Mike Winkelmann (1981~)
: NFT 열풍의 주인공, 작품가격 상승 외에 미술 제도에 어떤 변화를 가져올 수 있을까? J

NFT가 가히 열풍처럼 매스컴과 소셜 미디어를 점령했던 2021년, 비플이 NFT 작품 판매를 통해 생존 작가 3위의 고가 작가의 반열에 올라섰다는 뉴스는 이 열풍을 광풍으로 변화시켰다.[56] 3월 크리스티

---

56 Jacob Kastrenakes, "Beeple Sold an NFT for $69 million," *The verge*, 2021.3.12. https://www.theverge.com/2021/3/11/22325054/beeple-christies-nft-sale-cost-everydays-69-million)

Everyday: The First 5000 days
https://opensea.io/assets/ethereum/0x2a46f2ffd99e19a89476e2f62270e0a35bbf0756/40913
(opensea)

경매를 통해 약 69,300,000달러(이더리움을 당시 가치로 계산하다 보니 판매가가 조금씩 다르게 나타난다.)에 매각한 그의 작품은 **〈매일: 첫 5000일(Everyday: The First 5000 days)〉(2007-2021)**이었다. 작품은 제목처럼 그가 매일 그림을 그리겠다는 결심과 실천에 관한 것이다. 그는 무려 5000일 간 쉬지 않고 작업했고 그것을 모아 콜라주처럼 편집한 것이 이 작품이다. 이 사건을 통해 그는 일약 미술계의 스타로 등극했고 그의 작품은 많은 매체에 소개되었다.

비플은 위스콘신의 평범한 가정에서 태어났고 엔지니어인 아버지를 따라서 퍼듀 대학(Purdue)에서 컴퓨터공학을 전공했다. 컴퓨터 프로그래밍보다 단편영화 촬영이나 디지털 디자인에 집중하고, 비디오 아티스트인 크리스 커닝햄(Chris Cunningham), 영국 디자이너스 리퍼블릭(The Designers Republic) 스튜디오 등에 영감을 받아서 디지털 애니메이션을 제작하는 등 컴퓨터를 이용한 예술 제작에 몰두했다. 그는 미술을 공부한 적이 없지만 21세기에 등장한 다양한 소프트웨어 프로그램, 예를 들어 아도비 일러스트레이터(Adobe illustrator), 시네마 4D(Cinema 4D) 등을 연마해서 이미지를 제작했다. 작가가 밝혔듯이 원래는 비디오 게임을 제작하고 싶었고 대학교에 입학하면서부터 예술에 대한 관심을 구체화했다고 한다.[57] 현재 사우스캐롤라이나 찰스턴에 사는 그는 컴퓨터, 책장, 65인치 티비 두 대만 있는 스튜디오 겸 집에서 지내며 작업하고 있다.

현재는 그의 모든 작품이 억 단위로 거래되지만, 2020년까지 비플은 100달러에 작품을 판매하는 평범한 작가였다. 그가 처음 NFT 작품을 판매한 것은 에덴버(ETHDenver) 경매 이후 니프티 게이트웨이(Nifty Gateway)에서 였다. NFT가 점차 예술작품의 새로운 존재 방식으로 평가받기 시작한 2019년 이후, 그는 10초짜리 비디오 〈교차로(Crossroad)〉(2020)에서 트럼프로 보이는 사람이 나체로 길을 걷

---

57 Noah Davis, "Beeple Gets Real with Human One," Christies.com, https://www.christies.com/features/Beeple-gets-real-with-human-one-11940-7.aspx

다가 낙서로 가득한 바닥에 쓰러지는 모습의 동영상을 제작했다. 비플이 즐겨했던 정치 주제로 트럼프 혐오를 담은 내용이었다. 이 작품이 처음에는 67000불에 판매되었지만 2021년엔 6,700,000달러로 100배가 상승했다. NFT 미술 열풍은 가상화폐의 유행과 무관하지 않은데, 특히 일론 머스크가 2021년 초, 1.5 빌리언 달러 (약 1조9850억원)를 비트코인에 투자하면서 본격적으로 들끓었다.

〈매일〉은 어떤 작품인가? 2021년 2월 25일 크리스티 경매에 올라 3월11일 판매된 비플의 〈매일〉은 메이저 경매회사의 정식 경매를 통해 판매된 최초의 NFT 작품이었고 이더리움으로의 첫 거래였다. 이 작품도 처음에는 100달러로 시작했는데 33명이 경쟁한 가운데 마감시간이 2분 연장되면서 69,300,000 달러에 최종 판매되었다.

비플이 2007년 5월 1일 부터 자신의 블로그와 소셜 네트워크(facebook, insta, twitter 등)에 올렸던 이미지들의 모음으로 정사각형의 파일(21,069 x 21,069 픽셀) 5000개로 구성되어있다. 각 타일을 확대할 수 있지만, 모든 것이 확대되지도 않고 디테일을 자세히 관찰하기는 거의 불가능하다. 실제 작품의 디테일을 이해하려면 그의 웹사이트를 방문해서 각 이미지를 열수 있지만 하루 이상이 소요되고 그나마도 부분적일 뿐이다.

일종의 드로잉 연습처럼 시작한 이 작업으로 그의 예술 역사를 살펴볼 수 있는데 초기에는 캐리커처처럼 인물, 몸의 한 부분, 누드 여인 등 소소한 내용을 그렸다. 완성도도 떨어지고 간단한 형식이다. 1년 후 3D 프로그램인 Cinema 4D(포토샵의 3차원 버전처럼 보임)를 사용하여 디지털 이미지를 제작했는데 구상은 물론 말레비치의 절대주의 구성과 비슷한 추상 작품도 제작했다. 이들 중 가장 눈에 띄는 것은 정치풍자이다.

14년에 걸친 작가의 발전과정과 수행에 가까운 노력을 만나는 데에 즐거움이 있다. 비플 작품을 구매한 투바도어(Twobadour)는 그의 작품이 미래가치로 평가될 것이며 언젠가 이 작품은 10억 달러가 될 것이라고 장담했다. 그가 속한 블록체인에 기반한 메타퍼스

(Metapurse)라는 NFT 펀드사는 작품을 낙찰 받았지만 소유권 외에는 별다른 권리가 없고 디지털 파일과 이미지는 온라인상에서 모든 사람들이 볼 수 있기 때문에 후속 작업에 골몰하고 있다. 자신들의 소유를 드러내고 이 작품을 전시할 방법을 찾아 무언가 기념비적 공간을 마련하려 하는데, 잠시 주춤한 NFT를 다시 부상시키는 계기가 될 수 있을지 의문이다.

이 작품이 세부 내용이나 각각의 예술성, 완성도와 퀄러티 보다는 NFT 라는 형식에 더 큰 의미가 있는 것은 분명하다. NFT는 블록체인에 있는 고유파일이고, 블록체인 기술의 핵심 기능인 "불변성"으로 새겨진 모든 거래는 영구적이고 투명하기에 소장가에게 진위와 저작권을 증명해준다. 모든 NFT 구매 또는 판매가 대중에게 표시되며 만일 작품이 재판매 될 경우엔 일정 비율, 계약상 차이는 있지만 약 10% 정도 작가가 다시 받는다.

초기에 정치풍자 이미지가 많았는데 완성도는 높지 않았다. 그래서 이 모든 장면이 잘 보이지 않는 게 작가에게는 유리하다고 크리스티의 큐레이터인 데이비스는 말했다.[58] 〈매일〉을 구성하는 〈검은 딜도〉 〈목잘린 피카추〉 〈기괴한 성기〉 〈생체공학적 괴물〉 〈큰 가슴을 가진 김정은〉 〈수유중인 버즈 라이트이어〉 〈피 튀는 미키 마우스〉 등은 순수미술 작품이기보다는 온라인 상에서 유포되는 자극적이고 단편적인 이미지에 훨씬 가깝다. 동심을 파괴하고 성, 인종, 문화적 함의가 부정적인 작품들을 다수 제작했다. 작가가 디지털 매체를 사용하는데 점차 익숙해지면서 어색하게 랜더링 된 이미지들이 점차 줄었는데 만화처럼 보이는 장면들이 상상력을 나타내기도 하지만 그렇게 아름답지도 훌륭하지도 않다는 평을 받는다. 인종, 지역, 성에 대한 정치적으로 옳지 않은 편견을 드러내는 그림이 많다는 점도 비플에게는 부담이다. 작가가 자신의 인스타 페이지를 뒤샹의 기성품처럼 취급하는

---

58 Ben Davis, "I look through all 5000 images in Beeple's $69 million Magnum Opus. What I found isn't So Pretty." *artnet.news* (21.3.17). https://news.artnet.com/opinion/beeple-everydays-review-1951656

독특한 전략이라고도 벤 데이비스는 꼬집었는데 그만큼 각각의 이미지보다는 〈매일〉 프로젝트의 크기, 기념비적 성격으로 인해 세부 이미지는 작은 레디메이드들처럼 존재할 뿐이다.

초기작 〈정치는 개똥(Politics is bullshit)〉은 100개의 버전이 나왔고 한 개에 1달러에 판매되었었다. 이후 2021년에 60만 달러 (약 7억 5천만원)에 재판매되었다. 정치인을 직접 다루고 그들의 우스꽝스런 모습에 텍스트를 결합해서 메시지를 분명히 전했다. 〈나쁜 아이(Shitty Kid)〉(2020)도 그런 예 중 하나다.

비플은 2017년부터 터보스퀴드(TurboSquid)사의 스톡 3D 모델을 사용하는데 비교적 완성도 높은 제작을 가능하게 해주었다란 평이다. 저장된 많은 이미지들을 쉽고도 빠르게 결합, 변형할 수 있다는 장점이 있다. 클릭 몇 번으로 부통령 펜스, 마이클 잭슨부터 제프 쿤스의 풍선 개를 탄 버즈 라이트이어, 픽셀화된 모나리자 등을 만들 수 있다. 유명인부터 만화 캐릭터 까지 포스트-프로덕션의 대상이 되고 이런 점에서 카우스(KAWS)의 작업 방식과 비교되기도 한다. 디지털 아트 갤러리 트랜스퍼(TRANSFER)의 설립자인 니콜(Kelani Nichole)도 NFT 아티스트 중 비플이 가장 눈에 띈다며 적어도 그의 작품은 정치적 풍자로 간주될 수 있으며 일종의 역사적 계보를 갖는다고 보았다. 완전히 새로운 성격과 제도 밖 미술을 기존의 시스템인 미술사 안으로 들여오기 위한 제안으로 보인다.

비플이 2021년 경매에 내놓은 **〈휴먼 원(Human One)〉(2021)**은 2미터가 넘는 스크린 4개로 이루어진 작품인데 우주인과 유사한 복장의 사람이 변화하는 자연을 배경으로 계속 걸어가는 동영상이다. 이 작품은 박스 형태로 제작되어 NFT 아트이지만 실물을 판매하는 형식이다. 크리스티에서 11월 경매되어 28,958,000 달러에 판매되었다. 작가에게 물성을 상실한 디지털 이미지로부터 이처럼 구체적인 실체를 갖는 또는 전통적인 미술사의 조각이나 오브제로 회귀한 것은 큰 변화라고 하겠다.

비플은 자신의 NFT 작품 판매가격이 상승하는 것이 새로운 기술의 중요성을 알린다고 말했다. 예술품 판매의 방식으로서 NFT는 다음 세대를 위한 장이자 디지털 아트를 수집하는 방법을 제안하는 것이라고 자신했다. 다만 가격에 대해서는 '비합리적 거품'이라며 암호화폐 예술의 폭등을 꼬집었다.

2021년 3월 '타버린 뱅크시 Burnt Banksey'라는 테크-아트 그룹이 2006년 그래피티 아티스트 뱅크시가 한정판으로 판매했던 〈멍청이들(Morons)〉의 한 에디션을 불태웠는데, 그 전에 작품을 NFT로 전환했다. 작품을 소각하는 장면을 유튜브에 올린 이들은 원본 대신 NFT를 382,000 달러(약 4억 7천 만원 정도)에 판매했다. 그들이 구매한 작품가의 3배가 넘는 가격에 판매한 것이다. NFT에 대한 광적인 관심은 암호화폐에 대한 투자가치 상승과 무관하지 않지만 반대로 투자가치가 하락할 시에는 비례해서 좋지 않은 결과를 가져올 것이다. 아직 NFT 아트는 기술의 혁신이란 측면보다는 자본과 투자에 더 많은 영향을 받고 있다. 타버린 뱅크시 사건은 자본에의 욕망에 예술을 철저히 종속시킨 나머지 작품 파괴도 가볍게 여기는 행동으로 보인다.

비플은 소셜 네트워크에서 약 240만명의 팔로워를 보유한 팬 기반 작업을 구축하고 있다. 지금도 그의 인스타에서는 작가의 최근 작품 이미지가 계속 공유되고 있다.

NFT 성공의 기본 전제는 제작자의 온라인상 지명도이다. 인스타에서 인플루언서가 자신의 후원을 상업적 가치로 전환하는 것처럼 NFT 제작자는 명성으로 수익을 창출한다. 일론 머스크의 약혼녀였던 가수 그라임스(Grimes)가 2021년 NFT 작품들을 6백만 달러(약 76억)에 판매한 것도 이런 맥락을 갖는다. 같은 점에서 비플의 구매자는 현재 영향력을 계산하여 가치를 측정하는 투자자이지 예술 수집가는 아니

Human One
https://news.artnet.com/art-world/beeple-human-one-sculpture-m-plus-museum-asian-premiere-2219040
(artnet.com)

다. 투자자들은 비플의 성공이 NFT 기술이 미래의 길이라는 믿음을 확인시켜준다고 말하는데, 앞으로 그의 작품에 대한 평가는 그들의 예상과 어떻게 부합할지 누구도 알 수 없다.

만프레드 모어 Manfred Mohr (1938-)
: 이성과 합리성이 만드는 예술 Y

모어는 독일 출신 작가로 1960년대 후반 컴퓨터를 통해 예술 창작의 가능성을 발견한 개척자중 한명이다. 테크놀로지에 대한 예술가의 관심이 고조되던 당시 컴퓨터는 새로운 가능성을 찾을 만한 수단으로 주목받고 있었다. 극소수의 작가이기는 하나 일부는 컴퓨터가 만드는 그림에 관심을 두기도 하고 컴퓨터를 통한 음악 작곡을 실험하기도 했다. 그러던 중 독일 스튜트가르트 대학의 한 전시장에서 막스 벤즈(Max Bense)가 지그프리드 마저(Siegfried Maser)와 기획한 전시 《Georg Nees: Computergrafik(게오르그 네스: 컴퓨터그래픽)》(1965)는 컴퓨터의 디지털 기술로 생성한 게오르그 네스의 작업을 선보이는데 최초의 컴퓨터 그래픽 아트 전시로 기록된다.

모어는 원래 음악을 하며 재즈, 현대음악, 표현주의적 회화를 그리던 예술가였다. 그러다가 자신의 작업이 비이성적인 감성에 좌지우지 된다는 점이 거슬렸다. 자신만의 예술론을 찾던 중 위에서 언급한 막스 벤즈의 이론을 접하고 그가 강조하는 합리성, 이성적인 예술에 매료되었다. 벤즈는 〈Raum und Ich(공간과 자아)〉(1934)를 시작으로 〈Aesthetica(미학)〉(1954) 등 다수의 책을 발표하며 과학과 철학을 결합하여 인공계가 자연계를 대체하는 현상을 분석하고자 했다. 미술에서 형태의 수학적 원리를 찾기도 하고 철학, 미학, 사회과학, 미술이론 등을 결합한 '정보 미학(Information Aesthetics)'을 주장하기도 했다.

모어는 파리에 거주하던 중 작곡가 피에르 바르보(Pierre Barbaud)

와 교우하며 알고리듬을 통해 음악을 작곡하는 법을 접하게 된다. 컴퓨터라는 기계를 통해 완전히 새로운 예술표현이 가능하다는 것을 깨달은 그는 자신이 직접 알고리듬을 만들기로 결심한다. 알고리듬을 선에 적용하게 되면 프로그램화된 결과물이 나오고 그것이 그의 최종 예술표현이 된다는 것에 매료되었다.

그러다가 파리기후연구소가 날씨 지도를 그리기 위해 컴퓨터를 사용하고 있다는 기사를 읽고 찾아가 협업을 제안하게 된다. 다행히도 연구소의 허락을 받은 그는 이후 11년 동안 이 연구소에서 연구원들이 퇴근하고 난 후인 저녁마다 작업하게 된다. 1960년대 후반 연구소 급의 대형 컴퓨터를 통해 예술을 실험할 수 있는 환경을 얻었다는 것만으로도 그는 이 분야의 선구자로 두각을 보일 수있는 기회를 얻은 셈이었다.

그의 초기 작업은 모두 알고리듬을 이용해 제작된 것이다. 처음으로 선보인 작업 〈P-016-7089〉(1969)은 검은 화면에 흰색의 선들이 만든 기하학적 구조를 보여준다. 거대한 구조 하나가 화면을 지배하고 있다. 대신에 1970년 제작한 그의 작업 **〈P-049/S: Plotterdrawing〉**을 보면 삼각형, 원형, 사각형을 기반으로 컴퓨터가 만든 수많은 변형이 마치 기호들의 집합처럼 배열되어 있다. 일종의 기호로 이루어진 텍스트를 보여주는 듯하나 예술가의 손의 흔적이 배제되어 벤즈가 강조했던 정보와 합리성을 미학적으로 승화하고 있다. 모든 형태는 모종의 알고리듬을 따라 생성된 듯 보이며 백색 배경에 검은색으로 인쇄되어 형태와 배경의 관계는 인간이 자유자재로 만든 것이라기보다 냉철한 컴퓨터의 명령에 따라 설정된 듯 보인다.

이후에도 그는 기본적으로 컴퓨터를 통해 다양한 선, 면, 입체의 변형과 배열을 시도하곤 했다. 이러한 형태는 근대 이후 기계적 미

P-049/S: Plotterdrawing
https://collections.vam.ac.uk/item/O553587/p-049-print-manfred-mohr/

학을 추종한 미술, 그리고 동시대의 솔 르윗(Sol LeWitt)의 수학적 개념미술 작업과도 유사성을 보인다. 아마도 1950년대의 추상표현주의와 앙포르멜 미술이 뜨겁게 회화적 표현을 이끌었던 시대 이후에 질서와 평정, 그리고 투명함에 대한 기대가 투영된 결과로 보인다. 따라서 모어는 기술적 동력에 기대어 인간의 신체와 인지 능력으로 파악하기 불가능한 세계를 들여다보고 시각적 결과물을 만들 수 있었다. 그것은 바로 컴퓨터의 힘을 빌린 '수퍼 자아'의 실현이라고 할 수 있다.

그러나 그는 각각의 작업이 독립된 수학 계산으로 완성되기 때문에 다음 작업과 이어지지 못하는 것에 실망하고 마치 악기처럼 연주할 수 있는 수학 체계를 만들고자 했다. 그 결과 12개의 선이 있는 큐브에서 새로운 영감을 얻는다. 1973년경부터 그는 6면체의 큐브를 변형시키며 선을 빼거나 여러 개로 잘라내는 과정을 통해 12개의 면이 있는 하이퍼 큐브나 다면체를 만들어내고 그 위에 색을 입히기도 한다. 채색은 굵고 얇은 검은 색 직선을 따라 면적이 달라지곤 하는데 초록부터 파랑까지 원색에 가까운 여러 색을 활용한다.

디지털 기술의 이용은 지금까지도 그의 작업의 핵심을 이룬다. 포트란(Fortran) 프로그램 언어로 된 알고리듬을 만들어 프린터로 담아내기도 한다. 포트란은 IBM이 1950년대 개발한 컴퓨팅 프로그래밍 언어로 지금까지 계속 새 버전이 나와 확장되어 사용되고 있다. 또한 그는 컴퓨터로 만든 선과 면을 이용한 회화와 디지털 애니메이션 작업 **'Klangfarben(음색)' 시리즈(2006-2008)**를 선보이기도 했다. 이 시리즈는 음악의 규칙에서 영감을 받아 11면의 하이퍼큐브에 11개의 대각선과 3개의 서로 다른 경로를 결합하여 400억개의 새로운 대각선 경로를 찾아보는 작업으로 그 과정은 작가가 제작한 소프트웨어를

Klangfarben
https://dam.org/museum/artists_ui/artists/mohr-manfred/klangfarben/

통해 LCD 화면에 소개되곤 한다.

> *"예술에서 가장 중요한 부분은 혁신입니다. 즉 전에 존재하지 않았던 것을 하는 것을 말합니다."* (모어, 2016 인터뷰에서)

팀랩 Teamlab (2001~)
:자연을 인간에게 돌려주기 위한 디지털 기술 몰입형 공간 창출의 예술 그룹 J

> *"집단적인 창조야말로 우리의 근간이다. 전문성이 뛰어난 여러 사람이 함께 무언가를 만드는 건 정말 중요하다....우리가 '팀랩'이라는 공간에서 창의적으로 뭉치는 것처럼 관객들도 하나의 공간 안에서 함께 반응하고 어울리는 새로운 체험을 하면서 마음이 바뀌는 걸 느꼈으면 좋겠다. 팀랩이 원하는 새로운 예술은 기술을 자랑하는 것이 아니라 가치를 전하고 느끼게 해주고 싶은 마음이다. 그것이야말로 작품을 상상하는 출발점이다."* (이노코 토시유키)

토쿄에서 2001년 결성된 작가 그룹 팀랩은 예술가, 프로그래머, 엔지니어, CG애니메이터, 수학자, 건축가 등으로 구성되어 있으며 스스로 '극강의 기술자들'(또는 초기술자)이라고 불렀다. 동경대학교에서 공학 수학을 전공한 이노코 토시유키(Toshiyuki Inoko)가 주축이 되어, 슌슈케 아오키, 요시무라 조 등의 친구들과 결성했는데 이제는 400여명의 전문가들과 함께 활동 한다. CG제작자, 웹디자이너, 로봇기술자, 건축가, 교육자, 컴퓨터과학자, 아티스트, 공학자들을 포함하는데, 2016년 기준으로 구성원이 평균 29세였고 일본의 디지털 기술력과 미디어 서브컬쳐의 수혜자들이자 선구자들이었다.

이들은 기술의 변화를 이용하여 우리가 세계를 보는 방식의 변화,

나아가 세계관의 변화를 관찰하며 이끌기를 지향했다. 무엇보다 디지털 매체를 사용할 때, 시간, 조도, 알고리즘 등을 섬세하게 조정하고 홀로그래피 작업 (빛의 3차원적 형상)을 더해 몰입과 관객 참여성을 높이는 데 집중했다. '초주관적 공간(Ultrasubjective space)(실재 공간과 예술 공간 간 경계가 없는 공간)', '공창(co-creation) 즉 집단 창조' 등을 추구한다고 명시했다. 어린아이들도 참여할 수 있도록 쉬운 상호성 모델을 기획하고 전시장에서의 공동 작업이 빠르게 진행되도록 프로그램을 개발했다. 2015 년경부터는 '신체 몰입(body immersive)', '경계 초월 (transcending boundary)', '연속성(time continuity)', '환경적 현상(environmental phenomena)' 등을 개념으로 추구했다. 이들은 디지털 기술이 목적이 아니라 그로 인해 압도적이고 환상적인 공간의 구현을 통한 특별한 관객의 경험과 감각적 즐거움을 지향한다.

이들의 작업이 집대성된 것으로 2018년 6월 21일 모리 미술관과의 협업으로 디지털 아트 전시 《보더리스(Borderless)》를 도쿄 오다이바에서 개관했다. 팀랩의 철학과 기술력이 결합 된 몰입형 예술관으로 제목처럼 팀랩은 예술과 비예술, 작품과 관람자, 너와 나 사이의 경계와 차이를 무너뜨린다는 비전을 제시했다. 모든 작품이 상설 전시로 470여대의 엡손 프로젝터 EB-L1200, 520 대의 컴퓨터, 미로 형식으로 구성된 긴 거리를 지나는 전시였다. 5개의 테마, 60여 개의 작품으로 구성된 전시가 소셜 네트워크를 통해 널리 소개되면서 상당한 인기와 화제를 얻었다. 많은 작품들이 있지만 가장 대중적인 인기를 끌었던 〈사람들이 모인 바위 위에 떨어지는 물 입자의 세계 (Universe of Water Particles on a Rock where People Gather)〉(2018)는 산속 폭포를 구현했고 바위 위로 떨어지고 흘러나가는 물의 효과를 벽과 바닥에 화려하게 구현했다. 센서를 통해 사람이 다가가거나 바위에 앉으면 물의 흐름이 바뀐다. 역동적이고 미학적인 물줄기는 디지털 프레임 안에서 조정된 것이다.

〈공명하는 소우주의 이끼 정원(Moss garden of Resonating Microcosms –Solidified Light Color, Sunrise and Sunset)〉(2021)은 실제 이끼가 둥근 돌과 바닥을 덮고 있다. 그 위에 놓인 돌처럼 보이는 계란형의 설치물들은 내부로부터 발광하는 오브제로 관객의 터치에 따라 움직인다. 하나만 만져도 모든 구형의 색이 변하는데 61개의 색이 빛을 발한다. 노을이 진 후 자연의 모습을 상상해서 만든 것으로 바람, 밤하늘과 공명하는 바위와 주위를 매우 환상적인 공간으로 표현했다. 노을 지는 하늘, 안개 낀 강가, 공기 속 수분에 의해 색이 바뀌는 실제 오브제로 만든 바위 등이 몽환적이면서도 설득력이 있다.

건기에 잠시 생존을 멈추다가 우기가 되면 다시 성장하는 이끼를 제3의 생명 상태의 크립토비오시스(숨겨인 생명 활동)라고 부르는데, 지구 최초의 육상생물이자 환경에 따라 자신의 상태를 바꾸는 등, 삶과 죽음의 이분법을 넘어서는 강하고도 원초적인 식물이다. 이끼를 개념화한 것이 이 작품이다.

〈부유하는 꽃의 정원(Floating Flower Garden)〉(2015)은 난초와 꽃으로 가득한 공간인데 실제 꽃들과 영상이 관객의 몸 주변을 감싼다. 〈검은 파도 (Black Waves)〉는 물결의 움직임이 역동적이다. 〈공유하는 바위 덩어리, 공간을 초월 Sharing Rock Mass, Transcending Space〉(2019)에선 바위들이 공간을 떠다니는데 관객이 이미지를 손으로 만질 수 있다. 이미지, 색, 형태가 움직이고 관객과 바위 간 구체적인 상호성과 그로 인한 특별한 공간이 만들어지는 듯하다. **〈크리스탈 우주(Crystal Universe)〉(2015)**는 무수한 LED 등으로 찬 끝없는 공간을 경험한다. 촘촘한 등의 숲을 지나면서 종교적, 영적 분위기까지 느끼게 된다. 오다이바 팀랩 전시관은 문을 닫았고, 2024년 2월부터는 도쿄 중심 아자부다이 힐스(Azabudai hills)에서 《Borderless》 전시가 새롭게 열린다. 각 전시장마다 작품 구성은 약

---

teamLab
https://www.teamlab.art/ko/
(작가 홈페이지 (전체 작품 이미지 개괄))

간 다른데, 도심에서는 내부 공간의 환경을 바꾼 작품이 준비중이다.

팀랩은 폭포, 우주, 은하수, 별, 하늘, 구름, 꽃, 물, 빛 등의 여러 요소를 공간 안에 디지털 이미지로 구현하고 여기에 때로는 센서를 부착하여 관객의 행동에 따라 상호성을 갖도록 한다. 소리, 음악이 공간을 통일시키고 압도하며 조명과 드라이아이스, 기타 공간 연출 효과를 통해 관객들에게 신비한, 환상적인 경험을 하도록 한다. 즉 관객의 감각을 다양하게 자극하도록 물질, 비물질 요소를 동원하고 디지털 이미지와 오브제의 결합, 실제와 가상의 환경을 섞는 과정에서 팀랩의 기술이 빛을 발한다. 단순한 디지털 이미지의 비자연적인 한계를 공간적 연출과 자연이라는 소재의 선택으로 극복하고 있다.

팀랩을 미술계에 소개한 사람은 일본 팝의 대표 작가, 무라카미 다카시(Murakami Takashi)이다. 무라카미는 자신의 '카이카이키키 갤러리 (Kaikai kiki)' 전시에서 이들을 처음 데뷔시키고 2011 싱가폴 비엔날레에도 초대했다. 무라카미의 개념, 수퍼 플랫이 팀랩에게도 영향을 주었다고 하는데 유키오 리핏에 의하면 무라카미처럼 18세기에도 화가들부터, 전근대 일본미술까지 작품의 주제를 끌어오고 고급과 저급의 경계를 모호하게 만들면서 관객들에게 전통적인 미감, 시각 요소를 최첨단의 기계적 매체를 통해 제공한다는 점에서 유사점이 있다고 보았다. 이후 둘이 협업하여 《무라카미 대 무라카미》 전시를 도쿄 모리 미술관과 이후 싱가포르의 미술과학 박물관 (ArtScience Museum)에서 열었다.

팀랩은 자신들의 웹사이트를 만들고 스마트폰 어플리케이션 개발, 기업들의 사업장, 상점 디자인 등으로 수입을 창출한다. 팀랩의 작품은 주로 인터렉션 기반이고 센서를 기본으로 관객의 물리적 상태에 따른 반응을 보여주거나 관객의 구체적 반응에 대응함으로써 새로운

Crystal Universe
https://www.teamlab.art/w/dmm-crystaluniverse/

결과를 도출한다. 그래서 이들의 주제이자 키워드는 '경계 없음'이다. 디지털로 구현된 이미지가 어떤 형태나 상황과도 접목할 수 있고 점차 완벽한 신체 몰입 형 작품으로 변화하면서 자연의 변화를 제한된 시간과 공간 안에서 경험하도록 했다. 꽃밭, 풀밭, 물속, 동굴, 빛, 습도까지 느낄 수 있는 구현력이 돋보인다.

《보더리스》 전시에 대해 스티브 아오키는 '가상현실, 확장 현실, 판타지 주제 공원"이라고 칭했다. 매우 적절한 설명이다. 가상의 판타지임에도 우리가 걸어 들어가는 그 공간에서 뭔가 현실을 느끼게 해주는 묘한 긴장이 있다. 이들의 작품은 싱가폴 국립 미술관, 창이 공항, 마리나베이 샌즈, 가든 바이더 씨, 캐피타 스프링 (CapitaSpring) 등에 설치되었고 앞으로는 더욱 확장될 가능성이 있다. 덩어리, 질량, 부피가 디지털 세계에서는 전혀 다르게 인지되는데 이것을 개념으로 한 《매스리스(Massless)》 전시장을 2018년 핀란드 헬싱키에 열었다. **〈빛 입자의 소용돌이(Vortex of Light Particles)〉**가 중심 개념을 느끼게 해준다. 마치 오로라처럼 움직이는 빛의 흐름이 유선의 방향으로 우리 몸의 무게를 빨아들이는 듯하다.

두 번째 디지털 미술관 《보더리스(Borderless)》를 2019년 11월 중국 상하이에 열었다. 이들은 2020년 9월 서울 DDP에서 전시했고 2021년까지 이어졌다. 2016년 모리 미술관에서 《우주와 미술(The Universe and Art)》(2016), 마카우에서 《팀랩 초자연(TeamLab Supernature)》(2022) 등 몰입형 전시가 있었다.

팀랩은 VR, AR처럼 헤드기어를 통해 체험하는 방식 대신 공간 전체를 한 작품의 무대로 만들고 그곳에서 관객들이 경험하게 만드는 가상 체험의 작가 그룹이다. 건축적 배경이나 오브제에 정확히 맞춘 영상과 조명, 드라이 아이스, 특수 음향 등이 공간을 신비스럽게 변화시

Vortex of Light Particles
https://www.teamlab.art/e/amosrex/

킨다. 그 가상이 실체와의 어떤 혼돈을 주기보다는 디지털 기술의 감각적, 감상적 결합의 수위를 높이는데 집중한다. 주제나 설정된 장면은 단순하고 자연이나 익숙한 환경의 구현이 대부분인데, 이들이 꾸준히 실험하고 발전시켜온 디지털 기술력은 섬세하고 세부 표현이 놀랍게 느껴진다.

단순히 기술적 측면만 강조하기보다는 서정적인 효과에 집중한다는 점, 기술이 자연을 비롯한 익숙한 환경을 심미적으로 담아낸다는 점에서 팀랩의 작품이 긍정적이라고 할 수 있다. 자연을 더욱 아름답게 느낄 수 있도록 또는 디지털 아트를 가장 감성적이고도 감정적으로 표현하고 있다는 점에서 팀랩의 작업을 높이 살 수 있다고 하겠다.

10.

젠더
Gender

젠더 Gender
: 성에 관한 담론의 전개와 의미 J

"지난 40년 동안 예술 제작과 글쓰기 모두에게 변화를 가져왔고, 가장 멀리까지, 가장 크게 영향력을 갖는 국제운동이 바로 페미니즘이다."[59]

"스타일도 운동도 아닌 가치 체계, 혁명적 전략이자 삶의 방식이다."[60]

젠더는 여성, 남성, 이 둘의 구분을 의미하지만 성 정체성, 그리고 성을 둘러싼 사회의 문화적 양태 전반을 포괄하는 단어로 확장되었다. 성에 대한 생물학적 역할이나 연구로부터 점차 사회적 인식이나 사회화를 수반하는 행위 등을 내포하는 단어가 되면서 생물학적 성별을 부르는 섹스(sex)와 구분하여 젠더(gender)를 통상적으로 사용한다. 이 개념이 사회적으로 크게 부각된 것은 1960년대 후반, 인종, 계층 등의 불평등에 대한 저항운동과 함께 시작되었다. 1980년대 이후로는 개인의 성적 정체성이 하나의 화두로 논의되기 시작하면서 생물학적 성에 대한 확장된 시각과 그로 인한 인권운동과도 궤를 같이했다. 미술에서도 젠더는 이분법적 성의 분류가 아닌 성에 대한 열린 논의인 담론으로써 통합적인 시각을 요구하는 실천, 철학, 행동의 근간을 형성했다. 린다 노클린이 "왜 위대한 여성 예술가는 없는가?"라는 도발적 질문을 제기한 1971년 이후 사회, 가정 안에서 성의 구분에 의해 여성들이 받았던 차별과 제한에 대해 질문하고 이를 역전시키려는

---

59 Peggy Phelan, "The Return of the Touch: Feminist Performances, 1960-80," in *Wack!: Art and Feminist Revolution* (LA: MOCA, 2007).

60 Lucy Lippard, in Rozsika Parker & Griselda Pollock eds., *Framing Feminism: Art and the Women's Movement 1970-1985* (NY: Pandora Press, 1987).

작가들의 시도가 있었다.[61]

미리엄 샤피로(Miriam Schapiro)와 주디 시카고(Judy Chicago)는 로스앤젤레스에 **〈여성의 집(Womanhouse)〉(1972)**을 짓고 이곳을 예술적 표현의 장으로 꾸몄다. 생리혈로 가득찬 욕실, 가슴이 달린 벽면을 가진 부엌, 자궁을 연상시키는 공간 그리고 제한과 억압으로 찬 집안이 여성의 현실임을 보여주는 여러 설치물들을 통해 타자의 요구로 규정되었던 여성 생활에 대한 비판과 거부를 표현했다.

에바 헤세(Eva Hesse), 루이즈 부르조아(Louise Bourgeois), 야오이 쿠사마(Yaoi Kusama) 등은 남성과 여성의 차이를 서열로 치환하는데 중심이 되었던 프로이트의 남근을 해체하기 위해 생식기와 신체의 특정 부분을 비틀거나 왜곡시켰다.

여성 신체의 구체적 특징과 남성과의 차이를 부각시킨 캐롤리 슈니만(Carolee Schneemann), 아나 멘디에타(Ana Mendieta), 린다 벵글리스(Linda Benglis) 등은 페미니즘 퍼포먼스의 선구적 작업을 했다. 이들은 성의 결정적 한계가 여성 몸에 집중되던 과거의 인식을 비판하고 여성의 신체를 더 위대하고 잠재적 파워를 가진 실체임을 보여주었다. 시각 주체로서 남성만을 상정하던 미술의 관습에 반대하고 균열을 낸 실비아 슬레이(Sylvia Sleigh), 샌디 오갤 (Sandy Orgel) 등도 1세대 페미니즘 작가들이다. 이후 신디 셔먼(Cindy Sherman), 바바라 크루거(Barbara Kruger) 등은 대중 매체가 여성 이미지를 재생산하는 방식을 차용하지만 그들의 전략을 거부하거나 왜곡해서 구조적인 시각의 관습을 거부했다. **캐롤리 슈니만 〈내부의 두루마리**

---

61 Linda Nochlin, "Why have there been no Great Women Artists?" *ART-news* (Jan. 1971). 재수록 in *Women, Art and Power and Other Essays* (Harper Collins, 1988).

Womanhouse
https://en.wikipedia.org/wiki/Miriam_Schapiro#/media/File:Womanhouse_exhibition_catalog_cover.jpg

(Interior scroll)〉(1975)

1970년대 페미니즘은 여성들이 겪었던 현실의 문제, 가정, 사회, 가치관의 관습에 반기를 들었다. 여성이 차지하던 정치, 경제, 문화 속 위상과 인식의 문제부터 제2의 성에 대한 울분이 직설적으로 표현되었다. 1980년대는 이런 전략을 이어가면서도 언어를 적극 사용하는 개념미술과 궤를 같이 하고 다양한 매체를 사용했는데 제니 홀저(Jenny Holzer)의 〈경구들〉, 로리 앤더슨(Laurie Anderson)의 〈오 수퍼맨〉, 게릴라 걸스의 포스터 아트가 대표적이다. 텍스트를 통해서 미술계의 불공정, 성차별, 평가 문제 등을 직설적으로 묘사했다.

페미니즘의 이론적 틀은 맑시즘부터 시작한다고 할 수 있다. 생산모드의 하부구조를 사회의 결정적인 조건으로 생각하는 맑시즘에서 남성의 노동력을 중시하고 이로부터 소외된 여성을 부수적이거나 부분적인 역할에 머무는 존재로 보던 억압적 시각에 반대하고 여성의 지위와 노동에 대한 새로운 해석을 시도했다. 이뤼가레이(Luce Irigaray), 식수(Helene Cixous)를 비롯해서, 라캉, 데리다를 경유한 많은 페미니즘 글쓰기가 있었고 후기구조주의 철학에 기초하여 언어비판을 통해 우리 인식 안에 숨은 성에 대한 서열과 그것을 정당화시킨 구조를 드러냈다. 언어가 기호화하는 가장 근본적인 방식인 차이 뒤에는 이분법적 구조가 숨어있고 이분법은 또한 서열을 이루기 때문에 언어의 사용을 통해 우리는 그 가치관을 계속 유지시켜 왔다.

서양의 언어가 이제껏 유럽, 남성, 백인을 화자로 선택했기에 그들의 이데올로기가 지배적으로 역사화 되었던 과정을 살펴볼 수 있다. 푸코(Michel Foucault)의 《성의 역사》, 《광기의 역사》, 《감시와 처벌》 등은 일관되게 역사라는 과정이 구체화되고 공인되어가는 모습을 자세히 살피고 있다. 여기에서도 역사 기술과 주체의 위치를 차지

Interior scroll
https://en.wikipedia.org/wiki/Carolee_Schneemann#/media/File:Schneemann-Interior_Scroll.gif
(wikipedia)

했던 집단의 의도가 자연스러움으로 수용되면서 대중에게 허구적 이상화를 심어주었다는 것이 지적된다. 역사화 되어버린 남성 중심의 가치관, 의미체계에 대한 구조적 확립, 거미줄처럼 자리 잡고 있는 이 불평등의 체계는 미술사의 기술방식부터 작품에 대한 평가와 해석의 관습에 반성을 요구 하게 된다.

주디스 버틀러(Judith Butler)는 여성을 여성으로 만드는 것은 생물학적 특징이 아니라 사회적으로 구축된 허구에 의해서 여성의 성적 역할을 수행함으로써 가능해진다는 논리를 펼쳤다. 성적 절대적 본질은 없고 반복적 수행을 통해 유지되고 형성된다는 것이다.[62] 또한 섹스와 젠더란 단어가 여성을 공통된 특징의 하나의 존재로 만든다고 비난하고, 오히려 젠더 관계에 대한 이분법적 관점을 강화한다고 우려를 표했다. 버틀러는 권력이 어떻게 여성에 대한 우리의 이해를 형성하고 왜곡시켜왔는지에 초점을 맞춰야 한다고 강변하면서 젠더와 섹스에 대한 모호하면서도 가정된 연결을 해체해야 한다고 보았다. 그녀는 자유롭고도 유연한 정체성을 방해하는 모든 것에 반대했다. 버틀러의 주장처럼 젠더는 가변적이며 유동적인 정체성을 가지며 그것을 지속시키는 힘은 개인의 선택이기보다는 조직들이 갖기에 이에 대한 구조적 비판이 필요하다는 것이다.

서구의 인문학/인본주의가 실은 그들의 이성, 과학, 논리 중심의 인식론에서 도출되었고 이것은 근대까지 이어져서 많은 타 학문, 타 인종, 타 지역에 대한 배척과 하위적 범주화를 통해 굳건해졌다. 자신들의 관점을 '보편적(universal)'이라고 일반화시킨 것이 치명적이다. 페미니즘은 후기식민주의나 문화 비평과 함께 바로 이런 백인 남성들의 이데올로기의 허구를 분석하고 새로운 비전을 제시하는 것이다. 1990년대 이후의 퀴어 미술도 이분법적 성 인식을 공격하면서 역사와 자연이라는 개념 뒤의 권력의 문제를 지적함으로써 인간 개개인

---

62 Butler, "Performative Acts and Gender Constitution: An essay in Phenomenology and Feminist Theory," *Gender Trouble: Feminism and the Subversion of Identity* (NY: Routledge, 1990),

의 권리를 부각 시킨다.

21세기 페미니즘

1990년대 이후 제3의 물결(또는 세대) 페미니즘이 시작되었고, 정치적 행동주의의 위치를 갖도록 강권했다. 이전의 본질주의에 도전하면서 젠더, 섹슈얼리티에 대한 탈 구조주의적 해석이 많이 등장했다. 여성의 교육 정도, 인종, 경제적 계층에 따라 이론적 차이와 입장이 다르다는 점이 논의되었고, 이후 4세대 페미니즘은 2012년 이후 소셜미디어 사용과 온라인 문화의 활성화가 가져온 페미니즘 연구의 변화를 촉발했다. 기술, 온라인 시스템을 통해 정보를 공유하고 여성혐오에 맞서고 공동체 의식을 함양하고 행동을 같이 취하는 등 소통 채널의 확보가 가져온 변화를 포함한다. 동시에 미투 운동의 확산으로 사회나 조직 내 존재했던 무수한 성적 폭력, 차별, 소외 등의 문제에 대응했다. 성과 트라우마를 직접 다루거나 개인사를 공적 선언으로 전환시킨 트레이시 에민(Tracey Emin), 성, 인종, 권력을 그림자놀이에 빗댄 카라 워커(Kara Walker), 남근을 놀이처럼 희화화한 사라 루카스(Sarah Lucas) 등이 있다. **트레이시 에민, 〈내 침대〉(1998)**

페미니즘을 미술사의 한 흐름이자 지나간 과거의 운동으로 이해하는 시선도 있다. 성에 대한 문제 제기와 작품들을 묶어서 이미 달성된 것으로 본다면, 여성 작가들의 동시대 미술은 성적 정체성으로 굳이 묶일 필요는 없다는 것이다. 반대로 에코 페미니즘처럼 환경과 연결되기도 하고 LGBT에서 그들의 권리를 위한 투쟁의 교차점에서 페미니즘을 다루기도 한다. 생물학적 성별을 거부하고 사회적 성의 분화를 주장함으로써 자유와 권리, 인권을 강조한다는 점에서 성에 대한 담론을 이어간다고 할 수 있다. 매체가 다양해지면서 소통방식이

My Bed
https://en.wikipedia.org/wiki/Tracey_Emin#/media/File:Emin-My-Bed.jpg

달라지고 문화의 변화에 맞춰서 또 지역마다 각자의 목소리와 환경에 대한 주제를 다룬다. 리파드가 주장했듯이 페미니즘은 단순히 미술의 사조이기 보다는 인식의 변화이자 마침표 없는 논의의 주제이기에 완결보다는 변형과 확장을 꾸준히 이어가리라 본다.

게릴라 걸즈 Guerilla Girls (1985-)
: 편견을 깨기 위한 행동주의 Y

뉴욕 미술의 역사에서 게릴라 걸즈의 출현은 1960년대 반전운동의 확산 이후 나온 변화이자 1970년대 초 뉴욕을 중심으로 전개된 페미니즘 미술 운동의 결과라고 할 수 있다. 예술가가 거리로 나와 정치적 이슈를 외치던 1960년대, 그리고 여성 작가들이 미술계의 성차별을 예술로 저항하던 1970년대를 지났으나 그 결과는 일부에서만 의미있는 사회적 변화를 가져왔을 뿐이다. 1980년대의 뉴욕 미술관과 화랑에서 전시하는 작가는 여전히 남성이 다수를 차지하고 있었고 이에 대해 분노한 여성 작가들이 문제의 심각함을 알리기 위해 행동에 옮기는데 고릴라 가면을 쓰고 활동한 게릴라 걸즈가 바로 그들이다.

소수의 인원이 큰 군대나 권력에 맞서 잠복이나 급습을 통해 전쟁을 벌이는 '게릴라 전쟁'에서 영감을 받아 그룹의 명칭을 정한 것이나 뉴욕에서 7명의 여성이 처음 모였을 때 익명으로 활동하기로 결정한 것 모두 투쟁의 강도를 높이기 위한 것이었다. 이 그룹은 1984년 뉴욕현대미술관의 전시 《국제 회화 조각(International Survey of Painting and Sculpture)》에 169명 참여 작가 중 여성이 19명이라는 사실에 분노한 작가들이 조직화하면서 시작되었다.

1985년 뉴욕 소호에 위치한 브로드웨이 513번지에 모인 여성들은 그룹의 모토를 '예술계의 양심(conscience of the art world)'로 정하고 이해 5월부터 여성 작가가 처한 현실을 알리는 메시지를 담은 포스터를 뉴욕시 곳곳에 붙이기 시작한다. 첫 포스터는 2장으로 첫 번째 것에는 42명의 남성 작가의 이름을 나열하고 '이 예술가들의 공통점은?'이라는 질문과 '이들은 여성 작가가 10% 이하인 화랑에서 전시하는 작가들이다.'라는 답을 담고 있었다. 두 번째 포스터에는 20개의 갤러리 명칭을 배열하고 '이 갤러리들은 10% 이하의 여성 작가를 전시한다'고 알렸다. 이를 시작으로 미술계의 권력구조를 숫자로 드러내며 뉴욕 미술계에 만연한 성차별뿐만 아니라 유럽의 미술계, 흑인 작가의 현실을 알리기도 하고 독일어, 일본어 등 외국어로 번역된 포스터를 제작하여 전 세계로 활동의 범위를 확대하곤 했다.

회원들의 활동은 포스터뿐만 아니라 책, 전시, 대담, 퍼포먼스 등 여러 형태의 사회참여적 작업으로 이어졌으며 때로 미술관을 항의 방문하기도 했다. 이런 일련의 활동 속에서 그들은 자신의 얼굴을 드러내지 않고 고릴라 가면을 고수한다. 자신의 본명보다 프리다 칼로, 케테 콜비츠 등 미술사의 유명 여성 작가의 이름을 쓰며 작가로서의 정체성보다 페미니즘의 이슈를 부각하는 데 성공했다는 평가를 받는다. 가면 뒤의 숨은 정체성 때문에 구성원이 바뀌어도 누가 누구인지 모르기 때문에 이 그룹의 목표는 일관성을 유지할 수 있었으며 회원 영입도 기존의 회원이 선택해야 가능할 정도로 익명성에 대해서도 엄격한 기준을 유지하곤 했다.

이 그룹의 가장 유명한 작품은 〈Do Women Have to Be Naked to Get Into the Met. Museum?〉(1989)이다. 가로 포스터 형식을 빌어 강렬한 노란색 배경에 검은색 질문과 답을 싣고 앵그르의 〈대형 오달리스크〉의 누드를 차용하여 아름다운 여성 누드에 고릴라 마스크를 쓴 모습을 담은 작품으로 뉴욕시 버스에 처음 등장했을 때 시민들의 시선을 한 번에 사로잡으며 게릴라 걸즈의 존재를 널리 알린 작품이다. 기본적으로 뉴욕의 메트로폴리탄 미술관에 들어가려면 여성은 누드가 되지 않으면 어려운 현실, 즉 여성 작가의 작품이 전시되기 어려운 현실을 꼬집은 포스터였다.

이 포스터는 이후에도 2005년과 2012년에도 제작되는데 그때마다 답에 등장한 내용이 조금씩 변하며 그들의 의도가 미술관 측에 어느 정도 전달되었음을 보여준다. 1989년에는 메트로폴리탄 미술관의 현대미술 분야 전시 작가 중 여성이 5% 미만, 누드의 85%가 여성이었으나 2005년에는 여성 작가가 3%, 누드의 83%가 여성이었고, 2012년에는 여성 작가가 4%, 누드의 76%가 여성이라는 문구로 바뀌고 있다.

30년이 넘는 역사 속에서 수많은 익명의 예술가가 이 그룹을 거쳐 갔다. 최근 발간된 책 《게릴라 걸즈: 나쁘게 행동하는 예술(Guerrilla Girls: The Art of Behaving Badly)》(2020)에 따르면 그동안 60명 이상이 활동했다고 한다. 그들은 짧게는 1회 참여, 길게는 수십 년 동안 활동했으며 시스젠더, 레즈비언, 트랜스젠더 등 다양한 성 정체성을 가지고 있으며 인종, 계급, 나이 면에서도 다양했다고 한다. 아쉬운 것은 긴 활동 시간이 흐르면서 의사결정을 두고 회원 간의 불만이 늘어나 떠난 사람도 있고 남은 작가들이 양분되기도 했다. 때로 법정에서 권리를 두고 싸우며 일부 회원의 이름과 정체성이 드러나는 우여곡절을 거치기도 했다. 이후 이 그룹은 여러 개의 이름으로 분리되는데 '게릴라 걸즈 온 투어(Guerrilla Girls On Tour!' 등으로 모두 '게릴라 걸즈'라는 명칭을 유지하고 있다.

최근에는 여성주의뿐만 아니라 인종차별과 부패와 같은 사회적 이슈에도 적극적으로 반응하며 행동주의를 이어가고 있다. 2022년에는 마이애미 지역의 대형 광고판과 버스 정류장 광고판에 〈왜 미국은 세계 인구의 5%를 차지하면서 전체 감옥수의 20%를 보유하고 있나?(Why Does the US Have 5% of the World's Population But 20% of Its Prisoners?)〉라는 포스터를 붙이고 시선을 끈 바 있다. 이 질문에 대한 답은 '동일한 범죄를 두고 흑인이 백인보다 더 오랜 감옥형을 받기 때문이다'였다.

Do Women Have to Be Naked to Get Into the Met. Museum?
https://www.guerrillagirls.com/naked-through-the-ages

현재 게릴라 걸즈의 홈페이지(guerillagirls.com)에는 자신들을 이렇게 소개하고 있다.

> *"...우리는 모든 사람을 위한 인권을 위해 싸우는 교차적 페미니즘을 믿는다. 우리는 주류 서사를 파고들어 하층, 숨은 이유, 간과된 것들, 불공정한 것들을 드러낸다. 우리는 지금까지 전 세계에서 수백 개의 프로젝트(거리 포스터, 배너, 행동, 책, 비디오)를 수행했다. 우리는 또한 미술관에 개입하고 전시를 하며 휘트니 미술관의 정면에 임금 불평등과 초부호의 예술 남용에 대해 몰래 비디오를 투사하는 등 그들의 나쁜 행동과 차별적 실천을 미술관 벽에 밝힌다..."*

왕게치 무투 Wangechi Mutu (1972-)
: 원초성과 여성성을 통해 보는 환상의 세계 Y

무투는 케냐의 나이로비에서 태어나 자랐으며 1990년대 미국으로 이민을 온 후 뉴욕을 중심으로 활동하고 있다. 미국의 대학에서 조각과 인류학을 공부했으며 미술에 관심을 갖게 된 후 특정 장르에 천착하지 않고 평면, 드로잉, 조각, 필름 등 여러 매체를 다룬다. 특히 아프리카 여성 이미지를 기반으로 한 초현실주의적 평면, 조각으로 유명하다. 그동안 요하네스버그 비엔날레를 비롯한 여러 전시에 참여했으며 한국에서도 광주 비엔날레를 비롯해 여러 전시에 참여했다.

무투는 그의 고향인 아프리카가 겪은 식민지 역사와 그 이후 이어진 물질과 소비를 지향하는 사회와 문화의 단면 속에서 자신의 정체성을 통해 재구성된 새로운 이미지 속에 여성적 시선과 사색을 보여준다. 여성의 신체와 성, 인종 문제를 둘러싼 정치의 역학을 개인적인 시각으로 풀어낸다. 무투의 작업은 기존의 시각 질서와 다른 초현실적 이미지를 담은 콜라주로 시작하여 소형부터 대형까지 다양하다.

무거운 주제에도 불구하고 이국적이면서도 관능적인 풍경과 인물을 통해 작가는 흑인이자 여성이라는 자신의 정체성을 재료와 구성에 투영한다. 폴리에스터 필름을 활용하여 물감을 칠하는가 하면 패션 잡지에서 따온 여성 사진 이미지를 결합한다. 특히 흑인 여성 가수 조세핀 베이커(Josephine Baker)의 이미지와 유사한 문화적인 스테레오타입에 영향을 받았다고 인정한다. 그러나 그러한 전형적인 흑인 여성의 이미지에 매몰되지 않고 신체를 기반으로 기계, 동물, 식물 등 여러 종의 이미지를 결합하여 환상적이면서도 마치 무의식의 세계를 포착한 듯한 장면을 만들곤 한다.

2013년 뉴욕 브루클린 미술관에서 열린 개인전《왕게치 무투: 환상적 여행》은 여러모로 의미있는 전시였다. 왜냐하면 이 미술관은 바로 주디 시카고의 〈디너 파티〉가 소장된 곳이자 그동안《글로벌 페미니즘(Global Feminisms)》과 같은 전시를 통해 뉴욕 페미니즘 예술인들의 창구 역할을 해왔기 때문이다. 그동안 영어권의 백인 여성 중심의 페미니즘을 극복하고 전 세계의 여성으로 그 대상을 확대하고자 마련된 이 전시에서 무투는 아프리카 여성의 목소리를 담은 작업을 선보이며 젠더(gender)와 권력의 관계가 세계화와 식민주의와 더불어 오랫동안 작동해왔다는 것을 알린 바 있다.

무투는 미국에서 가진 첫 개인전을 통해 40대임에도 미술관 전시를 열 정도로 높아진 작가의 위상을 보여주었다. 이 전시는 1990년대부터 최근까지 제작된 무투의 작품을 조망했으며 드로잉부터 설치, 비디오 작업까지 총망라했다. 여성의 섹슈얼리티와 대지의 힘을 연결시키거나 아프리카 여성의 관능미, 모성애 등을 환상적인 이미지로 재구성한 작업으로 주목을 받았다.

무투의 작업 〈모든 것 먹기의 끝(The End of Eating Everything)〉(2013)은 이 전시를 위해 미술관 측이 특별히 주문한 영상작업으로 8분여에 걸쳐 세상의 모든 것이 불안한 시대에 종말론적 환상을 보여준다. 대중가수 산티골드(Santigold)가 반은 흑인 여성이고 반은 동물이자 대지, 또는 메두사와 같은 혼종적 여신으로 등장하여 불길한 풍경을 지켜본다. 무투가 제작한 음향이 기계와 동물의 소리를 내보내는 가운데 종말론이 가까웠다는 계시를 암시하듯 검은 새 무리가 날아다니고 이를 후각과 시각을 가동하며 지켜보던 여신은 분노로 폭발한다. 작가는 이런 장면이 현대인이 가지고 있는 일종의 '정신 상태'를 보여주기 위한 것이라고 말한 바 있다.

대지와 여성을 동일시하는 무투의 종말론적 시각은 2015년 베니스 비엔날레에 선보인 〈모든 것 나르기의 끝(The End of Carrying All)〉에서도 반복된다. 약 9분 분량의 이 작업은 앞서 만든 〈모든 것 먹기의 끝〉의 분노한 여신과 달리 오래된 시지푸스의 신화를 페미니즘의 시선으로 재해석한 영상작업이다. 인간의 모성애가 대지의 어머니로 연결되며 힘든 노력에도 불구하고 환경 재앙의 도래를 피할 수 없다는 메시지가 강렬하게 펼쳐진다. 작가는 머리에 바구니를 든 아프리카 여성으로 직접 등장하여 황량한 풍경 속을 힘들게 홀로 걸어간다. 가는 길에 보이는 물건을 주워 그 바구니에 담는다. 물건들은 전자제품이나 자전거 바퀴 등 문명의 폐기물로 시간이 흐르면서 여성은 무거운 바구니를 감당하지 못하고 쓰러져 간다. 그녀가 싸우는 것은 폐기물만이 아니다. 자신과 가족의 생존을 책임진 어머니의 모습처럼 날카로운 바람과 갑자기 몰려든 벌레 떼와 맞서 고군분투하는데 그 모습은 시간이 흐를수록 어두워지는 배경 속에서 사라지고 결국 거대한 물질 덩어리만 남는다. 이 물질은 끈적한 액체로 생명체처럼 언덕과 대지를 삼킨다는 내용이다. 주인공 여성의 강인한 생명력과 대지의 무서운 생명력이 만날 수밖에 없다는 결론을 보여주는 듯하다.

> *"내 작업에는 내가 고향, 고국, 집에서 가질 수 없는 것을 담고 있다는 것을 깨달았죠. 그리고 [조세핀] 베이커도 바나나 스커트를 입고 가짜 아프리카 댄스를 출 때 같은 것을 얻었던 것 같아요.*[63] 흥미로운 것은 모두 *가짜이고 그녀가* 모국인 미

---

63 조세핀 베이커(Josephine Baker, 1906-1975)는 미국출신의 프랑스 가수이자 배우 그리고 무용가이다. 흑인여성으로 재즈가 확산되던 시기 파격적인 공연으로

국에서 할 수 없는 것을 파리로 이주한 후에 했다는 것이죠. 아시다시피 아프리카에는 바나나를 스커트로 쓰는 부족은 없어요.... 베이커에 대해 더 많이 알수록 유사한 여정이 있다는 것을 발견했어요. 케냐와 나 자신에 대해 말하기 위해 나는 흥미로운 동물의 특징들을 참조하기로 했습니다. 여성의 역할을 생각하기 위해 모계중심의 가족을 가진 동물-예를 들어 코끼리-의 이미지를 고르곤 했습니다." (2009, 로버트 스토어(Robert Storr)와의 인터뷰에서)

제닌 안토니 Janine Antoni (1964~)
: 미디어가 만든 왜곡된 이미지의 피해자이자 소비자인 여성의 다양성을 대표하는 작가 J

1990년대는 생물학적 복제와 유전공학의 미래에 대한 염려와 기대, 신자본주의의 빠른 확산과 전 지구화에 따른 포스트-콜로니알리즘적 비판, 성에 대한 공동의 정체성이나 인식에서 점차 개별적 반응을 담아내는 페미니즘의 유행과 함께 다-문화적이고 다-매체적인 작업들이 생산되었다. 바하마에서 태어난 후 로드아일랜드 디자인 스쿨(RISD)을 졸업한 제닌 안토니는 이런 다원화된 미술계를 빠르게 이해하고 선도하는 작가 중 하나였다. 그녀의 작품은 일상적 행동과 퍼포먼스, 여성의 문화와 특징을 미술의 주제로 이끌었다. 여기에 미술의 역사를 자유롭게 차용하여 미술사적으로도 페미니즘으로도 새롭고 혁신적인 작품을 선보였다. 식료품으로서의 음식과 작품 재료 간 경계를 와해시켰고 영상, 사진, 조각, 평면, 퍼포먼스 등의 다양한 장르를 경계 없이 횡단하며 작업했다. 목욕을 하거나 먹고 자는 행동부터 여성의 몸과 그로부터 파생한 행위들을 통해서 페미니즘의 전통

'블랙 비너스(Black Venus)'라는 별명을 얻었으며 영화 〈Siren of Tropics〉(1927)에 출연하기도 했다.

적이고 고정되었던 소재, 범주에도 도전했다. 그녀를 둘러싼 물적, 비물질적 유산은 모두 페미니즘의 소재이자 결과였으며 그 과정, 변환과 산물의 관계는 지극히 개인적이면서도 포괄적이거나 열려있었다.

1990년대 매일 쏟아지는 이미지들 속에서 유독 여성만이 거의 동일하고 정형화된 모습으로 수렴되었다. 여성에 대한 전형성을 거부하기보다는 그들과 동일시하려는 욕망이 강하게 작동했는데, 이런 경향은 자본과 상업성에 의해 가속화되었다. 안토니는 여성의 몸을 탐구하는 퍼포먼스 작가들, 캐롤리 슈니만, 아나 멘디에타, 한나 윌케 등의 계보를 잇는다. 그녀는 성을 구분하고 대표하는 신체의 특징은 물론 속눈썹, 혀, 이, 머리카락 등의 부분과 여성의 아름다움, 외모에 대한 특징을 비틀거나 분석하는 작업을 했다. 1세대 페미니스트들의 전략, 여성, 몸, 관습 등의 개념을 이어받지만, 정체성에 대한 직설적 강조 대신 매우 작고 평범한 행위를 통해서 남성 작가들의 전유물처럼 치부되었던 영웅적 움직임을 거부하거나 역전시켰다. 그녀는 여성들이 처한 상황을 정서적으로 차용하여 페미니즘 미술의 형식과 이미지를 획기적으로 변화시켰으며 1990년대 이후 동시대 문화를 솔직하고도 적절하게 풀어냈다.

현대미술의 가장 마초적 상징인 미니멀리즘의 육면체를 초코렛과 지방으로 만들고 자신의 이로 갉아내는 **〈갉다(Gnaw)〉(1992)**는 안토니가 남성 작가 중심의 미술사와 그들의 소재, 형체를 가장 일상적인 여성의 음식 문화를 통해 해체한 대표작이다. 음식 앞에서 느끼는 욕구와 죄의식은 많은 여성들에게 음식 기피증을 유발했다. 특히 금기시되어버린 초코렛과 지방을 300 킬로그램의 거대한 정육면체로 제작한 안토니는 자신의 치아를 이용해서 덩어리를 조금씩 갉았

Gnaw
https://www.brooklynmuseum.org/eascfa/about/feminist_art_base/janine-antoni

https://www.janineantoni.net/#/gnaw/ (janineantoni.net 작가사이트)

다. 부서진 조각이 입안에 들어오면 그것을 삼킬지 뱉을지 결정해야 했다. 이는 식사에 관한 여성들의 심리적 불안을 상징적으로 보여준다. 그녀는 음식물을 대부분 뱉어내었는데 음식을 먹고 토하는 볼리미아(Bulimia) 증세를 겪었던 젊은 여성들의 상황을 떠오르게 한다. 충족될 수 없는 음식에 대한 욕망과 거부, 식사와 굶주림이 마치 뫼비우스의 띠처럼 함께 진행되는 여성의 음식문화를 직접 수행해내면서 스스로도 음식에 대한 감정적이고 강박적인 증상, 거식증(anorexia), 폭식과 굶기를 반복하는 전형적 음식 기피증(eating disorder)을 겪었다고 한다. 여성이 외부로부터 신체에 가해지는 비정상적 규율을 받아들일지 거부할지 선택 앞에서 자해에 가까운 행동을 보이는 현실은 처참할 정도로 부자연스럽지만 흔하게 목격된다. 안토니는 자신의 입과 이, 혀를 조각 도구로 삼았는데 작업 과정에서 입안은 모두 헐었고 갉아 낸 덩어리를 씹으면서 작가는 계속 구토를 참아내야 했다.

음식에 관한 집착 또는 공포는 성적 매력 상실, 또는 나이 듦에 대한 여성들의 두려움과 결부되어 있다. 전시 중에 지방 덩어리가 흘러내리자 안토니는 '지방이 우리 몸에서 이렇게 작용 한다'라며 음식과 육체의 관계에 대한 부정적 이미지를 숨기지 않았다. 여성들에게 하나의 집단적 문화 행태가 된 '거식증'은 매체권력이 만든 획일적인 이미지를 통해 강박을 수반한 억압적인 현실이 되었고 곧 동시대 여성들의 정체성이 되었다. 사회 내 여성성에 작동했던 많은 가치관과 방식들은 주로 허구로서 존재하는 타자와 나를 비교함으로써 공포와 집착을 갖도록 했는데 왜곡된 이미지를 통해 스스로를 부정하고 행동에 많은 제약을 초래하며 결국 성적 차별을 수용하도록 만든 것이다. 이 주제는 그녀의 14개의 자화상에서도 표현되었다.

〈핥기와 비누거품(Lick and Lather)〉(1993)은 1993년 베니스 비엔날레에서 전시되었는데 좌대 위에 각 7개의 비누와 초코렛으로 만든 14개의 작가의 흉상이 마주 보고 놓여있다. 몰드를 이용해서 대량으로 제작한 자화상은 미의 상징 비너스 흉상을 연상시키고 유형을 반복하듯 동일하게 제시하는 현대 사회의 여성 이미지를 떠올리게 한다. 그러나 안토니는 비누로 만든 자화상은 목욕하고 손을 씻는데 계속 사용하고, 초코렛은 자기가 입으로 빨고 더럽힘으로 분명한 형태에서 벗어나 모호한 모습으로 변하게 했다. 거울 속 자기 얼굴에 나르시시즘과 혐오를 동시에 느끼는 여성의 매일을 보여준다. 안토니는 이런 자신의 이미지에 대한 여성의 복합적인 감정을 재료(물성) 선택과 작가의 퍼포먼스의 결합을 통해 표현했다.

피부의 부드러움이나 선명한 이목구비가 희미해진 자화상은 비어가고 사라져가며 어느 것도 확실하지 않은 자신의 정체성의 위기나 계속 손을 씻어야 하는 위생에 대한 강박도 상징한다.

〈사랑스런 손길(Loving Care)〉(1993)은 염색약에 머리카락을 담근 후 바닥에 문질러서 색과 패턴을 만드는 퍼포먼스이다. 그녀가 염색약을 묻힌 머리로 전시장 바닥을 칠하면 관객들은 방 밖으로 서서히 밀려 나간다. 잭슨 폴록의 수직적 움직임과 바닥에 뿌려진 물감을 남성 작가의 영웅적인 자필적 흔적이라고 평가한 것에 빗대어 안토니는 사랑스런 손길이란 브랜드의 염색약을 사용하고 자신의 몸을 수평적이고 낮은 자세로 움직이는 여성 버전의 액션회화로 바꾸었다. 그녀가 관객들을 그 공간에서 몰아냄으로써 남성 예술가에 대한 이상화된 전형에 균열을 내고 여성 작가의 신체와 액션을 염색약과 헤어스타일이라는 상품과 문화의 단계로 풀어내어 풍자했다.

이브 클랭(Yves Klein)이 누드의 여성을 이용, 그들의 몸을 캔버스에 직접 찍고 누르기 한 것에 대한 일종의 패러디로도 볼 수도 있다. 클랭이 여성의 신체를 성적인 대상이자 해프닝의 충격적 소재로 이용한 데 반해, 안토니는 자신의 긴 머리카락을 붓으로 사용하면서도 바닥에 머리를 대고 움직이는 힘든 자세를 유지함으로써 제작자/기획자/퍼포머를 통합했다. 여성 신체는 도구이고 남성은 기획자, 감독이

Lick and Lather
https://www.janine-antoni.net/#/lick-and-lather/ (janineantoni.net 작가 사이트)

Loving Care
https://www.janineantoni.net/#/loving-care/ (작가사이트)

라는 오랜 이분법적 구도에 대한 안토니의 전복이자 해체다.

안토니 작품은 매체에 의해 강조되는 여성성, 매력에 대한 비판적 고찰이자 스스로 아름답게 꾸미려는 여성들의 노력을 표상하고 있다. 동시에 마치 바닥을 걸레질 하듯, 여성에게 주어진 가사노동의 또 다른 표현으로도 볼 수 있다. 따라서 안토니 작품에 등장하는 여성은 미에 대한 갈망과 전통적 주부로서의 역할을 다하면서도 남성중심의 미술사를 거부하는 여성 작가라는 여러가지 기호로 작동한다.

같은 맥락에서 커버걸사의 속눈썹 마스카라를 이용한 "나비 입맞추다"(1993)는 자신의 마스카라한 눈썹으로 화면에 흔적을 만들어 채워나간 작품이다. 여성들을 위한 상품과 그들의 상업성을 이용하여 전통적인 2폭 제단화의 고상하고 모뉴멘탈한 추상회화를 완성했다. **〈잠(Slumber)〉(1994)**은 그녀가 화랑에서 약 28일간 잠을 자면서 수면 중 눈동자의 움직임을 기계를 통해 도표화한 후 덮고 잤던 옷감의 실을 풀어서 그래프처럼 문양을 넣어 바느질 한 작업이다. 일상적인 가사인 바느질과 무의식의 관계를 시각화함으로 여성 신체와 노동의 관계를 탐구했다.

여성의 외모에서 드러나는 여성들의 욕망과 갈등, 심리적 혼돈 속의 정체성의 재구성, 때로는 드러나는 자아와 욕망의 대상 간의 간극을 공격하기도 한 안토니는 여성성을 단순히 존재하는 것이 아닌 연속된 행위에 의해서 끊임없이 수행되어야 하는 것으로 보았다. 즉 성은 계속되는 선택의 과정인 것이다. 성의 정체성이 신체에 존재하는 것만이 아니라 신체를 둘러싸고 벌어지는 문화적, 심리적 반응과 재현일 때 이러한 상호적이고 복합적인 성의 정체성이 언제나 강력하게 제시되었다는 점에서 그녀의 작품은 페미니즘의 중요한 작업이었다.

2000년 이후에는 퍼포먼스와 영상이 함께 제작되는데, **〈터치**

Slumber
https://www.janineantoni.net/#/slumber/
(작가사이트 janineantoni.net)

〈Touch〉(2002)는 바하마 섬 집 앞 해변에서 그녀가 마치 바다 수평선에 맞춰 외줄을 타는 듯한 영상작품이다. 작가는 이 작품을 위해 여러 달 연습했고 줄 위에서 균형을 잡는 모습이 수면 위를 걷는 듯한 착각을 불러온다.

"내 작업은 치유의 형태이다"라고 안토니는 말했다. 하나의 퍼포먼스를 위해 오랜 기간 준비하듯이 그녀는 거대서사를 지향하기보다는 일상적이고 매일 반복하는 삶 속의 작은 틈을 발견하는 섬세하고 성실한 자세로 임한다. 그런 그녀의 작품은 다수의 여성뿐 아니라 작가 자신에게도 치유의 형태로 작동하는 듯 하다. 기존의 페미니즘이 여성의 외모에 대한 인식을 비판하고 해체하려 했다면 안토니는 아름다움에의 추구를 가볍게 보지 않으려 했다. 페미니즘을 그 시대 현실계로 끌어내린 작가는 가부장 제도나 심리분석의 문제보다는 여성이 직면하고 있는 일상의 어려움, 허구와 투쟁해야 하는 무거운 짐을 나눠지려 했다는 점에서 더욱 인간적이라고 하겠다.

뉴욕의 휘트니 미술관, 뉴욕 구겐하임 미술관, S I T E 산타페, 더블린 아이리쉬 현대미술관 등에서 개인전을 했으며 맥아더 펠로우쉽(1998), 래리 알드리치 재단 상(1999), 구겐하임 펠로우(2011), 로드 아일랜드 디자인 학교 예술 공로상 (2003) 등을 수상했다.

시몬 리 Simone Leigh (1967~)

: 아프리카 역사를 모뉴먼트로 부활시킨 블랙 페미니스트 J

"리는 완전히 페미니스트다. 형태, 재료, 주제, 사물, 심지어 문학적 영감에 있어서도 그녀는 항상 여성성을 둘러싼 일종

Touch
https://www.janineantoni.net/#/touch/
(작가사이트 janineantoni.net)

의 개념적 언어로 돌아온다." -구겐하임 미술관 부관장, 나오미 백위드(Naomi Beckwith)

페미니즘의 발원은 소외되었던 여러 존재들과 왜곡된 인식에 대한 바로잡기를 주창했기에 인권이나 평등의 문제와 분리되기 어려웠다. 1960년대 말에 일었던 민권 운동의 저항정신이 1세대 페미니스트들에게서 보였다면 21세기 페미니즘은 행동하는 실천적 작품 또는 지역의 역사에 기초하여 특수한 주제나 소재를 다루고 있다. 2022년, 59회 베니스 비엔날레에서 미국관 대표 작가이자 황금사자상을 수상한 시몬 리는 아프리카 미술, 특히 도예와 건축의 전통을 복원한 거대한 조각 작품으로 유명한데, 포스트콜로니얼리즘, 블랙 페미니즘의 작가이자 활동가로 영역을 확장하고 있다.

피카소가 아프리카 마스크를 수집하고 〈아비뇽의 여인들〉의 얼굴에 마스크 이미지를 그려 넣은 이후, 아프리카의 토속 예술품들은 서구 미술가들에게 많은 영감을 주었고 원시주의 미술은 크게 유행했다. 그러나 아프리카 미술의 수용은 유럽 제국주의와 콜로니알리즘의 부산물에 가까웠고 대부분 형태에 대한 관심에 머물렀다. 시몬 리는 아프리카 토속 이미지를 작품의 주제이자 형식으로 선택한 작가이다. 동시에 어려움에 처한 소외된 사람들을 위한 액티비스트로서도 활동하고 있다. 그녀가 2022년 베니스 비엔날레 미국관을 거대한 아프리카의 모뉴먼트로 바꾼 것은 원시주의 미술(Primitivism)이 유럽에 유행한 지 100년도 지난 시기에 지역과 인종에 대한 인식변환을 선포할 뿐 아니라, 그들의 예술 생명력을 부활시킨 사건이라고 하겠다.

시몬 리는 시카고에서 자메이카 출신의 복음주의 선교사 부부의 막내딸로 태어났다. 엄격한 금욕주의 부모로부터 탈출하듯 인디아나 주의 얼햄(Earlham)대학에 입학한 후 작가는 사회복지학과 예술을 공부했고, 에드워드 사이드의 《오리엔탈리즘》을 통해 탈 서구, 탈 중심의 인식을, 후기구조주의 페미니스트들의 글을 통해 반 가부장제, 탈 남성 중심의 제도적 이해를 갖게 되었다. 대학 졸업 후 사회복지사로 일하면서 일종의 부수적 활동으로 도예를 시작했는데, 그녀의 의지가 예술로의 길을 열었다고 하겠다.

전문적인 경력이 많지 않았던 그녀가 미술가로서 본격적인 행보를 보인 것은 2001년 뉴욕 26번가 갤러리에서의 첫 개인전 이후였다. 관람객은 많지 않았지만, 작가는 도예작품을 중심으로 전시했다. 활동 초기부터 비실용적인 도자 작품과 순수예술의 간극에 대한 부정적인 편견에 맞서 싸워야 했다고 작가는 회고한다. 이후 2010년 할렘의 스튜디오 미술관에서 입주프로그램(레지던시)을 계기로 작품은 좀 더 커지거나 다양해졌는데, 2012년 뉴욕의 유서 깊은 비영리 대안 공간 '키친(Kitchen)'에서의 전시는 관계자들에게 깊은 인상을 심어주었다. 작가는 여기서 매달린 3개의 거대 조각을 제작했다. 덤바(D'mba) 지역을 기반으로 한 아프리카의 거대 조각품과 도자예술에 관심을 가지면서 흙/점토 소재의 작품을 제작하였고 이는 이후 거대 청동 조각의 기초가 된다.

리는 넓은 치마를 입은 흑인 여성을 이미지화한 미시시피 주 식당인 '마미의 찬장(Mammy's Cupboard)'을 기반으로 작품의 형태를 만들었다고 말했다.[64] 남부에서 유모로 일했던 흑인 여성의 이미지를 건축적으로 표현한 이 식당은 이후 리 작품의 중요하고도 반복적인 모티브가 된다.

그 외에도 꽃으로 채워진 여성의 얼굴인 〈호르텐스(Hortense)〉(2016), 곤충이 알에게 영양을 공급하는 행위를 설명하는 **〈트로팰랙시스(Trophallaxis)〉(2008-2017)**는 불룩한 여러 개의 검은 덩어리들이 천장

---

64 Alex Greenberg, "How Simone Leigh's Sculptures centering Balck Women Brought her to the Venice Biennale," *Artnews* 2022.10.19.

Trophallaxis
www.artealdia.com/News/SIMONE-LEIGH-TROPHALLAXIS (artealdia)

에 매달려있고 금과 은색으로 칠해진 젖꼭지가 앞을 장식한다. 작가는 다산, 출산을 포함한 여성의 노동과 상호 협력을 주제로 이 작품을 꾸준히 제작했다.[65] 싱글맘이었던 작가의 여성에 관한 일종의 찬양가인 셈이다.

그녀의 경력 상 큰 도약이 된 것은 뉴욕의 하이라인(High Line) 출발점에 전시된 **〈브릭 하우스(Brick House)〉**(2019)의 성공이었다. 약 5미터에 달하는 이 작품은 종 모양의 몸통을 가진 흑인 여성 토르소인데 머리를 땋고 몸통은 카메룬의 머스검(Mousgoum) 사람들의 전통 건축 양식에서 왔다. 눈은 없지만 얼굴과 머리가 비교적 자세하게 묘사되었는데 아프리카 마스크처럼 대상을 사실적이거나 구체적으로 옮길 필요는 없었다. 친근해 보이면서도 장엄한 흑인 여성의 현대적 기념비 같다고 평가되었다. 9천 파운드(4082 킬로그램)의 점토로 주형을 뜬 후 청동으로 주조한 엄청난 규모이자 작가가 주장하듯 이제까지 아무도 집중해서 보려고 하지 않았던 흑인 여성의 노동, 그들의 지식, 그들의 경험, 그들의 역사를 상징적으로 함축한 작품이다.

작가는 아프리카의 여러 건축물과 모뉴먼트로부터 영감을 받았는데 짐바브웨이 임바스(imbas) 돔 모양이나 라피아 부엌 집, 기니 해안의 제의용 조형물 등을 연결하여 큰 키의 단순한 형태, 종교적 메시지를 포함한 여성으로 완성했다. 제목인 '벽돌집'은 미국 남부 흑인 문화의 표현이기도 한데 '강한 성질'을 의미한다. 서구의 연약한 여성과 다른 강한 이미지를 직설적으로 인용한 것이란 점에서 블랙 페미니즘의 도상이라고 할 수 있다. 이전에 만들었던 도자 작품에서 얻은 노하우를 이용해서 점토로 조형을 완성한 후 틀을 짜서 청동으로 찍어내고 부분을 용접한 작가의 최초의 거대 청동 조각이자 공공미술 이었다. 작

---

65 Calvin Tomkins "The Monumental Success of Simone Leigh," *The New Yorker*, 2022, 3, 28.

Brick House
https://matthewmarks.com/artists/simone-leigh
(matthew marks)

품은 맨하탄 남부의 일종의 랜드 마크가 되었고 이후 베니스 비엔날레 미국관 대표 작가로 선정되는 계기를 제공했다.

리는 제 59회 베니스 비엔날레 (2022)의 미국관 전시에 통치(sovereignty)란 제목을 붙이고 도자기, 청동 소재의 거대 입체 작품들로 공간을 채웠는데 전시장 바닥은 작품의 무게를 지탱하도록 강화되었다. 작가는 마들린 헌트-에이히리(Madeleine Hunt-Ehrlich)와 도자기 작품의 민족지학적 묘사에 관한 시적 영상작업을 제작하기도 했다. 자신의 도자 작업에 빗대어 흑인 여성의 노동을 가시화하고 식민주의 역사에서 평가 절하되거나 누락된 여성 역사를 집중 조명하려 했지만 구체적 사건보다는 상징과 은유, 함축적 작품으로 표현했다. 역사가 놓친 이미지들을 다시 재현하여 위엄과 통치를 회복하려는 작가의 야심 찬 소명을 보여주었다.

작가는 신고전주의 양식의 국가관을 짚으로 덮어서 마치 아프리카의 토속 건축물, 원주민의 거처처럼 변화시켰다. 그 앞에는 여성 토템을 연상시키는 **〈위성(Satelite)〉(2022)**을 설치했다. 7 미터가 넘는 높이의 스푼 형 여인상인데 얼굴이 오목한 접시 모양으로 이목구비는 모두 생략되었지만 전통적 여성상처럼 가슴은 분명히 묘사했다. 거대한 토템이 정면을 지키고 있는 미국관은 마치 그들의 근원을 상징하듯 태초의 장소이자 성스러운 곳으로 변화했다. 조상과의 연결, 여성에 대한 축복, 흑인의 역사에 대한 인식을 작가는 강조했다.

여성의 신체를 선박, 건물의 구조적 요소와 결합하고 토착 이미지를 발굴하는 민속지학적 근본에 집중하면서 도자와 청동, 금속, 짚, 조개껍데기 등을 모티브이자 소재로 사용했다. 또 다른 조각 **〈센티넬(Sentinel-Mami Wata)〉(2022)**은 아프리카 물의 정령, 파괴적인 힘과 창조력의 신 이미지를 청동으로 제작했다. 〈위성〉과 유사하게 매

Satelite
https://www.artnews.com/gallery/art-news/photos/simone-leigh-united-states-pavilion-slideshow-1234625741/ (아트뉴스)

우 큰 키에 변형된 여성의 실루엣을 가졌고 아프리카 신화 속 힘과 능력을 상징하는 단순미가 존재한다.

베니스 비엔날레의 중앙 전시인 **"The Milk of Dream"**에는 〈브릭하우스〉가 전시되었고, 이것으로 황금사자상을 받았는데 혹자들은 그녀 작품이 급진적이거나 혁신적이지 않다고 지적하며 아프리카 건축, 마스크, 전통적 형식으로부터 작품을 조합한 것이라고 폄하하기도 한다. 리는 자신의 작품이 충분히 통합적이고도 본질을 보여준다고 반박했지만 이 점은 독자들의 판단에 맡긴다.

작가는 친구들과 함께 〈무료의료원(Free People's Medical Clinic)〉(2014)을 맨하탄 남쪽의 아파트를 빌어 시작했다. HIV 테스트, 건강검진, 요가 등의 공공 서비스를 제공하는 의료센터이자 보호시설로 작가의 액티비스트로서의 면모를 보여준다.

《대기실(The Waiting Room)》은 2016년 뉴욕 뉴뮤지엄(New Museum)에서 열린 리의 개인전으로 조각 작품을 주로 전시했지만, 아프리카계 미국 여성이 충분한 의료 서비스를 받지 못한다는 경험에 기초한 현실 대안적 프로젝트를 함께 시도했다. 전시장에서 약초학 같은 전통 민간 치료 세션을 포함하여 명상실, 운동 스튜디오, 기타 의료 서비스를 제공하고 관련한 강의와 워크샵을 열었다. 흑인들의 현실적인 어려움을 외면하지 않고 도우려는 마음이 예술적 실천의 일환이 되었다.

뉴욕 구겐하임, 런던 테이트, 할렘 스튜디오 미술관, 로스앤젤레스 해머 미술관, LA 카운티미술관(Lacma), 워싱턴의 허쉬혼(Hirshhorn)(2023-24)에서 개인전. 2018 휴고보스상 수상, 2019휘트니 비엔날레에 참석했다. 2023년 〈스틱(Stick)〉(2019)을 2,700,000 달러(약 35억원)에 크리스티 경매에서 판매하여 작가 최고가 기록을 세

Sentinel-Mami Wata
https://www.artnews.com/gallery/art-news/photos/simone-leigh-united-states-pavilion-slideshow-1234625741/img_9348/ (artnews)

The Milk of Dream
https://www.labiennale.org/en/art/2022/milk-dreams/simone-leigh (비엔날레 홈페이지)

웠다.

리는 자신이 민족지학적 작가, 국제적 이모라 칭하며 아프리카 미술뿐 아니라 전 지구적 문화를 통합한다고 주장했다. 2023년 타임지가 선정한 세계에서 가장 영향력 있는 100인 중 한 명으로 선정되었는데. 흑인에 대한 미국 내 영향과 역량이 상승하는 시기와 부합하여 그녀의 명성과 작업에 대한 평가는 계속 고공행진 할 듯하다.

Keywords of Contem-porary Art

저자 소개

진휘연

서울 출생, 서울대학교 인문대학 고고미술사학과 학사, 미국 콜럼비아대학교 미술사학과에서 석사, 박사학위를 취득했다. 이후 삼성디자인인스티튜트(sadi), 성신여자대학교 서양화과를 거쳐 현재 한국예술종합학교 미술원 교수로 재직 중이다.

『아방가르드란 무엇인가?』『오페라 거리의 화가들: 19세기 프랑스 시민사회와 미술』, *coexisting differences: Contemporary Korean women artist* 등의 저서와 다수의 논문이 있고, 한국 서양미술사학회 회장, 한국 예술체육학진흥협의회 회장 등을 역임했다. 〈월간미술〉, 〈아트 인 컬쳐〉 등의 미술전문 잡지에 필진으로 참여해왔고, 〈Spectrum of Pure Harmony〉 〈Eternal Blinking〉 〈어머니와 딸〉 〈현상학적 보기〉 등 여러 전시를 기획했다.

양은희

제주 출생. 뉴욕시립대학교에서 미술사 박사학위를 받았으며, 미국과 한국에서 큐레이터, 평론가 그리고 미술사가로 활동해 왔다. 전지구화, 젠더, 코스모폴리타니즘 등의 주제로 현대미술을 연구해 왔으며 「1990년대 이후 한국미술의 세계화 맥락에서 본 광주비엔날레와 문화매개자로서의 큐레이터」(2016)을 비롯한 다수의 논문을 발표했다. 2009 인천여성미술비엔날레, 제주도립미술관 개관 1주년 기념전시 〈조우〉(2010), 〈Uneasy Fever: 4 Korean Women Photographers〉(Trans-Asia Photography Review 온라인 전시, 2012), 〈제주33프로젝트〉 등 여러 전시를 기획했고, 〈Art Asia Pacific〉, 〈월간미술〉, 〈아트 인 컬쳐〉, 〈퍼블릭 아트〉 등의 미술잡지에 글을 발표했다. 『방근택 평전』(2021) 『뉴욕, 아트 앤 더 시티』 (2007, 2010)의 저자이자 『개념 미술』(2007), 『아방가르드』(1997), 『기호학과 시각예술』(공역, 1995)의 역자이다. 현재 한국예술종합학교 겸임교수이다.